U0694692

古漢字字形表系列

黃德寬 主編

徐在國 副主編

戰國文字字形表

上

徐在國 程燕 張振謙 編著

本項目爲
國家社科基金重大項目「漢字發展通史」（11&ZD126）
二〇一五年國家古籍整理出版資助項目

前言

近年來，我們先後承擔了國家社會科學基金重點項目「漢字理論與漢字發展史研究」（05AYY002）、重大招標項目「漢字發展通史」研究（11&ZD126）等課題。前一課題的結項成果《古漢字發展論》，有幸列入「國家哲學社會科學成果文庫」（二〇一三），由中華書局於二〇一四年出版；後一課題目前也已進入研究的後期階段。

漢字理論與發展史是一項基礎性研究課題。作爲自源的古典文字體系，漢字歷史悠久，内涵豐富，系統複雜。在開展課題研究時，我們曾設想在以下方面有所創新並取得進展：一是進一步歸納和揭示漢字的結構類型，重新闡釋漢字的構造理論及其功能；二是更客觀地描述漢字形體的特點及其發展變化，揭示漢字形體發展演變的基本規律；三是劃分出漢字發展演進的歷史階段，並對各個階段漢字構形、形體、使用等情況作出準確的判斷；四是建立觀測漢字發展歷史的理論構架和衡量標尺，以便更準確地描述漢字的發展演變歷史；五是形成比較符合漢字實際的文字學理論體系和有關專題研究的新成果。這些設想在《古漢字發展論》的「前言」中我們曾經提及。顯然，要實現上述理想目標絶非一日之功，需要做出長遠規劃並分階段開展研究工作。隨着研究工作的有計劃推進，圍繞上述目標我們已經取得了一批預期的研究成果。由上海古籍出版社出版的這套古漢字系列字形表，就是這些階段性成果的一部分。

中國文字學研究有着悠久深厚的傳統，先秦兩漢時期就逐步形成漢字構形分析的理論和方法，那就是「六書」學説。東漢許慎《説文解字》是兩漢文字學理論和實踐的結晶，它的問世確立了傳統文字學的基礎和發展方向。傳統文字學不僅重

視漢字構造及其形音義關係的闡釋，也十分重視漢字使用情況的研究，這與傳統「小學」形成的背景密切相關。傳統文字學研究文字的目的是「説字解經誼」（《説文・敘》），「以字解經，以經解字」是經學家和文字訓詁學家的不二法門。在漢唐經傳訓釋和歷代文字學著作中，保留了極爲豐富的分析漢字字用的資料，「通假字」、「古今字」、「正俗字」等概念，都是前人分析字用現象形成的認識成果。百餘年來，文字學研究取得了重要發展，尤其是甲骨文等古文字新材料的發現，極大促進了漢字形體和結構的分析，以漢字形體結構爲研究重點的「形體派」，遂成爲文字學研究的主流，而文字學界對前人字用研究的成果和傳統卻有所忽視。

我們認爲，漢字發展史的研究，要在繼承和發揚文字學研究傳統的同時，以現代學術視野來確定研究的理論、路徑和方法。漢字發展史研究的首要工作，是要確定好觀測漢字發展的理論構架，因此，我們提出要從漢字結構、形體、使用和相關背景等維度，全面考察漢字發展的各個方面，進而揭示漢字體系發展的基本走向和運動規律。其次是要以斷代研究爲基礎，在科學劃分漢字發展歷史階段的基礎上，對不同階段漢字進行深入的斷代研究，以理清不同時期漢字發展和使用的全面情況，從而爲漢字發展研究奠定堅實的基礎（見《古漢字發展論》第十七至十九頁）。

不同時代的文字使用現狀及其變化，是不同時代文字發展的真實記録。在開展漢字發展史研究時，只有通過對這些用字現象的深入考察，才能更好地認識漢字體系在不同時代的發展演變。這就是我們之所以提出從結構、形體、使用三維視角，來觀察漢字發展的一些理論思考。與此同時，任何文字體系的發展，又都不能脱離其時代的變更和發展，只有對文字體系發展的時代背景有了深入而全面的把握，才能真正揭示各種文字現象産生發展的歷史動因。因此，嚴格意義的漢字斷代研究，應該包括上述幾個方面。

在開展漢字發展史研究過程中，我們尤爲重視字形表的編纂工作。字形表的編纂雖然只是從形體結構對某一時代的文字狀況進行全面清理，並不是斷代研究的全部，但無疑卻是最基礎性的工作。這套古漢字系列字形表，以出土文獻資料爲依據，對商代、西周、春秋、戰國、秦文字進行了斷代清理，較爲全面地呈現出古漢字階段各個時期字形的典型樣本。與編纂文字編的宗旨不盡相同，字形表主要是爲了全面系統地展現古漢字各個時期形體結構的特點和實際面貌，展示和驗證不

同時期漢字體系的發展。因此，各字形表在編纂時，不僅注意努力做到收字全面，釋字準確無誤，對異形異構字做到應收盡收，而且更加重視選取形體結構的典型樣本，並儘可能地標識其時代和區域分佈。我們希望通過編纂古漢字系列字形表，能爲漢字理論與發展史研究打下堅實的材料基礎。

這套古漢字系列字形表的編纂經歷了較長一段時間，在納入漢字發展史研究計劃之前，有的編著者實際上就已經開始了相關工作。在啟動「漢字理論與漢字發展史」課題後，各字形表的編纂工作也隨之全面展開。二〇一三年元月，該課題進行結題總結，各字形表初步編成，課題組爲此組織了第一次集中審讀。此後，根據「漢字發展通史」研究課題的新要求，各字形表進入材料增補和編纂完善階段。二〇一四年八月，課題組對已編成的字形表初稿再次組織了集體審讀，進一步明確和統一體例，對各表中存在的問題提出了具體修改意見。二〇一五年七月，課題組召開了第三次集體審讀會。這次會議之後，各字形表陸續進入到定稿階段。我們之所以多次組織集體審讀，主要是由於字形表編纂需要跟蹤學術研究進展，對不斷公布的新材料、新成果的增補吸收和一些疑難字的處理，都需要集思廣益，發揮集體力量。二〇一五年九月至二〇一六年二月，各表修訂稿陸續完成交稿，主編對稿件進行了全面審訂，並提出修改意見。二〇一六年上半年，完成了修訂稿終審，編纂工作遂告一段落。上海古籍出版社收到字形表稿件後，又一次進行了體例的統一和完善。在這個過程中，各書編著者和出版單位都付出了艱辛的勞動。字形表的編纂看似容易成卻難，正是由於課題組多年努力，團結協作，相互學習，相互砥礪，才能完成這一艱巨繁難的編纂任務。

古文字學是一門始終處於快速發展的學科，新材料層出不窮，新成果不斷問世。古文字學界一直有着跟蹤研究新進展，適時編著各類文字編的良好傳統。近年來，利用新材料、新成果編纂的各種文字編不少，這些文字編較好地反映了古文字學界的研究成果，也爲字形表編纂工作提供了極大便利，是編纂字形表的重要參考，在此謹向各位文字編著者表示衷心感謝！在字形表編纂過程中，我們始終注意吸收古文字學界新成果，但限於體例，未能逐一注明，謹向有關作者致以歉意並表示感謝！各字形表引用和參考各家成果情況，請參看書後所列「參考文獻」以及「凡例」、「後記」所作的有關説明。儘管我們將編纂高水準字形表作爲工作的目標，但囿於見聞和學識，字形表中存在的疏忽或錯謬一定不少，誠懇期待各位讀

者批評指正。

最後，我們要由衷感謝國家社會科學基金對該項研究計劃的資助支持！由衷感謝上海古籍出版社吴長青先生、顧莉丹博士等爲系列字形表的編纂出版所做的貢獻和付出的辛勞！

黄德寬

二〇一七年六月

凡例

一、本字形表以收戰國時期文字爲主，包括銅器、兵器、貨幣、陶器、璽印、封泥、刻石、金銀器等各類器物銘文，以及竹簡、帛書文字。同時酌收少量春秋晚期和秦代文字，力求完整地反映戰國文字的全貌。

二、全書分爲十四卷、合文一卷，字頭排列大致按照許慎《説文解字》一書順序。見於《説文解字》者，首出楷書字頭；同一字頭下的異體字出隸定字形，另起一欄；不同地域的形體另起一欄標明，字形分列排列。凡《説文解字》所無之字，徑出隸定字頭，在字頭右上角標*號，按偏旁部首附於相應各部之後，大致按照國別排列，同一國別的則大致按照筆畫多少排序。

三、本表收字原則：收録全部已釋字；可隸定且大體了解用法的字；經常出現但尚未釋出的可隸定字。

四、爲避免字形失真，本字形表收録的字形，儘量采用原拓掃描録入。字迹不清晰者一般不收，但字形特別重要的則同時附摹本收録。原拓與摹本同時出現時，僅出原拓出處。

五、每一字頭下所收字形爲具有文字學意義之典型字形，各類異形異構字儘量全數收録；字形殘缺且有相同字形或不具有典型性者一般不收。

六、每字下大多標明出處，以便查核。具體出處材料詳見「引書簡稱表」。

七、戰國文字地域特點十分突出。本字形表按照目前學術界通行的秦、楚、三晉、齊、燕五系文字分法，對所收字例

略加甄别，以秦、楚、晋、齊、燕標識。郭店、上博、清華簡中，學者有指出具有他系文字的特點，我們未加細分，統一歸在楚系下。

八、字形編排儘量吸收學術界最新的研究成果，不詳注作者、出處。書後附有「參考文獻」。不見於《説文》的字，儘可能地注明讀法（人名用字除外）。

九、字形表後附有拼音檢字表和筆畫檢字表，以備檢索。拼音檢字表僅供查檢方便，非音韻專門研究，不能做注音字表使用。合文部分不出檢字表。

十、收録資料截止時間爲二〇一五年六月。

目録

戰國文字字形表　卷一

0001
一

		楚		秦
鼠	弌		弌	
 上博七 凡甲 17	 郭店 緇衣 39	 清華一 皇門 12	 關沮 367 《說文》古文。	 秦公簋 集成 4315
 上博七 凡乙 16	 上博三 彭 7	 信陽 2・2		 里耶 8-1047
 上博四 柬 5	 新蔡乙四 82			 北大・算丙
 上博九 史 10	 清華四 筮法 4			
 清華五 命訓 13	 上博九 舉 8			
	 清華四 筮法 47			

0002

元

	楚	秦	燕	齊		晉
					鼠	
 清華二 繫年 056  清華二 繫年 060	 書也缶 集成 10008  清華一 金縢 3  上博三 周 20  新蔡零 207  清華五 封許 06	 雲夢 編年 5  里耶 8-653 正  里耶 8-2131	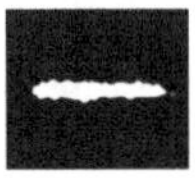 重金扁壺 集成 09617 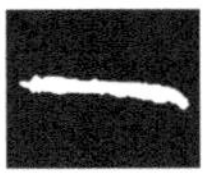 陶録 4・6・3	 四十一年 工右耳杯 新收 1077	 中山王方壺 集成 9735	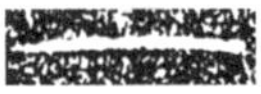 王太后鼎 商周 2043  滎陽上官皿 新收 1737

0003

天

燕	齊	晉			楚	秦
 燕侯載簋 集成 10583	 齊幣 452	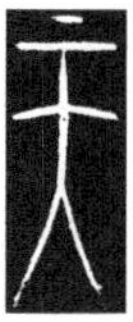 中山王鼎 集成 2840	 郭店 語一 29	 上博七 君甲 5	 包山 215	 秦駰玉版
	 齊明刀背文 考古 1973.1	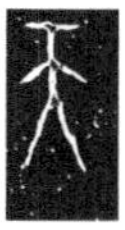 行氣玉銘	 郭店 語一 36	 上博七 凡甲 17	 包山 219	 里耶 8-1786
			 郭店 唐虞 16	 上博八 有 4	 郭店 老甲 24	 北大・九策
			 郭店 語一 18	 清華四 筮法 49	 上博九 舉 9	 北大・祓除
				 清華二 繫年 002	 上博三 周 23	

0004 吏

秦	楚	晉	齊
 嶽麓一 爲吏 53	 包山 168	 司馬成公權 集成 10385	 子禾子釜 集成 10374
 北大・九策	 上博二 子 1	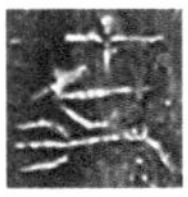 六年冢子 戟刺	
 雲夢 秦律 163	 上博四 曹 39	 璽彙 1810	
 里耶 8-214	 上博四 曹 36		
 嶽麓叁 62	 上博九 史 2		
	「吏」、「史」一字分化。又見卷三「史」。		

0005 上

秦	楚	辵
 珍秦 367	 上博三 周 45	 包山 242
 珍展 79	 璽考 149	 包山 236
 秦風 29	 上博七 武 2	 郭店 成之 9
 里耶 8-220	 包山 137 反	 清華三 赤鵠 13
 北大・祓除		 清華五 命訓 03

帝

秦		燕	齊		晉	
	辶上			堂		辶上
 詛楚文 亞駝	 歷博・燕 88	 貨系 2768	 陶録 2・404・1	 中山王方壺 集成 9735	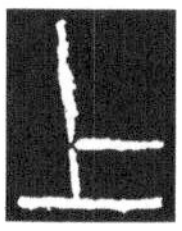 滎陽上官皿 文物 2003.10	 鄂君啟舟節 集成 12113
 陶録 6・347・2	 璽彙 2828	 貨系 2769	 璽彙 3679	 五年邦司寇鈹 集成 11686	 璽彙 0169	 包山 150
 秦集一 一1・1	 璽彙 3384	 陶録 4・38・1	 齊幣 169	 璽彙 1075	 坪安君鼎 集成 2793	
 里耶 8-461 正				加注「尚」聲。		

0008 下		0007 旁				
秦	晉	楚	秦	晉		楚
 始皇詔橢量 2	 梁十九年 亡智鼎 集成 2746	 清華一 楚居 6	 雲夢 日乙 147	 中山王方壺 集成 9735	 郭店 緇衣 37	 清華一 尹至 5
 陶録 6・358・2		 清華一 楚居 6	 里耶 8-262	 温縣 T1K1：3797	 郭店 唐虞 8	 清華二 繫年 004
 里耶 8-1715		 上博八 有 6	 里耶 8-412		 郭店 唐虞 9	 上博二 子 1
 北大・白囊		 帛書甲	 嶽麓叁 65		 清華五 厚父 03	 上博四 柬 11
 北大・從政					 清華五 厚父 07	 上博七 武 1

0010 示 0009 卞*

秦	楚		燕	齊	晉	楚
		迒				
 珍秦 33 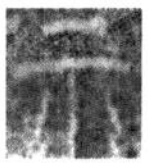 秦駰玉版  陶録 6・273・6	 郭店 六德 5  郭店 六德 39 或讀「別」。	 璽彙 0619	 下宫車軎 集成 12015	 陶録 3・276・5	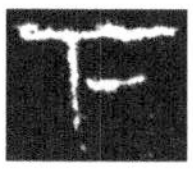 司馬成公權 集成 10385  璽彙 4862  十四年鄴 下庫戈 江漢考古 1989.3  珍戰 12  山璽 002	 郭店 唐虞 18  清華二 繫年 089  包山 237  清華二 繫年 097  上博八 有 4

0014	0013		0012	0011		
福	祥		祿	禮		
秦	齊		秦	秦	晉	楚
 陝西 676	 陳逆簠 集成 4629	 里耶 8-761	 璽彙 5423	 秦風 103	 貨系 351	 清華一 皇門 5
 秦風 218	 陳逆簠 新收 1781	 雲夢 爲吏 9	 秦風 60	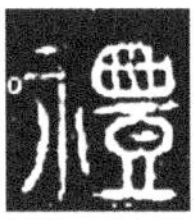 詛楚文 亞駝	 鐵雲 201	 上博八 顔 14
 傅 1464		 雲夢 日甲 75 反	 珍展 126	 秦陶 1148		
 雲夢 日乙 146		 嶽麓叁 52	 陝西 620	 里耶 8-755 正		
			 陶録 6·460·1			

0015

祇

	楚	齊	晉			楚
	[illegible]					
 清華五 封許 03  清華五 封許 08  清華五 三壽 14	 者梁鐘 集成 122  郭店 老乙 12  清華三 芮良夫 22  清華一 保訓 9  清華一 保訓 10	 璽彙 3753	 中山王方壺 集成 9735  杕氏壺 集成 9715	 郭店 成之 18  郭店 成之 17	 上博一 孔 12  清華五 命訓 07  璽彙 3581	 郭店 老甲 38  上博六 用 2  上博七 武 10  清華一 楚居 9  上博三 周 57

0016

神

晋		楚	秦	燕	齊	晋
 行氣玉銘	 上博七 鄭乙 4	 上博三 亙 4	 詛楚文 巫咸	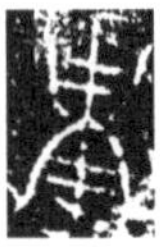 燕侯載簋 集成 11383	 陶録 2・700・3	 中山王鼎 集成 2840
	 上博七 凡甲 8	 上博四 柬 6	 秦駰玉版	 燕侯載豆 西清 29.42		 中山王方壺 集成 9735
	 郭店 唐虞 15	 清華一 皇門 6	 秦駰玉版			
		 郭店 太一 2	 雲夢 日甲 27 反			
		 上博六 競 12				

0018 禋			0017 齋			
晉		楚	晉	楚	秦	齊
⿰酉垔	⿰酉垔					
 中山王方壺 集成 9735	 清華一 耆夜 8	 清華二 繫年 001	 四年建信 君鈹 集成 11695  七年相邦鈹 集成 11712  六年安平 守鈹 集成 11671  十六年守 相鈹 遺珠 178	 曾侯腆鐘 江漢考古 2014.4  上博七 武 12  上博七 武 12  新蔡甲三 134、108	 詛楚文 湫淵	 陳肪簋蓋 集成 4190

0019 祭

晉	楚	秦
 中山王方壺 集成 9735	 清華一 楚居 5	 雲夢 日乙 15
	 上博四 柬 5	 嶽麓一 爲吏 32
	 上博六 競 13	 北大・泰原
	 包山 225	 北大・泰原
	 上博七 君乙 5	

0020 祀

晉	楚	秦	齊
 厵羌鐘 集成 158	 畬璋鐘 集成 85	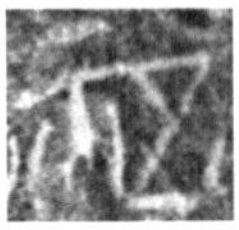 秦駰玉版	 十四年陳侯午敦 集成 4647
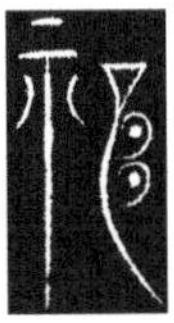 好盗壺 集成 9734	 上博三 周 43	 秦集一 二 90・1	 陳侯因資敦 集成 4649
 中山王方壺 集成 9735	 清華一 皇門 6	 雲夢 日乙 40	 陶録 3・69・1
	 清華二 繫年 001		 陶録 3・72・4
	 郭店 性自 66		

0021

祖

齊	晉		楚	秦	燕	齊
	禝	祭				
 陳逆簋 集成 4096	 中山王鼎 集成 2840	 包山 266	 書也缶 集成 10008	 秦駰玉版	 燕王職壺 新收 1483	 司馬楙編鎛 山東 104
 司馬楙編鎛 山東 104	 中山王方壺 集成 9735		 郪陵君豆 集成 4694			
			 上博三 彭 2			
			 上博五 競 2			
			 上博九 舉 9			

0022

祠

秦	楚	
	⿰礻⿹𠃌口	⿰礻飤
 傅 42	 新蔡乙四 53	 九 A41
 陝西 718	 上博五三 3	
 雲夢日乙 145	 九 A26	
 里耶 8-1091		
 北大・泰原		

0023

祝

晉	秦	楚	晉
 趙孟庎壺 集成 9679	 詛楚文 湫淵	 上博六 競 7	 璽彙 2726
 㚸螸壺 集成 9734	 傅 23	 清華一 程寤 2	
	 北大・醫方	 包山 237	
		 上博六 競 7	
		 清華三 祝辭 1	

0025 禱　　0024 祈

		楚	秦			楚
⿱㠯示				祗	哲	
 包山 248  新蔡乙四 96  新蔡乙四 140	 包山 213  新蔡乙三 28  望山 1・82  包山 206  包山 237	 包山 229  包山 202  包山 250  新蔡甲三 188  新蔡甲三 4	 關沮 352	 新蔡乙四 113	 上博六天乙 11  上博六天甲 12	 包山 266  上博七武 12  上博七武 2  上博七武 2

0028 禍	0027 社					0026 禖
秦	齊	晉		楚	秦	秦
	祩	祩	祩			
 嶽麓 爲吏 62	 璽彙 3547	 中山王鼎 集成 2840	 上博八 志 7  上博五 鬼 2 背  新蔡甲三 372  上博七 吴 5  新蔡甲三 308 《説文》古文。	 包山 210  包山 248  上博四 柬 18  上博五 姑 3	 詛楚文 巫咸  雲夢 日乙 164  關沮 302	 雲夢 日甲 156 反  雲夢 日甲 156 反

0030 祅		0029 祟				
楚	楚	秦	晉			楚
⿰礻芺				⿰礻胃	祡	
 上博二 容 16	 包山 239	 雲夢 日乙 216	 中山王方壺 集成 9735	 包山 213	 郭店 尊德 2	 上博四 昭 9
	 清華四 筮法 48	 雲夢 日乙 206		 清華一 尹至 3	 上博七 武 8	 清華一 楚居 10
	 新蔡零 241	 嶽麓一 占夢 40		 新蔡乙一 15	 上博七 武 9	 清華一 楚居 13
	 上博六 競 9	 北大・從軍		 清華五 命訓 07	 上博五 競 8	 天卜
	 新蔡甲三 112			 清華二 繫年 084		

0035	0034	0033		0032	0031	
𥘵*	祙*	祫*		祚	禁	
楚	秦	秦		楚	秦	
			𥛚	複		蚕
 郝公豆	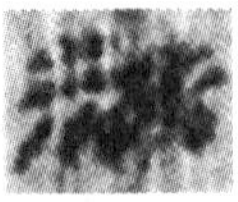  雲夢 日甲 27 反 讀「魅」。	 雲夢 日書殘 12	 上博五 鮑 3	 包山 209  包山 141  包山 162	 職官 34 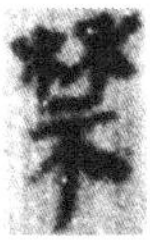 雲夢 秦律 117  里耶 8-1766	 清華五 三壽 10  清華五 三壽 14 讀「妖」。

0041	0040	0039	0038	0037		0036
⿱攸示*	⿱丘示*	⿸尸示*	⿹弋示*	⿰礻亡*		⿰礻工*
楚	楚	楚	楚	楚		楚
					⿱玫示	
 天卜	 天卜	 九 A88  上博六天乙 3  上博七凡甲 2  包山 12  包山 247 讀「夷」。	 帛書乙	 新蔡甲三 243  新蔡甲三 243 讀「亡」。	 新蔡甲三 309 讀「攻」。	 包山 224  郭店老丙 2 讀「功」。  新蔡甲三 189  上博四内 8 讀「攻」。  清華五三壽 14 讀「攻」。

0042 祙*	0043 袼*			0044 崇*	0045 𥙊*	0046 袔*
楚	楚			楚	楚	楚
		条	裕			
 清華五 湯丘 05 讀「祟」。	 上博四 昭 1 讀「落」。  上博九 靈 5	 上博四 昭 1 讀「落」。	 包山 202  上博四 昭 5 讀「落」。	 清華四 筮法 45  清華四 筮法 47 讀「虡」。	 清華三 芮良夫 18 讀「績」。	 新蔡甲三 195

0047 ⿰礻聿*	0048 奈*		0049 祱*		0050 ⿰礻兔*	0051 ⿰礻青*
楚	楚		楚		楚	楚
		⿱夕示		⿱祭示		
 清華五厚父04	 荊曆鐘集成38	 新蔡乙三49	 望山1·88	 包山207	 清華五厚父10	 上博八有6
讀「肆」。	 清華一楚居5	讀「夕」。	 包山214	 包山218	 清華五厚父13	讀「請」。
	 包山131		 包山231	 包山231	讀「肆」。	
	 包山206		 新蔡甲三45	 包山235		
	讀「夕」。		 天卜	 新蔡乙三36		
			讀「祟」。	讀「祟」。		

0058	0057	0056	0055	0054	0053	0052
禮*	禝*	禈*	禞*	禕*	禠*	禪*
楚	楚	楚	楚	楚	楚	楚
 望山 1·78 讀「詛」。  包山 241  包山 211  上博六 競 8	 郭店 尊德 7 「禝」字異體，詳見卷七。	 新蔡零 243  新蔡零 533	 天卜	 帛書甲	 新蔡乙三 5	 新蔡零 190

	0059	0060	0061	0062	0063	0064
	⿰礻冕*	⿱寅示*	⿰礻寅*	⿰礻薦*	⿰礻萬*	⿰礻無*
	楚	楚	楚	楚	楚	楚
⿰礻叡						
 新蔡甲三 231 讀「詛」。	 郭店 成之 7 讀「冕」。	 上博三 周 21  上博三 周 56 讀「眚」。	 清華五 厚父 03 讀「寅」。	 新蔡乙二 42  天卜 讀「薦」。	 天卜 讀「厲」。	 天卜 讀「禖」。

0069		0068	0067		0066	0065
三		⿰示交*	⿱癶示*		⿰示喬*	⿰示無*
楚	秦	晉	楚	燕	楚	楚
 清華一 金縢 8	 秦駰玉版	 温縣 WT1K17：131	 清華二 繫年 001 讀「登」。	 燕侯載簋 集成 10583	 上博二 容 45 讀「鎬」。	 清華三 赤鵠 6 讀「撫」。
 郭店 老甲 1	 里耶 6-1					
 上博四 曹 30	 里耶 8-258					
 上博七 君乙 2	 北大・泰原					

0070

王

	楚	秦	燕	齊	晉	
						弎
 燕客銅量 集成 10373	 敓戟 集成 11092	 陶録 6・440・1	 十三年戈 集成 11339	 四十年 左工耳杯 新收 1078	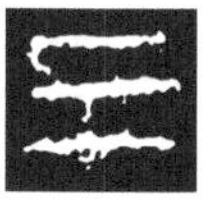 坪安君鼎 集成 2793	 清華四 算表 1
 上博八 命 5	 畬璋戈 集成 11381	 珍秦 157	 聚珍 124.3	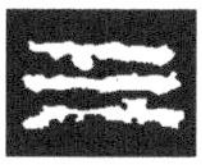 璽彙 0291	 三年鄭令矛 集成 11559	
 清華一 皇門 8	 句踐劍 通考 45	 里耶 8-1316	 陶録 4・112・4	 齊陶 1364	 貨系 1088	
 清華二 繫年 116	 畬前盤 集成 2623	 北大・從政			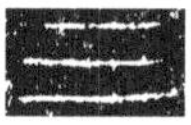 象牙干支籌 文物 1990.6	
		 雲夢 日乙 168				

閏

秦	燕		齊		晉	
 雲夢 爲吏 22	 燕王詈戈 集成 11194	 陶録 2・42・2	 司馬楙編鎛 山東 104	 璽彙 0568	 中山王鼎 集成 2840	 包山 246
	 璽彙 0396	 陶録 2・4・3	 璽彙 0649		 趙孟庎壺 集成 9678	 上博六 競 4
	 璽彙 0562	 璽考 43	 璽彙 0577		 王何戟 集成 11329	 上博七 武 13
	 陶録 4・21・3	 齊陶 0281	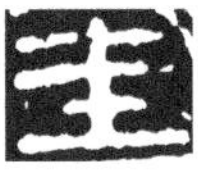 璽彙 0633		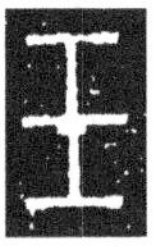 魚顛匕 集成 980	
			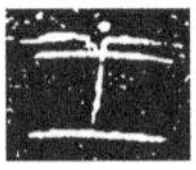 陶録 2・1・1		 貨系 556	

0072

皇

			楚	秦	晉	楚
信陽 2·025	上博八 有 1	上博五 三 8	曾侯乙鐘	秦集一 一 1·1	元年閏矛 文物 1987.11	帛書甲
曾乙石磬	清華一 祭公 4	郭店 緇衣 46	曾侯乙鐘	陶録 6·347·1		帛書乙
清華三 良臣 1	清華二 繫年 130	郭店 忠信 3	曾侯乙鐘	陶 考文 2000.1		
清華五 厚父 03	上博六 莊 4 下	上博六 孔 22	書也缶 集成 10008	里耶 8-406		
	上博六 競 12	上博六 莊 4 下	望山 2·45	雲夢 日乙 145		

0074 瓊

秦	晉
 (no caption)	 魚顛匕 集成 980
 雲夢 答問 202	 璽彙 1452
	 先秦編 446

0073 玉

	楚	秦	齊	晉
 清華二 繫年 043	 璽彙 1471	 陝西 850	 十四年 陳侯午敦 集成 4647	 中山王方壺 集成 9735
 清華二 繫年 059	 郭店 五行 13	 嶽麓二 數 197	 禾簋 集成 3939	 二年皇陽 令戈 集成 11314
 新蔡零 219	 上博六 天甲 6	 陶録 6・33・3	 司馬楙編鎛 山東 104	 璽彙 1283
 上博九 舉 23	 清華一 尹至 2	 雲夢 答問 203		
 清華五 封許 06	 上博七 君甲 2			

0075 璿	0076 璧			0077 瑗		
楚		秦	楚		楚	齊
	鐾					
 上博二 容38	 新蔡乙一 13	 秦駰玉版  詛楚文 湫淵	 上博二 魯3  清華一 金縢5  清華一 金縢5  新蔡甲三 181  新蔡零 207	 新蔡甲三 99  上博六 競1	 包山5	 陶録 3·77·1  陶録 3·635·5

0078 環		0079 璜	0080 玧	0081 琥	0082 璋	
秦	楚	楚	楚	楚	晋	楚
 雲夢 日甲77反  關沮262  里耶 8-656正  嶽麓叁86  嶽麓一 質三35	 曾乙115  包山181  包山213  清華四 筮法58	 新蔡乙三 44  望山 2・50	 清華四 筮法57  清華五 封許06	 包山218  清華四 筮法57	 中山玉虎 中山138	 酓璋戈 集成11381  璽彙1640

0086		0085	0084	0083		
玩		珥	瑞	琰		
秦	楚	秦	楚	楚	齊	晉
 陝西 849	 信陽 2·2  曾乙 10  新蔡甲三 207	 雲夢答問 80	 包山 22	 望山 2·56	 子備璋戈新收 1540  陳璋方壺集成 9703.3B  璽彙 0232  陶録 2·155·1	 十五年鄭令戈集成 11388  十七年鄭令戈集成 11371

0092	0091	0090	0089	0088	0087	
珠	瑤	瑄	璁	瑣	瑕	
秦	楚	楚	楚	秦	秦	楚
	瑑					
 雲夢爲吏 36	 包山 91	 上博七武 1	 清華五封許 06	 珍展 62	 里耶 8-894	 新蔡零 272
 貨系 4073	 包山 39			 里耶 8-1343		
 天幣 456	 新蔡零 187			 嶽麓叁 7		

0093 玭	0094 玟	0095 琅	0096 琀	0097 靈	0098 珈	0099 琖
齊	楚	秦	楚	秦	楚	楚
玭			欽			盞
 陶録 3・523・2	 清華五 三壽 25 讀「文」。	 陝西 14  傅 1578  里耶 8-657 正	 上博三 周 41 讀「含」。	 詛楚文 湫淵  陶録 6・441・3	 曾侯乙鐘  曾侯乙鐘  新蔡零 397  新蔡甲三 137	 太府盞 集成 4634  望山 2・46  望山 2・54 《説文》新附或體。

0100	0101	0102		0103	0104	0105
珍	玢*	琦*		玏*	⿰王弋*	⿰王疋*
晉	秦	秦	楚	楚	楚	楚
 洓鄒戈 集成 11213	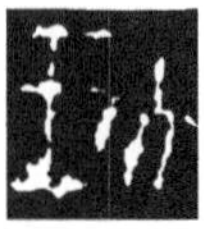 陶彙 5・23	 珍秦 317	 信陽 2・12 或讀「盒」。	 信陽 2・18 讀「珥」。	 上博二 容 38  上博三 周 30  曾乙 60  清華一 耆夜 5 讀「飾」。	 新蔡乙三 44 讀「疏」。

0112	0111	0110	0109	0108	0107	0106
珵*	琗*	瑶*	珮*	琱*	珓*	琣*
楚	楚	楚	楚	楚	楚	楚
			璊			
 上博九成甲 3  上博九成甲 3 讀「玉」。	 天卜	 璽彙 5665	 包山 219  九 A24 讀「佩」。	 曾乙 4  曾乙 18	 望山 2・6 讀「骹」。	 上博四昭 6  上博四昭 7 或說「寶」字異體。

0113	0114	0115	0116	0117	0118	0119
琗*	瑚*	瑅*	瑅*	塈*	璐*	瓢*
楚	楚	楚	楚	楚	楚	楚
					珞	
 上博四 曹 63 或讀「躐」、「狎」、「涉」。	 包山 74	 清華四 筮法 57 讀「玦」。	 曾乙 138	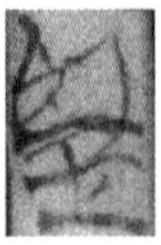 曾乙 123  曾乙 137 或讀「鑑」。	 包山 167	 曾乙 29  曾乙 213 讀「纁」。

0121 瓄*　　　　0120 瓔*

齊		燕		晉		楚
	⿰⿱王貝殳	⿰⿱王貝殳	⿰王殳	⿰⿱王貝殳	⿰王殳	⿱⿰王貝晏
 璽彙 0550	 璽彙 5664	 陶録 4·186·1	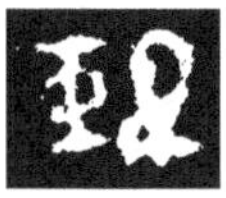 六年鄭令戈 集成 11336	 璽彙 1935	 上博六 競 12	 新蔡乙一 17
	 璽彙 3504			 璽彙 2109	 新蔡乙一 24	 新蔡甲三 166
	 陶録 4·168·4					
	 璽彙 5349					
	 璽彙 5350					
	 璽考 283					

			0124 气		0123 班	0122 ⿰王豐*
		楚	秦	楚	秦	齊
⿱既火	⿹气火					
 郭店太一10	 上博一性1	 上博三周44	 雲夢答問115	 包山85	 珍展157	 璽彙0635
 郭店性自2		 清華一皇門2	 里耶8-114	 上博三周22	 鑒印68	
 郭店語一68		 上博九舉30	 嶽麓叁184	 清華一祭公9		
 上博六天甲8			 北大·白囊			
 清華五啻門10						

0127 士	0126 鑅*	0125 㸑*				
秦	楚	楚		晉		
			氣		[illegible]	㷻
 珍秦 371  傅 1070  里耶 8-2046 正  嶽麓二數 123  北大・從政	 清華五啻門 09 讀「徐」。	 清華五啻門 09 从「終」聲，讀「融」。	 行氣玉銘	 四年右庫戈集成 11266	 上博二容 29	 上博二民 10

0129　　0128

壯　　壻

楚		秦	秦	齊	晉	楚
	⿰丬立					
 郭店 窮達 10  郭店 尊德 20  上博五 弟 5	 珍秦 171  秦風 50	 集粹 570  陶録 6・24・2  雲夢 秦律 190  里耶 8-1878	 雲夢 爲吏 21  雲夢 爲吏 23	 齊幣 175 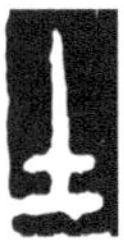 璽彙 1931  陶録 4・98・1  陶録 4・83・2  陶録 4・207・4	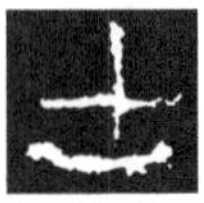 左使車鋪首 集成 10413  璽彙 4893  璽彙 4259	 璽彙 0165  璽彙 0146  郭店 老乙 9  清華一 耆夜 14  上博一 孔 6

0131 中　　0130 ⿱士方*

		秦	楚	燕		晉
⿻丨三					⿰爿立	
 尊古 318  傅 165	 北大・白囊  北大・從軍	 璽彙 4506  陶録 6・36・4  里耶 8-2014 正  嶽麓二數 16  北大・泰原	 郭店老甲 34 或讀「朘」。	 璽彙 0308	 玉存 62  珍戰 131  璽考 29	 中山王鼎集成 2840  二十三年襄城令矛集成 11565

晉						楚
		宙			𠁧	
 陶録 5·4·1	 包山 157	 九 A41	 清華一 祭公 19	 清華一 祭公 12	 上博九 舉 6	 郭店 語一 19
 璽彙 2683	 清華五 三壽 04	 郭店 成之 24	 鑒印 218 頁	 包山 139 反	 郭店 語三 33	 上博一 孔 17
	 上博七 凡乙 8	 上博二 容 7	 上博七 君乙 2	 郭店 老甲 22	 郭店 唐虞 5	
	 上博六 用 18	 郭店 六德 12	 上博六 天乙 4	 上博七 吳 5	 上博六 木 5	
	 清華一 楚居 16	 上博八 李 1	 包山 269	 郭店 老乙 14	 清華四 筮法 33	

	燕		齊			
宙		𠁧				𠁧
 璽彙 3496  陶録 4・21・3	 貨系 3074  璽彙 0368  璽彙 5351  陶録 4・188・5	 齊陶 0171  齊陶 0169  陶録 2・152・3  子禾子釜 集成 10374  陶録 2・171・4	 璽彙 2709	 温縣 T1K1：4585  温縣 T1K1：3216  温縣 WT4K6：211	 先秦編 239  三晋 75  新鄭圖 452  璽彙 2698  温縣 WT4K6：160	 王子中府鼎 集成 2530  春成侯鍾 集成 9616  中府鐓 集成 11906  中山侯鉞 集成 11758  聚珍 233.1

0132 串*

楚

包山 66

九 A27

上博八成 15

讀「患」。

璽彙 0311

0133 屮

楚

郭店六德 12

「草」字初文。

0134 屯

晉

貨系 3964

齊

齊幣 101

齊幣 422

燕

聚珍 016.3

陶録 4・210・5

秦

屯留戈 集成 10927

王八年内史操戈 新收 1904

秦風 47

秦集二三 71・1

里耶 8-81

楚

鄂君啓舟節 集成 12113

曾乙 26

郭店老甲 9

上博六天甲 4

左塚漆梮

0135

每

齊	晉	楚	齊		晉	
 陶録 2・241・1	 好蚉壺 集成 9734	 郭店 語一 34  上博七 凡甲 15  上博七 吴 8  上博二 子 4	 張莊磚文 圖一	 貨系 4045  貨系 1674	 令狐君壺 集成 9719  先秦編 275  三晉 92  三晉 93  璽彙 2617	 信陽 2・1  清華三 赤鵠 8  上博二 民 12  清華四 筮法 2  清華五 三壽 22

0141		0140	0139	0138	0137	0136
艸		⿱屮止*	⿱屮大*	⿱屮八	⿱屮分	毒
楚	秦	燕	燕	晉	楚	秦
茻	草				芬	
 帛書乙	 雲夢日甲70反	 璽彙3347	 璽彙3537	 璽彙3502	 上博三周23	 雲夢秦律5
 上博二子5	 里耶8-1057	 璽彙1677	 考古1989.4：378			 嶽麓一爲吏5
 上博七凡甲12	 嶽麓一爲吏13					
 上博五三1	 嶽麓叁55					

0142

莊

齊			晉	楚	秦	齊
⿰爿曾	⿱艹⿰爿立	⿰爿⿱艹⿱貝廾	⿱酋廾	⿰爿⿱目丌		
 璽彙 0176  璽考 53	 集粹 146	 靈壽圖 80・3	 璽彙 1529  璽考 211	 郭店 語三 9 《說文》古文。	 珍秦 180  陶録 6・116・1  雲夢 編年 5  里耶 8-1612	 陶録 2・249・4 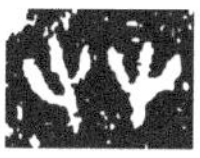 陶録 3・517・6  陶録 3・515・6 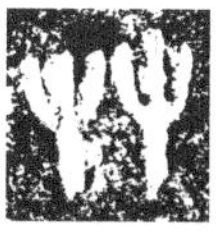 齊陶 0664

0143 蓏	0144 藕	0145 芝	0146 莆		0147 荅	0148 萁
楚	楚	楚	楚	晉	秦	楚
						芹
 包山 255  包山 258 或釋「苽」。	 上博二容 26  包山 258	 璽彙 3749	 曾乙 143  上博九陳 2  清華二繫年 069	 三年莆子戈集成 11293  先秦編 233 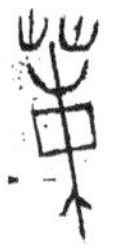 三晉 112  貨系 1541	 雲夢秦律 38  里耶 5-19  里耶 8-63 正  嶽麓二數 101	 左塚漆梮

0154	0153	0152	0151	0150		0149
葵	蘇	蒷	葩	莠		藿
秦	秦	楚	秦	秦		晋
					舊	
 雲夢 日乙 65  里耶 8-207 正  北大・祓除  北大・祓除	 集粹 737  西安圖 125  陶録 6・100・3  里耶 8-1194	 曾乙 15	 十鐘 3.52 上  陝西 764	 雲夢 日甲 63 反	 璽彙 2269  璽彙 2270  璽彙 2272	 先秦編 361  三晋 56

0159	0158			0157	0156	0155
蘘	蘺			芋	莧	薑
秦	晉	晉	楚	秦	楚	楚
	蒚					
 珍秦 195	 璽彙 0075	 元年鄭令矛 集成 11552  陶録 5・14・3	 珍戰 150  上博八 李 2  清華二 繫年 057  上博一 孔 9 讀「華」。	 里耶 8-1664	 上博三 周 39	 九店 A138  包山 258  包山 2：53-2 號 簽牌

0163 莒	0162 蘭			0161 藍	0160 苹	
秦	晋	楚	楚	秦	齊	楚
	萰	萰				
 官印 0004  陶録 6・308・4  陶録 6・395・4  雲夢 日甲 74 反  里耶 8-2101	 璽彙 2255  陶録 5・109・6	 信陽 1・24  包山 86  上博八 蘭 3  上博八 蘭 2	 包山 92  清華一 祭公 14  清華三 芮良夫 8	 陶録 6・458・3  陶録 6・322・3  陶録 6・320・1  里耶 8-1557  嶽麓一 爲吏 17	 山璽 006	 包山 140 反

0168	0167	0166	0165			0164
蕢	藋	莯	苧			茖
秦	楚	秦	楚	晉	楚	秦
 嶽麓叁 52	 上博二 容 6	 秦印	 清華二 繫年 095	 十一年皋 落戈 考古 1991.5  璽彙 0045	 信陽 2・28  郭店 窮達 13  上博二 容 1  清華二 繫年 127  清華五 三壽 23	 十鐘 3.59 下

0169

薜

楚		秦	楚			
蓳	芦		鞘	背	肯	萷
 包山 85	 上博八 蘭 1	 吉大 141	 上博七 凡乙 7	 上博七 吴 4	 清華五 三壽 23 讀「艾」。	 先秦璽印 1036
 包山 109	 上博八 蘭 5	 秦風 171	 上博七 凡甲 9			
 包山 121						

0171　　0170

茅　　苦

晉		楚	秦	秦	齊	
						萠
 好盗壺 集成 9734 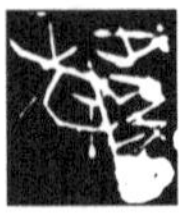 七年相邦鈹 集成 11712  集存 61	 曾乙 E66 衣箱	 璽彙 2249  上博二 子 5  上博六 用 16  清華一 保訓 4	 雲夢 日甲 57 反  故宮 458  嶽麓二 數 108	 珍秦 127  里耶 8-1796	 薛戈 集成 10817	 璽彙 2282

0172	0173		0174	0175	0176	
菅	莞		藺	蒲	蕁	
秦	秦	楚	秦	秦	楚	
		莢				⿰蕁阝
 官印 0086	 里耶 8-1686	 包山 263	 雲夢日乙 177	 塔圖 138	 上博一孔 2	 新蔡甲三 30
 里耶 8-2148		 信陽 2·23		 里耶 8-1134	 包山 120	
 北大·泰原		 望山 2·48				

0182		0181	0180	0179	0178	0177
茈		藟	蔓	葛	蓨	芺
齊	楚	楚	楚	楚	晋	楚
		壨				
 璽彙 3142	 包山 258	 上博三周 43	 新蔡甲三 42  上博二容 25	 上博四采 3	 璽彙 2641  港印 87  璽考 312  靈壽圖 75・5	 上博二子 12

	0187	0186	0185		0184	0183
	艾	苞	薛		蒐	萷
楚	秦	秦	楚	晉	秦	楚
				[illegible]		
 包山 150	 秦印  里耶 8-1620	 璽彙 5493  雲夢 日甲 56 反	 上博八 蘭 1  上博八 蘭 5	 好蚉壺 集成 9734	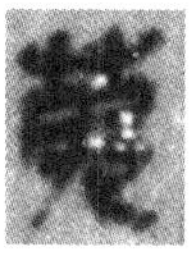 雲夢 雜抄 7	 包山 216

0188			0189		0190	0191
	葦	芹		芸	薺	
晉	楚	秦	楚	楚	秦	楚
茒						
 珍展 1  貨系 2478	 包山 125	 里耶 8-1664	 曾乙 212	 鄂君啓舟節集成 11213  清華二繫年 085  清華二繫年 086  上博二容 42	 秦風 87  陶録 6·445·4	 上博一孔 28

0195 薊		0194 芰			0193 蔆	0192 蓳
齊		楚			楚	秦
⿱艹灰	⿱艹⿰禾貝	⿱艹貝	⿱艹陸	⿱艹陜	⿱艹陵	
 陶録 2.291.4  陶録 2.291.3  後李 圖四 1	 包山 258	 包山 2:191-3 號 簽牌	 湖南 1	 包山 154  清華三 赤鵠 8  清華三 赤鵠 13	 包山 153	 珍展 135  陶録 5・79・1

0196 著		0197 莪		0198 蕭	0199 萩	
秦	楚	秦	楚	秦	楚	
	菖					蘇
 秦集二三77・1	 包山40	 在京圖三14	 上博一孔9  上博一孔26	 十鐘3.39下	 天策	 清華一金縢9  清華一金縢13 讀「秋」。

			0202 葛	0201 蘠	0200 蔿	
		楚	秦	秦	楚	晋
菻	萬	蘮			㕼	
 上博三 周 43	 上博一 孔 16	 上博一 孔 16	 陶録 6・82・4	 雲夢 爲吏 15	 蒝子昃鼎 新收 533	 港續 145
 上博四 采 1					 曾仲蔿鎮 墓獸座 通考 341	
					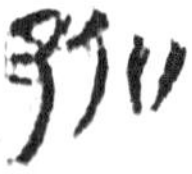 包山 98	
					 新蔡甲三 343-1	

0206 蘦	0205 芫	0204 萎	0203 莕			
楚	楚	楚	楚		晉	
			荇			蓤
 新蔡甲三215	 上博五君10	 上博二容14	 包山164 《説文》或體。	 盛世135	 璽彙2263  璽彙2264	 新蔡甲三263  上博五季8

0212 萌		0211 荊	0210 菌	0209 蔓	0208 蓂	0207 莨
秦	齊	秦	秦	秦	秦	晉
 秦風 56	 陶録 3・603・3	 秦風 203  里耶 8-135 正  嶽麓叁 33  嶽麓叁 33	 里耶 8-459	 里耶 8-765 正	 里耶 8-1221	 璽彙 2293

0213 莖	0214 葉				0215 蔈	
秦	秦	楚			秦	楚
			邯	鄴		
 集粹 468	 廿一年相邦冉戈 集成 11342  雲夢日乙 158  雲夢日乙 172  里耶 5-19	 上博六用 15	 清華三良臣 6	 包山 170  新蔡甲三 233  清華二繫年 091  上博八命 1  上博九邦 10	 秦印	 上博一緇 9  郭店緇衣 15 讀「表」。

0219 芒		0218 蓤	0217 菽			0216 英
秦	晉	楚	楚	晉	楚	秦
	⿱艹囟	苀				
 傳 1392	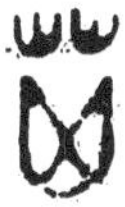 璽彙 2126	 璽彙 3995	 郭店語四 10	 璽彙 2296	 上博四逸・交 1	 雲夢日甲 107
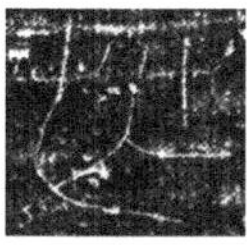 北郊秦陶		 包山 255		 陶録 5・15・3	 璽彙 1333	
 里耶 8-659 正		 清華一程寤 2		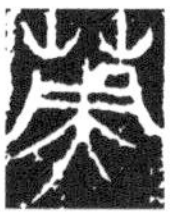 新鄭圖 403		

0222	0221	0220
茲	蓺	茇

楚	秦	楚	楚	晉		楚
					[illegible]	
 郭店緇衣 1	 里耶 8-351	 上博二容 14	 上博三周 51	 璽彙 0089	 郭店語四 6	 璽彙 2304
 上博三亙 2		 上博二容 15		 口年芒碭守令虔戈	 九 A46	 曾乙 71
				 璽彙 2248	 上博七吳 5	 信陽 2・23
					 上博六天乙 4	 清華一祭公 16
					 清華五三壽 12	

0228 蒼	0227 薈	0226 茬		0225 芮	0224 蓁	0223 薋
秦	秦	秦	楚	秦	楚	秦
 北郊秦印  陶録 6・300・1  里 J1B16 6 正  里耶 8-758	 陶録 6・14・3  陶録 6・14・4	 陶録 6・414・3	 包山 127	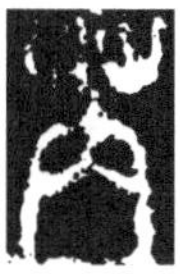 陶録 6・41・1  珍展 97  集粹 577  嶽麓叁 85	 上博二 容 31	 秦集二 三 64・1

0229

萃

燕	晉	楚	秦	齊	晉	楚
 璽彙 0293	 陶録 5·11·3	 鄂州戈 文物 2004.10	 珍展 116	 璽彙 3996	 鄭東倉鼎 古研 14	 包山 176
 燕王職戈 集成 11190	 二十七年安陽戈 考古 1988.7		 珍展 99		 璽彙 0967	 包山 179
 燕侯脮戈 集成 11272	 盛世 17		 秦印		 璽彙 4023	 郭店 老乙 15
			 里耶 8-668 背			 上博二 容 22
			 里耶 8-2013 背			

0230 蒔

秦

嶽麓叁 54

嶽麓叁 54

0231 蓺

秦

秦集一四 5·1

0232 苹

楚

清華一祭公 14

讀「屏」。

0233 苗

秦

秦風 86

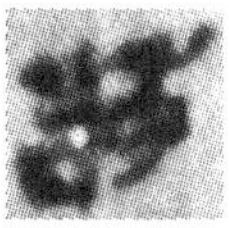
雲夢秦律 144

里耶 8-1546

0234 苛

秦

雲夢爲吏 39

里耶 8-310

0235 蕪

楚

包山 263

讀「芒」。

楚

酓忎鼎集成 2794

包山 277

璽彙 2258

包山 42

璽彙 3230

				0238 蔡	0237 蔽	0236 荒
晉			楚	秦	楚	晉
帣			鄗			
 左使車工鼎 集成 2093  璽彙 2869  左使車銅 形器 集成 10349	 璽彙 0097  璽彙 0309  璽考 170  上博九 邦 8  清華一 楚居 15	 包山 206  仰天湖 30  清華二 繫年 025  清華二 繫年 027  上博九 靈 1	 鄂君啓車節 集成 12112  璽彙 2188  包山 138  包山 240  包山 203	 秦風 91  地理 22  雲夢 日甲 75 反  里耶 8-876	 上博一 緇 17	 中山王方壺 集成 9735

0243 苑	0242 薄	0241 芝	0240 茾	0239 菜		
秦	秦	秦	楚	楚	齊	
					郤	郤
 故宮 429  傅 873  雲夢效律 55  龍崗 27	 秦風 75  里耶 8-434  里 J1B16 6 正  里耶 8-815	 嶽麓一爲吏 76	 新蔡甲三 418	 上博一孔 17  上博三周 21	 璽彙 2205	 程訓義 1-40  璽彙 2223

0244 菑	0245 苐	0245 苐	0246 苾	0247 芳	0248 藥	0248 藥
秦	秦	晉	楚	楚	秦	楚
	茀	茀	蔽			
 陶録 6・411・2  秦集二 二 22・1	 珍展 129 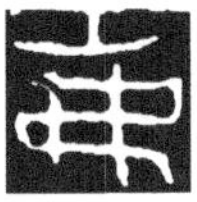 珍秦 181  考文 2000.1 陶	 十二年 邦司寇矛 集成 11549	 包山 2:194-1號 簽牌	 郭店 窮達 13  上博八 蘭 2  上博八 蘭 4	 印典 138 頁  里耶 8-1440 正	 上博三 周 21  清華一 程寤 5

0251 蓋　　0250 葺　　0249 葩

楚	秦	楚	楚	晉		
			藍	樂	樂	
 郭店 窮達 3	 秦公簋蓋 集成 4315  十鐘 3.24 上  秦風 128  雲夢 日乙 23 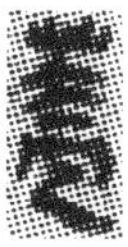 關沮 328	 上博四 曹 48	 郭店 性自 13  上博一 緇 12  郭店 緇衣 21	 璽彙 1384  港續 49	 郭店 五行 8  上博一 性 8  上博二 從乙 3  郭店 五行 28  清華一 耆夜 11 讀「樂」。	 清華三 説命中 4

0253 若　　0252 茝

				楚	秦	秦
若						
 包山 70	 上博四逸・交 1	 清華一楚居 6	 清華五封許 08	 信陽 1・05	 秦駰玉版	 雲夢日甲 66 反
 上博二容 15	 上博七凡乙 12	 包山 155	 清華五啻門 13	 新蔡甲三 31	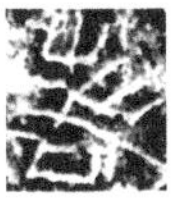 秦駰玉版	
 清華三琴舞 9	 曾乙 E61 衣箱	 郭店老乙 5	 清華一保訓 2	 清華一尹至 4	 陶録 6・51・1	
 清華一楚居 4		 郭店老丙 12	 清華一皇門 1	 上博六競 13	 雲夢日乙 113	
 清華五三壽 16		 上博四柬 10	 清華一楚居 4	 清華五厚父 01	 北大・泰原	

	0257 苴		0256 萛	0255 萆	0254 莜	
齊		楚	楚	晋	晋	晋
蔖	蔖	蔖				
 璽彙 3755  陶録 2・376・2  齊陶 0416  陶録 3・642・1	 上博一孔 23  清華二繫年 119 讀「籍」。	 仰天湖 154  包山 154  包山 255  上博四曹 56  清華一尹至 1	 郭店語四 26	 兆域圖版集成 10478	 璽彙 2289	 中山王鼎集成 2840  兆域圖版集成 10478  璽彙 1294

0259 茹			0258 芻			
齊	燕	楚	齊	晉	楚	秦
⿱艹女	⿱艹女	⿱艹女				
 陶録 3・351・3	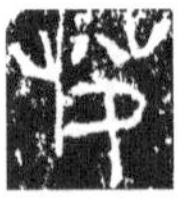 疋番戈 集成 10899	 上博二 從乙 3  上博六 平 1	 璽彙 0570  璽考 312  陶録 3・521・6	 公芻權 集成 10380	 望山 1・7  包山 95  包山 183	 秦風 156  雲夢 日甲 24 反  里耶 8-1743 背  嶽麓二 數 75  嶽麓叁 243

0264 折		0263 薶	0262 蓾		0261 薪	0260 苣
楚	秦	秦	晋	秦	秦	晋
			[illegible]			
 郭店 成之 31	 雲夢 日乙 112	 嶽麓二 數 213 讀「埋」。	 程訓義 1-23	 雲夢 封診 36	 六年上郡 守閒戈 新收 568	 璽彙 2280
 上博六 天甲 12	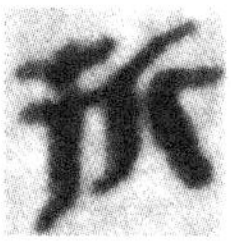 雲夢 答問 75			 里耶 8-1531 正	 七年上郡 守戈 新收 974	
 清華二 繫年 127	 里耶 8-1028				 雲夢 答問 113	
 清華一 楚居 16					 里耶 8-805	
 清華五 三壽 19						

0266 芥　　0265 艽

晋	秦	晋	晋			
芉				剬	槫	斮
 璽彙 5448  璽考 295	 珍展 89  秦駰玉版 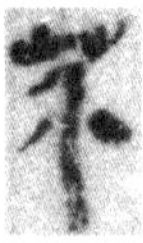 雲夢 秦律 126	 璽彙 0677  璽彙 2294	 中山王鼎 集成 2840  璽彙 4299	 清華五 厚父 03  清華五 厚父 06 「制」字異體。	 郭店 性自 59	 上博五 弟 23  上博七 武 3  郭店 緇衣 26

0271 葭	0270 蓳			0269 菫	0268 莎	0267 蒽
秦	楚	秦	楚	秦	秦	秦
 廿四年戈 新收 2005	 望山 2·48	 里耶 6-6	 郭店 老甲 33	 里耶 8-837	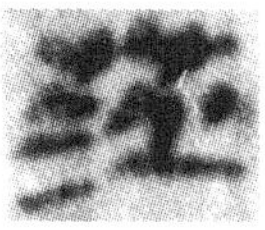 雲夢 日甲 65 反	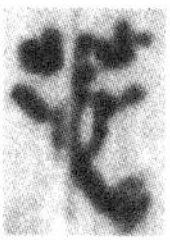 雲夢 秦律 179
 陝西 852	 上博四 采 3	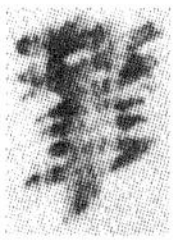 雲夢 日甲 38 反	 郭店 窮達 13			 關沮 316
	 上博四 逸·多 1					

0274 蒙		0273 茘		0272 萊		
晉	秦	楚	秦	齊	楚	晉
		芀			菫	
 中山王方壺 集成 9735  璽考 111	 珍秦 238  上博 38  里耶 8-126	 璽考 187	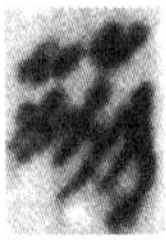 雲夢 秦律 4	 陶録 2・49・4	 上博三 周 51	 璽考 103

0277 萄					0276 范	0275 蓸
燕	燕	齊			晋	晋
茁	⿱艹⿰車㔾	⿱艹⿰車㔾	⿰出阝	⿰㞢阝	⿱山乙	
 萄陰睘小器 集成 10428	 璽彙 2285  璽彙 2286  璽彙 3646	 陶録 3・103・1 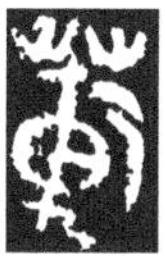 陶録 3・103・6	 璽彙 2167  璽彙 2166	 二年 平陶令戈 考文 2007.6  盛世 104  璽彙 2169  璽彙 2171	 上范厨鼎 集成 2104  璽彙 3417	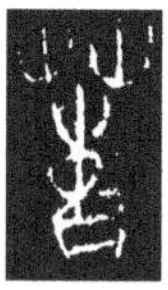 四年 咎奴令戈 集成 11341

0278 芑	0279 茆			0280 荼		0281 蒿
楚	楚		齊	秦	楚	楚
	茆	丣	茆		莝	
 信陽 1・24	 清華二 繫年 019	 郭店 六德 12	 工城戈 收藏家 2011. 11：25	 秦印	 上博八 子 4	 曾姬無卹壺 集成 9711
 上博三 周 41			 宋公差戈 集成 11281	 里耶 8-1533	 上博八 子 5	 包山 227
					 帛書丙	 上博四 柬 15
						 璽彙 0283

0286		0285	0284	0283	0282	
蕃		葆	蘬	蓬	蘩	
秦	楚	秦	秦	秦	秦	晉
	茉					
 傅 1455 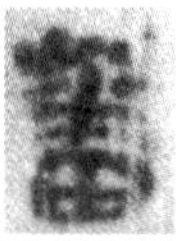 雲夢 秦律 127  北大・祓除	 郭店 語四 11	 雲夢 秦律 89  里耶 8-657 背  珍秦 223	 秦風 213  陝西 890	 尊古 316  里耶 8-109  里耶 8-1558 正	 里耶 8-307  里耶 8-466	 璽彙 1374  䀟盗壺 集成 9734

	0291 春		0290 蓄	0289 菆	0288 蘘	0287 茸
	秦	楚	秦	晉	秦	秦
 里耶 8-1150  里耶 8-1725  尤家莊秦陶  北大・道里	 集粹 508  睡虎地 日乙 252  里耶 8-661 背  里耶 8-787  里耶 8-1147	 上博六 用 8	 嶽麓一 爲吏 20	 璽彙 0549	 秦都圖 293  珍秦 187  尊古 317  秦都圖 294	 秦風 224

				楚		
旾	芚			萅	旾	萅
 壽春府鼎 集成 2397	 包山 203	 曾乙 1	 清華三 説命中 3	 越王者旨 於賜鐘	 雲夢 日乙 202	 傅 1010
 清華四 筮法 16	 清華五 啻門 20		 上博八 王 5	 書也缶 集成 10008		
 郭店 六德 25			 清華二 繫年 067	 包山 240		
 郭店 語一 40			 清華五 湯丘 12	 上博六 用 10		
 郭店 語三 20				 包山 206		

0295 芊	0294 蓀	0293 蓉	0292 芺			
齊	秦	楚	楚	齊		晉
				旹	⿰巾旦	⿱日乇
 陶録 3・277・5  陶録 3・277・6	 尊古 317	 上博八 李 1 背  上博八 蘭 5	 包山 119  上博六 慎 5  上博二 容 15	 璽彙 2415	 四年春成 左庫戈 珍吴 260	 春成侯鍾 集成 9616  四年春平侯鈹 集成 11707  二十五年戈 集成 11324  五年春平 相邦葛得鼎 商周 2387  璽彙 0005  珍戰 75  珍戰 7

						楚
⿰爿⿱宀酉	⿰爿⿱宀或	⿰爿⿱宀貝		⿰爿貝	⿱臧貝	藏
 郭店 語四 7	 上博一 孔 19  珍戰 3  珍戰 5	 清華一 程寤 9  清華四 筮法 57	 上博六 用 13  上博六 用 13	 清華三 芮良夫 6  清華五 三壽 05 讀「臧」。	 仰天湖 37  郭店 老甲 36  上博一 孔 21  上博四 曹 32	 上博三 周 38  上博三 周 40

0297 芯*

晉		秦
⿸疒酉	⿸厂貝	
 兆域圖版 集成 10478	 璽彙 5413	 集粹 458

0298 芾*

秦	楚
 雲夢 日甲 65 反	 上博三 周 51
 里耶 8-1454 正	 上博三 周 51 讀「旆」。

0299 苙*

秦	晉
 嶽麓一 爲吏 14	 璽彙 2069

0300 茒*

秦

放馬灘地圖

放馬灘地圖

0301 苒*

秦

戰編 41

0302 芽*

秦

雲夢秦律 131

雲夢秦律 131

讀「菅」。

0303 苜*

秦

珍展 104

0304 苐*

秦

集粹 594

里耶 8-776

里耶 8-1363

讀「第」。

0305 莕*

秦

珍展 64

陶録 6·452·3

里耶 8-1574

0306 著*

秦

陶録 6·405·3

0307 菴*	0308 萛*	0309 ⿱艹度*	0310 蔄*	0311 ⿱艹宗*		0312 ⿱艹某*
秦	秦	秦	秦	秦	晋	秦
 陶彙 9・33	 里耶 8-1206	 關沮牘 1 背 即「蓆」。	 嶽麓一占夢 20	 秦風 199	 璽彙 2260	 雲夢日甲 25 反 讀「某」。

0313	0314	0315	0316			
葥*	蒲*	莧*	蕈*			
秦	秦	秦	楚	秦	晉	
			⿱艹夏			⿱艹𦎫
 雲夢秦律 132	 戰編 44 頁	 集粹 81	 望山 1・8	 珍展 60	 璽彙 2250	 璽彙 3251
讀「𦃃」。			讀「夔」。	 集粹 571	 璽彙 2253	 天印 21

0317 萛*		0318 曆*	0319 蘚*	0320 蕘*	0321 蘙*	0322 芽*
秦	楚	秦	秦	秦	秦	楚
嵮						
 里耶 8-1520 正	 上博四 逸·交 3 或讀「與」。	 雲夢 秦律 8 讀「歷」。	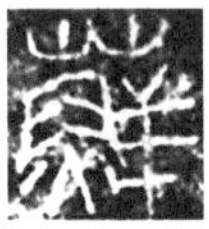 秦駰玉版 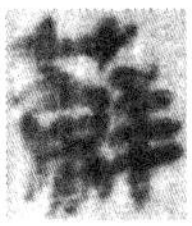 雲夢 雜抄 25 讀「蹣」。	 秦印	 雲夢 秦律 88	 清華一 程寤 8 讀「災」。  清華一 程寤 5 讀「材」。

	0323 芏*		0324 苂*	0325 莥*	0326 莌*	0327 萓*	
晉	楚		楚	楚	楚	楚	晉
 璽考 324	 仰天湖 19  仰天湖 34 或讀「土」。		 上博三周 39 讀「陸」。	 郭店老甲 25 讀「兆」。	 清華五三壽 17 讀「媢」。	 巨萓鼎集成 2301  璽考 187	 璽彙 2279

0328 荳*	0329 莆*		0330 莝*	0331 荎*		0332 菓*
晋	楚	晋	楚	楚	楚	楚
					莳	
 上博五 弟 5 讀「壽」；或釋「登」。	 新蔡甲三 355	 右廩鼎 集成 2307	 新蔡甲三 346－2.384  新蔡乙四 94 讀「繁」。	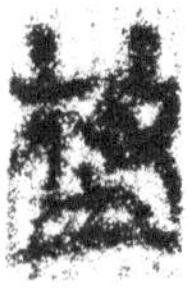 信陽 2・027 或讀「附」。	 包山 2：52－2 號 簽牌  包山 2：188－1號 簽牌 讀「凫」。	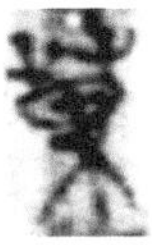 曾乙 62 讀「戈」。

0333	0334	0335		0336	0337	0338
莉*	⿱艹亩*	⿱艹胃*		葙*	⿱艹亯*	⿱艹客*
楚	晉	楚	晉	楚	楚	楚
 上博二子 3 讀「黎」。	 清華二繫年 57 讀「林」。  包山 150  包山 150 或釋「藺」。	 包山 2：7-3 號簽牌  郭店性自 26 讀「喟」。	 璽考 313	 天卜	 上博六競 9 讀「芳」。	 包山 268 讀「絡」。

0339	0340	0341		0342	0343	0344
菓*	萒*	蒂*		蒟*	菒*	蕾*
楚	楚	楚	晉	楚	楚	楚
						畱
 曾乙 66  天策	 上博一性 16 讀「喟」。	 新蔡零 381	 璽彙 2707	 包山 2：48-2 號簽牌	 郭店性自 47 或讀「淵」。	 自鐸通考 360  包山 169  上博一緇 21 讀「留」。  上博九史 6  上博九史 9

	0345	0346	0347	0348	0349	0350
	蓑*	蕁*	蔦*	蒡*	蒝*	⿱艹⿱丯口*
	楚	楚	楚	楚	楚	楚
					蓾	
 九 A34	 郭店 語四 22  上博二 容 32  清華二 繫年 095 讀「衰」。	 包山 125	 包山 267 或讀「芒」。	 清華一 祭公 13 讀「旁」。	 包山 151  九 A22  九 A24 讀「愿」。  上博九 舉 28	 天卜  天卜

0351 蔵*		0352 蕢*	0353 蓸*	0354 薔*	0355 䔮*	0356 蔙*
楚		楚	楚	楚	楚	楚
 鄂君啟舟節 集成 12113  包山 12  包山 225  包山 206  包山 221 或讀「郊」。	 包山 131  包山 216  包山 207  上博五 三 3  上博八 有 3  天卜	 上博三 周 12 讀「撝」。	 上博四 曹 13  上博四 曹 22  上博四 曹 64 讀「曹」。	 清華四 別卦 8 讀「漸」。	 曾乙 3 讀「習」。	 新蔡甲三 312  新蔡甲三 325-1 讀「梍」。

編號	字頭			字形	出處	備注
0357	⿱艹異*	楚			包山 103	
0358	⿱艹確*	楚			包山 27 號簽牌	
0359	⿱艹集*	楚			包山 258	
0360	萬*	楚			包山 255	或讀「藾」。
0361	⿱艹皃*	楚			包山 258	讀「皃」。
0362	⿱艹巢*	楚			上博二容 40	讀「巢」。
0363	⿱艹睪*	楚			上博六競 8	讀「澤」。

0364	0365	0366	0367	0368	0369	0370
⿱艹僕*	蔒*	⿱艹膚*	⿱艹⿰虛攴*	⿱艹緜*	⿱艹奮*	蘅*
楚	楚	楚	楚	楚	楚	楚
					⿱艹畚	⿱艹⿱甶大
 上博二容15 讀「箁」。	 上博六木5  上博六木5  上博六木5 讀「疇」。	 上博五三6 或讀「露」。	 上博四曹13  上博四曹22 讀「劇」。	 清華二繫年029 讀「眕」。	 新蔡甲三410  新蔡甲三411、415 讀「汾」。	 上博六競8 讀「衡」。

0371 蘿*		0372 藤*	0373 艾*	0374 芀*	0375 苶*	0376 苾*
楚	晉	楚	晉	晉	晉	晉
	藋	蕂				
 上博四 逸・多 1 即「藋」。	 璽彙 2291	 曾乙 61 讀「滕」。	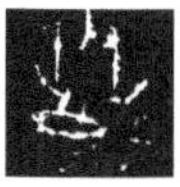 六年安陽令矛 集成 11562	 璽彙 2754	 程訓義 1-35	 八年烏柱盆 集成 10328

	0382 蒦*	0381 萃*	0380 芸*	0379 蓫*	0378 莨*	0377 芼*
齊	晉	晉	晉	晉	晉	晉
 齊陶 0796  陶録 2·61·1  璽考 65  陶録 2·140·3  齊陶 0779	 璽彙 2300	 璽彙 2259	 芸鼎蓋 集成 1799	 璽彙 0089	 璽彙 2265	 璽彙 1611

0383	蔴*	晋		 盛世 19 讀「靡」。  璽彙 2292
0384	蔙*	晋		 璽彙 3454
0385	蝅*	晋		 璽彙 0543
0386	蕄*	晋		 璽彙 0966
0387	蕃*	晋		 璽彙 0352  璽彙 2141
0388	蕠*	晋		 璽彙 1904
0389	墐*	晋		 璽彙 2343  璽彙 2679

0390	0391	0392	0393	0394	0395	0396
藧*	蘿*	藹*	苁*	芰*	荳*	蕖*
晋	晋	晋	齊	齊	齊	齊
		蓍				
 璽彙 0842	 璽彙 5506	 璽彙 2276	 璽彙 3676	 陶録 2・382・1	 璽彙 0277	 齊陶 0117
 璽考 328		 璽彙 2277		 陶録 2・382・2		 齊陶 0126
						 齊陶 0135
						 齊陶 0115
						 齊陶 0116

0397		0398	0399	0400		0401
䔀*		萠*	蘱*	薈*		蓴
齊		齊	齊	齊		秦
	䓿				膾	
 陶録 2・171・1  陶録 2・172・1  陶録 2・63・1  陶録 2・64・1  齊陶 0800	 陶録 2・171・2	 陶録 3・605・3	 璽彙 0243	 璽彙 1954	 璽彙 0576  璽彙 1465  璽彙 3544	 里耶 8-1861  嶽麓一 占夢 19

0402

莫

	燕	齊	晉		楚	秦
 璽彙 1279	 古研 7：137 圖 4	 璽考 42	 中山王方壺 集成 9735	 郭店 語三 47	 燕客銅量 集成 10373	 珍秦 56
 璽彙 5498		 陶録 2・665・2	 璽彙 0554	 清華二 繫年 117	 郭店 老甲 5	 雲夢 日乙 233
			 上官豆 集成 4688	 清華五 命訓 10	 郭店 性自 48	 里耶 8-1025
			 璽彙 3025	 上博五 姑 4	 上博七 君甲 5	 北大・祓除
					 曾乙 1	 北大・隱書

0403 莽		0404 葬				
秦	楚	秦	楚			
	弃		[illegible]	[illegible]	[illegible]	𤖼
 二年寺工壺 集成 9673	 璽考 152	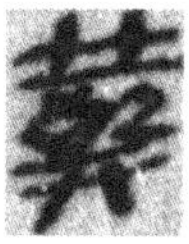 雲夢 答問 77	 包山 91	 包山 155	 包山 267	 郭店 六德 16
 雲夢 封診 22	讀「莫」。	 雲夢 日乙 17	 包山 91	 包山 155		 上博二 容 33
		 龍崗 197	 曹家崗 5・1			

				齊	晉	
				篪		囫
				 文物報 1996.1：28  文物報 1996.1：28	 兆域圖版 集成 10478	 清華二 繫年 047  清華二 繫年 053

0406 少　　0405 小

	楚	秦	晉	秦
 包山 231	 曾乙鐘架	 五年相邦呂不韋戈 商周 17254	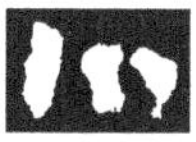 八年亯令戈 集成 11344	 珍展 68
 上博四 内 10	 郭店 緇衣 9	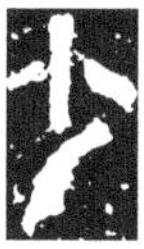 陶録 6・34・2	 先秦編 99	 陶録 6・20・3
 清華一 祭公 1	 郭店 成之 34	 雲夢 日乙 157		 里耶 8-529 背
 上博八 王 2	 上博八 成 11	 里耶 8-63 正		 里耶 8-1575
 清華四 筮法 37	 包山 157	 北大・泰原		 北大・白囊

齊			晉			
	⿱小子			⿰少勺	省	⿱小子
 陳逆簠 集成 4630	 中山王鼎 集成 2840  中山王鼎 集成 2840	 哀成叔鼎 集成 2782  少虡劍 集成 11696  貨系 59  貨系 60  先秦編 99	 梁十九年 亡智鼎 集成 2746  滎陽上官皿 文物 2003.10  兆域圖版 集成 10478	 清華二 繫年 111  清華二 繫年 112  清華二 繫年 115 雙聲符，讀「趙」。	 上博七 凡乙 20  上博七 凡甲 28  清華四 筮法 41	 上博四 内 10 「少子」之「少」的專字。

0408 分　　　　0407 八

秦	燕	齊	晉	楚	秦	燕
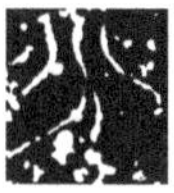 商鞅方升 集成 10372	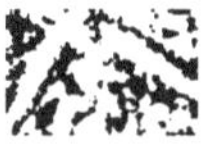 重金扁壺 集成 9617	 私之十耳杯 新收 1079	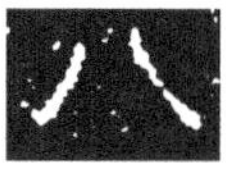 十八年冢子戈 集成 11376	 曾乙 40	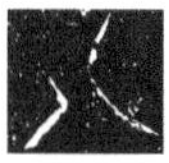 陶録 6・104・3	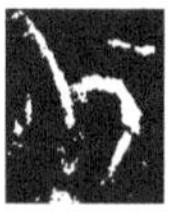 □□瞏小器 集成 10431
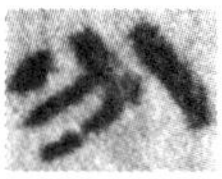 雲夢 答問 67	 丙辰方壺 西清 19・3	 貨系 2554	 陶録 5・81・2	 包山 19	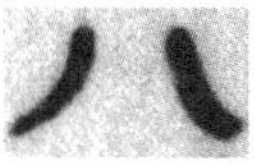 雲夢 效律 3	
 里耶 8-237	 先秦編 573	 陶録 3・456・5	 貨系 90	 新蔡乙三 60 乙二 13	 里耶 8-71 背	
 嶽麓一 占夢 3				 清華一 耆夜 1	 北大・九策	
 北大・算甲				 清華二 繫年 066		

0409

尔

齊	晋		楚	齊	晋	楚
 陳尔戈 新收 1499	 中山王鼎 集成 2840	 九 A43	 郭店 緇衣 16	 齊幣 359	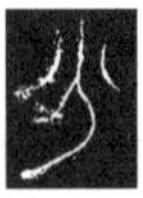 二十七年 大梁司寇鼎 集成 2609	 上博六 天乙 10
	 璽彙 3455	 上博四 采 3	 上博一 緇 2	 陶録 2・180・1	 梁上官鼎 集成 2451	 郭店 窮達 1
	 璽彙 4830	 上博二 昔 4	 上博七 吴 5	 陶録 2・656・4	 首垣鼎 商周 1493	 清華五 湯丘 16
			 清華一 金縢 4	 發現 75 銀盤	 中國錢幣 2007.2	
			 上博八 志 7			

0410

曾

秦	楚	
 秦駰玉版	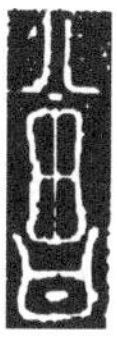 曾侯乙鼎 集成 02291	 曾乙鐘架
 里耶 8-1495 背	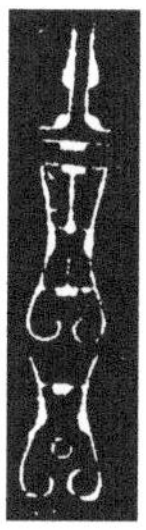 曾侯乙戟 集成 11173	 曾乙鐘架
	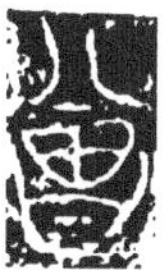 曾姬無卹壺 集成 9710	 曾侯郕戟 集成 11177
	 上博五 季 21	 上博九 卜 1

0411

尚

晉	齊	秦	楚
 中山王方壺 集成 9735	 陶録 2·391·1	 官印 0009	 包山 230
		 陶録 6·237·3	 郭店 五行 22
		 秦集一 二 65·2	 清華一 耆夜 10
		 雲夢 效律 24	 上博八 命 10
		 里耶 8-2096	 新蔡乙四 122

0413 0412

豕 㪨*

楚	秦	齊		燕	齊	晋
 望山 2・49 或讀「繸」。	 陶彙 5・252	 陶録 3・278・1  陶録 3・278・2  陶録 3・648・4	 璽彙 5075  璽彙 5397  璽彙 5527	 □□城睘小器 集成 10434A  廿年距末 集成 11916  璽彙 0121  璽彙 4880	 陳侯因資敦 集成 4649  璽彙 0328  陶録 2・48・1  陶録 2・48・2	 中山王方壺 集成 9735  璽彙 3076  璽彙 0491  貨系 246  程訓義 2-80

0417 公	0416 斺*			0415 介		0414 詹
秦	楚	晉	楚	秦	燕	楚
 詛楚文巫咸	 上博二容14	 雙劍22石磬	 上博四昭6	 雲夢答問206	 璽彙5455	 上博一緇9
 珍秦128			 上博六平5	 雲夢答問207	 璽彙5456	 郭店忠信3
 珍秦273			 上博七吴4			
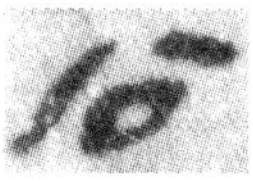 雲夢答問146			 上博九舉8			
 里耶8-1791			 清華三琴舞14			

燕			齊	晉		楚
 璽彙 3842	 陶録 3·209·1	 莒公孫潮子鎛 山東 103	 淳于公戈 集成 11125	 中山王方壺 集成 9735	 上博一 孔 15	 璽彙 0264
 璽彙 3847	 陶録 3·210·3	 銀盤 發現 75	 鵬公劍 集成 11651A	 璽彙 4828	 上博六 木 5	 璽彙 5093
 璽彙 3861	 陶録 3·212·1	 璽彙 3554	 貨系 2660	 陶録 5·55·5	 上博七 武 13	 信陽 1·01
 璽彙 3853	 陶録 3·212·3	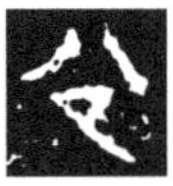 璽彙 0266	 璽考 300	 璽彙 5558	 清華一 楚居 13	 曾乙 173
 璽彙 5591		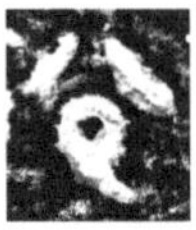 齊陶 0906	 陶録 2·34·4	 陶録 5·60·4	 上博八 成 2	 包山 183

0419 余				0418 必		
楚	秦	齊	晉		楚	秦
 書也缶 集成 10008	 陶録 6・296・1	 陶録 3・538・2	 集粹 347	 上博七 君乙 8	 包山 127	 杜虎符 集成 12109
 清華一 皇門 10	 雲夢 日乙 26		 鑒印 51	 上博七 吳 5	 郭店 六德 47	 珍展 148
 新蔡乙一 14				 上博八 王 5	 上博四 曹 34	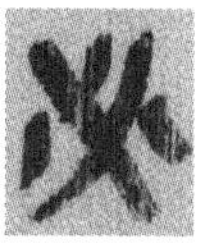 雲夢 日乙 112
 上博五 弟 5				 清華四 筮法 63	 上博七 武 6	 里耶 8-138 正
 上博七 吳 5					 上博八 顔 10	 北大・算甲

0421　　0420

番　　釆

秦	楚	燕	齊	晉		
 十鐘 3.39下	 清華三 祝辭1  清華三 祝辭1	 璽彙1288  璽彙1289  璽彙1290  陶録 4·21·1	 陶録 3·406·4  陶録 3·406·6  陶録 3·523·6	 中山王方壺 集成9735  哀成叔鼎 集成2782  貨系1213  璽彙2416  璽彙0111	 上博五 姑9  清華四 筮法41  上博八 顔12  清華一 祭公20  清華一 祭公2	 包山145  郭店 尊德23  上博四 柬10  上博三 彭6  清華五 封許05

0422

審

秦	燕	晋				楚
			⿹㇆釆	⿰釆月	翻	
 珍秦 379	 璽彙 1655	 史番鼎 集成 1353	 清華一 尹至 5 《説文》古文。	 上博一 緇 15 讀「播」。	 郭店 緇衣 29	 包山 52
 珍秦 378		 璽彙 1658				 包山 48
 雲夢 效律 50						 上博六 競 9
 里耶 8-970						 上博七 凡甲 15
 嶽麓叁 105						 信陽 2・22

0425 半			0424 釋		0423 悉	
齊	晉	秦	秦	楚	秦	楚
 璽彙 1276	 璽彙 1270  璽彙 1274	 高陵君鼎 考古 1993.3  秦漢編 14  雲夢 日乙 56  里耶 6-1 正  北大・算丙	 里耶 6-9	 璽彙 2290	 詛楚文 巫咸  里 J1⑯6 正  里 J1⑯6 正	 上博一 孔 21  上博六 孔 12

0427 ⿰半番*　　0426 胖

秦		晉				楚
	⿸厂削	削		削		刖
 秦風 149  珍秦 128	 璽彙 0324	 璽彙 2226  璽彙 3327	 太子鼎 集成 1807  膾鼎 集成 2302 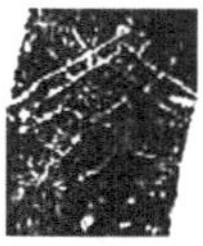   鑄客大鼎 集成 2480 加注「叕」聲。	 九 A7  燕客銅量 集成 10373  清華四 算表 1 加注「辛」聲，讀「半」。	 半益環權 集成 10378  信陽 2・16   包山 146 加注「夗」聲，讀「半」。	 新蔡甲三 292  包山 116  清華四 算表 14  清華四 算表 21

0429 牡		0428 牛				
楚	秦	燕	齊	晋	楚	秦
 新蔡甲一7	 雲夢日甲11反	 陶録4·65·1	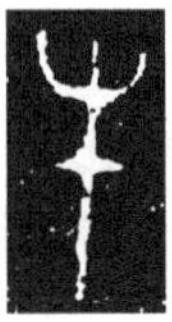 璽彙1219	 璽彙1205	 郭店性自7	 珍秦87
 新蔡甲一7	 關沮368	 璽彙1203	 陶録3·318·4	 璽彙1210	 上博三周57	 珍秦387
	 里耶8-2491		 東亞6·7	 璽彙4745	 清華二繫年122	 雲夢日乙70
			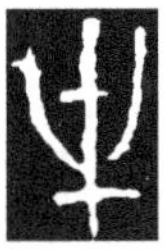 陶録2·167·2		 郭店窮達5	 里耶8-102
					 包山246	 里耶8-461正

0432			0431	0430		
犢			牝	特		
秦		楚	秦	秦	晉	
	⿰馬匕				⿰馬土	⿰馬土
 珍展 93	 曾乙 160	 左塚漆梮	 雲夢日甲 11 反	 傳 1094	 好蚉壺集成 9734	 曾乙 199
 龍崗 112	「牝馬」之「牝」的專字。	 清華四筮法 2	 關沮 368			 曾乙 197
		 郭店老甲 34	 里耶 8-1455 正			「牡馬」之「牡」的專字。

0433 牭			0434 犉	0435 犨	0436 牟	
楚	晉	秦	楚	秦	晉	秦
⿱亩牛	⿱亩牛		⿱亯牛		隼	
 九 A44	 璽彙 0860	 珍秦 332	 新蔡零 333	 廿一年舌或戈 珍吴 103 頁	 璽彙 0929	 高奴禾石權 集成 10384
 清華二繫年 128	 璽彙 1703	 輯存 210	 璽彙 5601		 璽彙 3064	 珍展 101
	 州句戈 集成 11298				 邢臺圖 210・1	 珍秦 116
	 璽彙 2647				 璽彙 1483	 珍秦 61
					 璽彙 3264	

		0439	0438		0437	
		牽	牷		牲	
齊		秦	秦	楚	秦	燕
 齊陶 0023  齊陶 0024  齊陶 0087	 北大・從軍	 陝西 808  陝西 681  雲夢 日甲 55  關沮 139	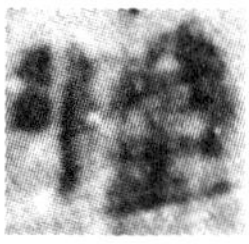 雲夢 日甲 91 反	 新蔡零 207  上博三 周 42	 詛楚文 巫咸  雲夢 秦律 151	 燕下都 241 2 陶

0440

牢

					楚	秦
膗	畱	窂	牧	⿴囗牛		
 新蔡甲三 304	 新蔡甲三 209  新蔡甲三 261 从「留」聲。	 新蔡乙一 11	 新蔡乙四 128	 新蔡乙四 134	 曾乙 146  包山 157  新蔡甲三 136  新蔡乙一 29  新蔡乙二 1	 珍秦 69 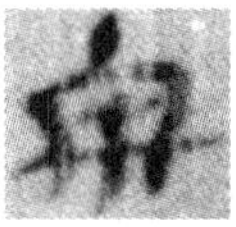 雲夢 日甲 103  里耶 8-728 背  里耶 8-2101

		0444 屖	0443 ⿱臤牛	0442 牴	0441 ⿰⿱禾氺⿱勹牛	
晉	楚	秦	秦	秦	秦	晉
 璽彙 3438  璽彙 3927	 曾乙 123	 雲夢 爲吏 17	 嶽麓一 爲吏 45	 珍秦 338  陝西 616	 雲夢 秦律 168	 璽彙 2386

0448 斄	0447 犛			0446 犧	0445 物	
秦	秦			楚	秦	齊
		⿱敉牛	⿱我牛	⿱羲牛		
 珍秦 211  十鐘 3.29 上  里耶 8-1526 背	 傅 1308  傅 1307	 新蔡乙一 15  包山 129	 上博五鮑 3 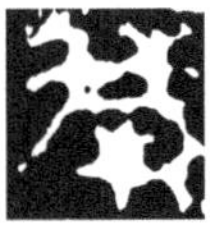 璽彙 3744	 新蔡甲三 79  新蔡乙四 58  包山 248	 雲夢效律 44  關沮 190  里耶 8-2088  嶽麓二數 205  北大·算甲	 子禾子釜集成 10374

0449	0450	0451	0452	0453	0454	0455
牨*	⿰牛恖*	⿰牛貫*	牪*	犇*	牁*	⿰牛同*
秦	秦	秦	楚	楚	楚	楚
 塔圖 140  秦都圖 117	 十鐘 3.28 下	 雲夢爲吏 17 讀「密」。	 上博四曹 37  上博四曹 37  上博四曹 38 或讀「疑」。	 包山 6	 璽考 208	 天卜
					晉	
					 璽彙 3911	

0460 ⿰牛膚*	0459 ⿰牛戠*		0458 ⿰牛青*	0457 ⿰牛甬*		0456 ⿱羊牛*
楚	楚	楚	楚	楚	晉	楚
	⿱戠牛	⿰牛靜				
 包山 237  包山 243	 包山 202  包山 205 讀「特」。	 新蔡甲三 111  新蔡乙四 48	 新蔡甲三 146  新蔡乙四 14 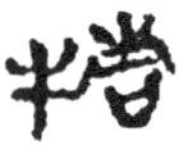 天卜	 清華一楚居 4 讀「犝」。  天卜	 璽彙 2759  璽彙 2896	 信陽 2·8  包山 121  新蔡甲三 237-2  新蔡乙四 143 讀「騂」。

0466	0465	0464	0463	0462	0461	
犖*	犒*	皋*	犣*	牼*	牪*	
晉	晉	晉	晉	晉	晉	
	高					犕

璽彙 0540	珍戰 114	璽彙 0888	璽彙 1019	璽彙 2935	二十三年襄城令矛 集成 11565	包山 237

璽彙 0779	珍展 24	璽彙 1959		璽彙 3270	璽彙 3262	

					陶彙 4・158	

0467 牪*

齊
 陶録 2・351・1
 陶録 2・351・3
 陶録 2・354・1
 陶録 2・356・4

0468 犡*

齊
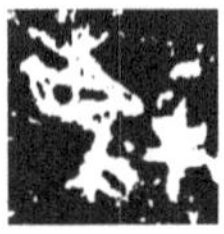 犡藋戈 新收 1028

0469 告

秦	楚			晉
			⿱爻告	
 秦駰玉版	 包山 15	 清華一 尹誥 2	 上博五 競 10	 中山王方壺 集成 9735
 雲夢 日乙 194	 包山 137 反	 上博四 柬 7	「爻」、「告」雙聲符。	 好盜壺 集成 9734
 里耶 8-164 正	 包山牘 1	 郭店 窮達 11		 璽彙 3375
	 上博七 鄭乙 1	 上博二 容 52		
	 清華二 繫年 027	 上博五 弟 15		

齊	楚	秦	楚	晉	齊	燕
	0470 鞍*	0471 口				
 司馬望戈 集成 11131	 包山 66	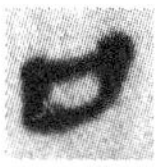 雲夢 秦律 188	 郭店 五行 45	 璽彙 3467	 齊幣 360	 貨系 3380
 陳子皮戈 集成 11126		 里耶 8-92	 新蔡零 115	 貨系 3935 倒置。	 齊幣 402	 聚珍 143.1
 郘左戈 新收 1097		 嶽麓一 質三 12	 上博六 用 12		 齊幣 426	 璽彙 0118
燕		 北大・道里	 上博八 志 1		 齊陶 1241	
 陶録 4・53・3						

0472 吻	0473 嗌			0474 嗛	0475 噬	
秦	楚		晉	秦	楚	
					[illegible]	[illegible]
 雲夢封診66	 郭店老乙3	 郭店唐虞19	 先秦編146	 秦印	 清華三良臣10	 郭店語四19
	 上博六競8	 郭店性自28		 里耶8-682正	讀「逝」。	 包山151
	 上博三彭7	 清華一楚居4				 曾乙石磬
	 清華三良臣1	 清華三說命下3				 上博三周33
	 清華五湯丘02	 清华四別卦8				 上博七吳5
						「欠」、「辛」、「耆」均是聲符。

0477　　0476

含　　啗

秦	晉	齊		晉		
	啗			餡	嫛	諂
 里耶 8-2388	 璽彙 2223	 陶録 3・427・1  陶録 3・427・4  陶録 3・427・5  陶録 3・427・6	 璽彙 0503  璽彙 4018	 璽彙 0810  璽彙 0988  璽彙 0989  璽彙 0811  璽彙 1826	 清華四 別卦 7	 上博二 從乙 4

0480 嗤	0479 唾					0478 味
晉	秦	齊		楚	秦	燕
			𣅳			
 璽彙 0444	 北大・醫方	 陶録 3・521・1	 上博二 容 21	 郭店 老丙 5	 雲夢 日甲 33 反	 燕下都 215・11
	 北大・醫方		 上博六 孔 26	 清華一 程寤 5		
				 清華五 湯丘 15		
				 清華五 啻門 06		

0483 名　0482 唫　0481 喟

齊	晋		楚	秦	楚	晋
 四十年左工耳杯 新收 1078	 少虡劍 集成 11696	 郭店 老甲 13	 郭店 緇衣 38	 秦駰玉版	 上博二 容 2	 璽彙 1844
 陶彙 3・89		 郭店 語一 96	 清華一 程寤 2	 里耶 8-198	讀「瘖」。	
		 上博七 武 10	 上博三 亙 6	 雲夢 日乙 137		
		 清華一 保訓 6	 上博三 亙 5	 北大・祓除		
		 郭店 成之 13	 清華一 楚居 9			

0484 吾				0485 哲	0486 君	
秦	楚	齊		燕	秦	楚
			[illegible]	忈		
 秦駰玉版	 包山 248	 璽考 314	 陶録 3・530・5	 璽彙 5684 《説文》古文，見卷十「悊」字。	 高陵君弩機 商周 18581	 □君戈 集成 11026
 陝西 814	 左塚漆梮	 璽考 314			 雲夢 日乙 248	 璽彙 4733
 雲夢 日甲 33 反	 上博六 孔 5				 里耶 8-178 正	 貨系 4166
 里耶 8-144 背					 北大・從政	 曾乙 60
 北大・隱書						 包山 135

0487

命

楚	秦	燕	齊		晉	
 救秦戎鐘 集成 00037	 陶彙 5 384	 燕侯載豆 西清 29・42	 璽彙 3620	 先秦編 122	 坪安君鼎 集成 2793	 郭店 成之 11
 上博四 昭 4	 雲夢 雜抄 4	 纕安君扁壺 集成 09606.1	 璽彙 5537	 珍戰 7	 成君鼎 商周 1343	 上博六 用 20
 上博四 柬 1	 關沮 251	 璽彙 0003	 璽考 31	 璽彙 0009		 清華一 耆夜 12
 清華一 保訓 10	 里耶 8-1234	 璽彙 1598	 璽考 31		 修武使君甗 新收 1482	 上博八 顏 10
 清華一 祭公 21	 北大・算甲	 璽考 91	 璽彙 0327		 中山王鼎 集成 2840	 上博三 周 38
					 璽彙 0004	

燕	齊		晉			
器						
 燕王職壺 新收 1483	 陳純釜 集成 10371	 宅陽令戟刺 珍吴 250	 十一年 皋落戈 新收 365	 郭店 緇衣 22	 清華五 命訓 10	 包山 278 反
 璽彙 0481	 子禾子釜 集成 10374	 亯令司馬伐戈 集成 11343	 二十九年 高都令戈 集成 11302	 新蔡甲一 15	 上博七 鄭乙 5	 上博六 用 15
加注「厶」聲。	 司馬楙編鎛 山東 104	 璽彙 3986	 魚顛匕 集成 980	 清華五 厚父 06	 包山 139 反	 上博七 吴 3 背
	 璽彙 3725	 璽彙 3987	 九年京令戈 新收 1812	 上博二 民 8	 清華三 説命下 10	 清華一 程寤 3
		 珍戰 33	 陜陰令戈 中國文字研究 第一輯		 清華一 祭公 10	 上博八 顔 5

0488 咨

齊
 陳侯因資戈 集成 11260
 陶録 3・492・6
 陶録 3・398・1

0489 召

秦
 珍秦 251
 雲夢 日甲 25 反
 里耶 8-1312
 嶽麓一 質二 34

0490 問

齊	秦	晉
 陶録 2・1・1	 雲夢 日乙 239	 四年咎奴令 集成 11341
	 里 J1⑨7 正	 璽彙 3187
	 里耶 8-1850	
	 里耶 8-2088	
	 嶽麓二 數 213	

0491 唯

秦	楚
 集粹 849	 曾乙 128
 雲夢 日乙 146	 包山 91
 里耶 8-1252	 新蔡零 207
 嶽麓二 數 179	 上博四 柬 12
 北大・隱書	

0492

和

楚	秦	燕	齊	晉		
 左塚漆梮	 珍秦 377	 燕王職壺 新收 1483	 陶録 2・626・2	 璽彙 0863	 上博七 君乙 7	 上博七 吴 2
 郭店 五行 29	 秦風 232		 陶録 2・627・2		 郭店 尊德 28	 清華三 説命下 4
 上博一 孔 4	 里耶 8-1221		 陶録 2・629・1		 上博九 卜 9	 郭店 老甲 18
 上博四 曹 20	 嶽麓二 數 69		 齊陶 0522			 郭店 老乙 4
 清華一 程寤 8						 郭店 成之 5

0493 哉

（無標）

清華一耆夜4

清華三芮良夫8

上博九舉31

清華五三壽28

晉

䢅盗壺集成9734

璽彙5107

鑒印62

新鄭圖452

璽彙1043

楚

新蔡甲三23

上博四柬13

上博六用7

清華一楚居3

帛書乙

0494 咠

燕

燕侯載簋集成10583

楚

新蔡乙四128

上博四曹16

上博四曹33

清華三琴舞11

（無標）

郭店魯穆2

0495 嗥

秦

關沮330

關沮376

0496

台

⿹𠃌台	齊	⿹𠃌台	晉	⿹𠃌台	楚	秦
 璽彙 4029	 十年 陳侯午敦 集成 4648  十四年 陳侯午敦 集成 4646  虘台戈 山東 853  陳喜壺 集成 9700A	 哀成叔鼎 集成 2782  四斗司客 方壺 集成 9648  虎司丘君戈 集成 11265	 温縣 T1K1 :2279  郾孝子鼎 集成 2574	 郭店 性自 3  上博二 容 25  上博七 凡甲 10  清華一 楚居 7  上博六 孔 3	 郭店 緇衣 21  上博六 用 1  鄂君啟車節 集成 12112  新蔡乙四 126  清華二 繫年 005	 雲夢 日甲 26

0499 右		0498 呈		0497 咸		
楚	秦	楚		楚	秦	燕
			咸			
 璽彙 0001	 陽陵虎符 集録 1255	 璽考 174	 上博一 緇 1	 璽彙 5492	 宜陽鼎 商周 2422	 燕侯載簋 集成 10583
 包山 133	 陶録 6・66・1	 璽彙 4519	 清華一 尹至 3	 郭店 緇衣 5	 塔圖 137	
 上博九 陳 13	 雲夢 答問 52	 璽彙 4523	 清華五 封許 03	 上博七 凡甲 25	 璽彙 0182	
	 傅 270	 珍戰 141		 清華一 保訓 6	 陶録 6・9・2	
	 里耶 8-439			 清華五 厚父 07	 北大・泰原	
	又見卷三「又」部。					

	燕		齊		晉	
 聚珍 103.6	 右冶尹壺 集成 09563.1	 璽彙 0040	 无鹽戈 新收 1538	 右使車工鼎 集成 2089	 右冢子鼎 文物 2004.9	 曾乙 142
 聚珍 107.1	 右内鐓 集成 11908	 璽彙 0196	 亡鹽右戈 集成 10975	 右使車工鼎 集成 2091	 公朱右自鼎 集成 1946	 曾乙 146
 右昜攻 尹弩牙 集成 11929	 右宫矛 集成 11455	 璽彙 0319	 陳侯因资戈 集成 11260	 璽彙 4514	 六年鄭令戈 集成 11336	
	 燕王職劍 集成 11643	 璽彙 0149	 昌城右戈 集成 10998		 類編 184	
	 聚珍 099.3	 陶録 2·7·1	 璽彙 0063		 温縣 WT4K5：11	

0501 吉　　　　　　　　　　　　　　　　0500 啻

楚	秦	齊	晉		楚	秦
 競孫不服壺 通考 313	 秦駰玉版	 陳侯因資敦 集成 4649	 貨系 153	 清華三 芮良夫 8	 璽彙 3199	 陝西 572
 清華一 尹至 1	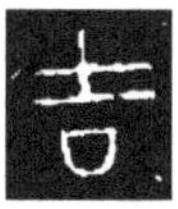 詛楚文 巫咸		 先秦編 154	 望山 2・49	 包山 154	 雲夢 日乙 134
 包山 198	 陶録 6・4・1		 貨系 154	 九店 B102	 上博四 曹 51	 北大・九策 讀「帝」。
 清華四 筮法 39	 雲夢 日乙 37		 先秦編 154	 新蔡甲三 300	 上博三 周 38	 北大・九策
 新蔡甲一 8	 北大・九策			 清華五 啻門 01	 上博七 凡甲 12	 北大・祓除

周

		楚	秦	燕	齊	晉
 包山 206	 上博七 吴 5	 璽彙 1196	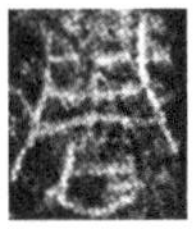 秦駰玉版	 聚珍 038.3	 陳侯因𪒠敦 集成 4649	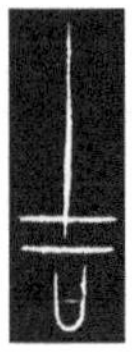 中山王方壺 集成 9735
 清華一 程寤 6	 清華一 程寤 1	 包山 68	 陶録 6・88・2	 聚珍 109.6	 陳肪簋蓋 集成 4190	 璽彙 5595
 清華一 耆夜 9	 包山 141	 包山 184	 雲夢 日甲 58 反		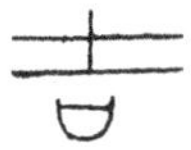 齊幣 049	 璽彙 4892
 清華三 琴舞 1	 上博八 成 1	 郭店 窮達 5	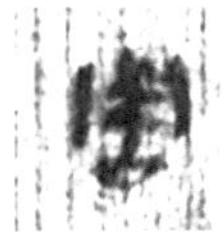 里耶 8-1516 正		 先秦編 396	 珍戰 226
 清華二 繫年 017	 上博八 成 2	 上博四 曹 41	 北大・算丙		 貨系 2529	 鑒印 66

0503

唐

齊	晉		秦	燕	齊	晉
暘						
 璽彙 0147	 三年鈹 集成 11661	 里耶 8-92	 珍秦 312	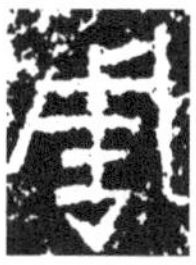 左周弩牙 集成 11928	 貨系 2659	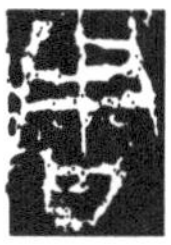 東周左自壺 集成 9640
 璽彙 3142	 貨系 2261	 嶽麓叁 126	 珍秦 353	 燕侯載豆 西清 29・42	 璽彙 3028	 貨系 639
	 貨系 2262		 珍秦 87			 璽彙 1186
			 秦風 79			 璽彙 3027
			 陝西 765			 璽彙 3029

0504 吃	0505 㕣	0505 㕣	0506 噴	0507 啐	0508 吁	0508 吁
齊	楚	燕	秦	楚	楚	晉
				䎸	旱	
 陶録 3・540・6	 自鐸 通考 360  璽彙 3505  上博二 容 34  郭店 窮達 3  郭店 窮達 10	 二年右貫府戈 集成 11292  璽彙 1669  璽彙 2713  璽彙 3860	 陝西 875  珍秦 274	 上博三 周 42  上博三 周 42	 郭店 語二 16  左塚漆梮  璽彙 0269  郭店 語二 15  清華一 楚居 14	 璽彙 4019  璽彙 5280  璽彙 5279  程訓義 2-23

0512 各			0511 吝	0510 吅	0509 曉	
楚	秦	楚	秦	齊	晋	秦
 越王者旨於賜鐘	 雲夢效律 29	 上博二容 53	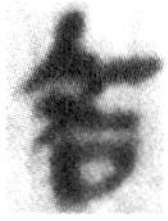 雲夢日甲 130	 陶録 3・521・3	 璽彙 0844	 集粹 626
 郭店語一 107	 里耶 8-2200	 上博六用 16				 秦風 85
 新蔡乙三 41	 嶽麓二數 192	 清華一皇門 12				
 上博四曹 65		 新蔡甲三 176				
 清華五啻門 20		 帛書乙				

0514 哀　　　　0513 否

楚	秦	晉	楚	燕	晉	
						臺
 郭店 語三 59  清華二 繫年 023  曾乙 127  上博一 性 18	 雲夢 爲吏 31  里耶 8-2125	 中山王鼎 集成 2840	 上博二 魯 3  上博八 成 14  清華三 芮良夫 3  上博三 周 31  清華五 厚父 03	 璽彙 5308  璽彙 5309	 温縣 WT1K17：129  璽彙 3355	 信陽 1·01

0515

冋

秦	齊		晉			
		⿱衣心		⿱哀心	⿴衣心	⿱衣心
 雲夢 日甲 27 反	 司馬楙編鎛 山東 104	 兆域圖版 集成 10478	 哀成叔鼎 集成 2782	 郭店 語二 31	 上博六 天乙 8	 上博二 昔 4
			 哀成叔豆 集成 4663	 上博二 民 4	 清華三 説命中 7	 上博五 三 20
					 清華三 芮良夫 23	 郭店 老丙 10
					 清華一 祭公 1	 郭店 尊德 31
					 清華五 三壽 18	 郭店 性自 43

0519 唬	0518 吠	0517 昏	0516 啾			
楚	晉	燕	齊	楚	秦	晉
虐					䎁	
 包山 163  郭店 老甲 5  郭店 老丙 2  郭店 尊德 28  郭店 語一 109	 璽彙 3785  璽彙 1645	 □舌睘小器 集成 10436	 新泰陶文	 郭店 緇衣 4  上博一 緇 3  上博五 競 9  上博九 卜 1  清華五 湯丘 14	 北大・九策	 璽彙 3009

0521 㕣

0520 局

晉	楚	秦	齊	晉		
				⿸虍吕		
 鑒印 70	 上博三周 49	 雲夢爲吏 1	 陶録 3·493·4	 璽彙 0945	 清華五命訓 03	 上博六孔 19
 貨系 205				 璽彙 1376	 清華五命訓 03	 上博七武 1
 貨系 206				 鑒印 15	 清華五命訓 04	 上博六孔 14
				 港續 9	 上博四柬 14	 清華一程寤 4
						 清華二繫年 19

0525	0524			0523	0522	
㕞*	嗅*			喚	哦	
秦	秦			燕	楚	燕
		喚阝			䇐	
 里耶 8-1481背	 里耶 8-1380正	 璽彙2240	 璽彙4116  璽彙4123  璽考76	 璽彙5562  璽彙1650  璽彙4104  璽彙4108  璽彙4113	 郭店 忠信8 讀「儀」。	 璽彙5437

0526	0527	0528	0529	0530	0531	0532
吳*	㗚*	啉*	嘍*	喙*	嘩*	吐*
楚	楚	楚	楚	楚	楚	晉
		替				
 上博三 彭 7 讀「殃」。	 郭店 尊德 3 讀「怨」。	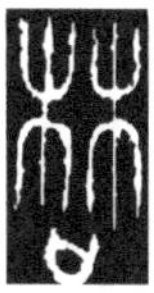 西林鐘 集成 3710 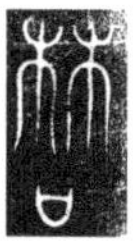 西林簋 集成 4503  上博六 競 8 讀「林」。	 郭店 忠信 9 或讀「貉」。	 曾侯乙鐘  曾乙 1	 郭店 語二 43  郭店 語二 46 讀「華」。	 璽彙 5430  陶録 5・73・3  貨系 181

0533	0534	0535	0536	0537	0538	0539
㠵*	哃*	㖓*	㖭*	咊*	吒*	㖘*
晋	晋	晋	晋	晋	齊	齊
 二十四年 㠵令戈 商周 17229  㠵令司馬 伐戈 集成 11343 讀「芒」。	 璽彙 1306	 十一年 皋落戈 考古 1991.5	 中國書法 2003.4	 璽考 209	 璽彙 1148	 陶録 3・143・1  陶録 3・144・4

	0543 凵			0542 ⿱吉口*	0541 ⿰口晉*	0540 ⿰口巠*
燕	楚			燕	齊	齊
 陶録 4・45・1 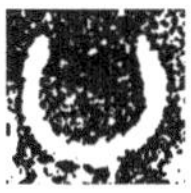 陶録 4・45・3	 包山 271 或讀「舊」。	 陶録 4・120・1 讀「觳」。	 陶録 4・105・1  陶録 4・111・3  陶録 4・112・1  陶録 4・98・4  陶録 4・107・4	 重金扁壺 集成 9617 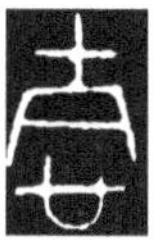 丙辰方壺 西清 19・3  陶録 4・103・1  陶録 4・203・3	 陶録 2・181・1  陶録 2・181・2  陶録 2・261・3  陶録 2・261・4	 璽彙 3620

0546 嚴					0545 毀	0544 吅
秦	齊		晉		楚	楚
						⿱口立
 陝西 593	 璽彙 5294	 璽彙 5375	 襄公鼎 集成 2303	 上博六 競 12	 鄂君啓舟節 集成 12113	 包山 48
 雲夢 爲吏 4	 陶録 2・438・1	 珍戰 151	 貨系 1655	 清華五 命訓 11	 鄂君啓車節 集成 12111	 上博一 緇 13 讀「勸」。
	 陶録 2・439・3		 先秦編 618	 清華二 繫年 044	 璽彙 0309	
	 陶録 2・674・4		 先秦編 238	 清華二 繫年 053	 璽彙 1459	
			 珍戰 47	 左塚漆梮 多讀「襄」。	 包山 103	

0548 噩	0547 咢					
楚	楚	齊	晉			楚
				[illegible]	[illegible]	[illegible]
 璽考 166  上博五 弟 19  清華一 楚居 6  包山 76	 清華三 祝辭 5	 司馬楙編鎛 山東 104	 中山王方壺 集成 9735	 郭店 語一 64	 曾侯腆鐘 江漢考古 2014.4	 郭店 五行 22  郭店 五行 36  清華五 厚父 03  清華一 楚居 6  清華五 封許 03

0549 單

秦	楚	晉		齊	燕
	⿱吅曰		⿱吅曰		
 雲夢 日乙 62	 郭店 六德 16	 坪安君鼎 集成 2793	 令狐君壺 集成 9720	 陶録 3・36・3	 璽彙 0297
 里耶 8-92	 郭店 成之 22	 單𧗠討戈 集成 11267	 郘黛鐘 集成 226	 陶録 3・37・5	 璽彙 0361
	 清華二 繫年 064				 璽彙 3384
					 璽彙 3632

0550 䍜*

楚
 上博三 周 42
 清華一 皇門 1
 清華五 厚父 02
讀「格」。

0551 嘂*	0552 哭		0553 喪			
楚	秦	楚	秦	楚		
					⿱吅死	
 曾侯朖鐘 江漢考古 2014.4 或讀「帝」。	 雲夢 日乙 191	 郭店 性自 30	 上博 31	 郭店 語一 98	 郭店 老丙 8	 上博二 民 14
	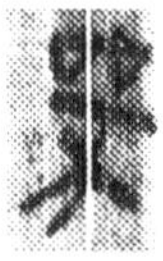 雲夢 日甲 155 反	 上博一 性 18	 官印 0075	 上博五 弟 7	 郭店 老丙 9	 郭店 性自 67
	 北大・泰原	 上博五 三 1	 雲夢 日乙 57	 上博三 周 44	 郭店 老丙 10	 新蔡乙四 122
	 北大・泰原	 清華四 筮法 2		 清華五 湯丘 07	 上博五 三 16	⿰歹亡
	 北大・泰原			 包山 92	 新蔡甲三 270	 上博四 昭 1

0555 趨　　　　0554 走

秦	晉	楚	秦	晉		
					嚣	㕣
 傳 1509  傳 1512	 中山王鼎 集成 2840	 曾侯乙戈 集成 11171  包山 122  上博八 志 2  清華二 繫年 072  上博七 吳 1	 傳 1542  雲夢 日甲 13 反  里耶 8-100・1  嶽麓叁 242	 璽彙 3271  璽考 111  璽考 148	 上博六 孔 25	 上博七 武 1  上博七 武 4  清華五 命訓 04

0556 赴

0557 趣

	齊	楚	秦	晉	楚	秦
	遫	遫		迲	辻	
 陶録 2・378・4  陶録 2・409・3  齊陶 1002  齊陶 1133	 陶録 3・457・1  陶録 2・550・2  璽彙 3222  陶録 2・133・3  陶録 2・440・4	 上博四 昭 6  上博八 志 2  上博五 鬼 5	 雲夢 答問 199	 上官豆 集成 4688	 曾侯硃缶  璽彙 3559  曾乙 156  上博六 孔 22  左塚漆梮	 嶽麓叁 103

		0560 越		0559 趮	0558 超	
	楚	秦	楚	秦	齊	燕
⿰戉阝	⿺辶戉		⿺辶喿		⿰刃召	遐
 曾侯戉戟 集成 11177	 清華一 尹至 1	 陶録 6・54・3	 上博一 性 35	 集粹 696	 陶彙 3・827	 璽彙 4106
 璽彙 3748		 陶録 6・159・1		 秦印		 陶録 4・204・1
 仰天湖 23		 秦風 135				 陶録 4・44・3
 包山 61		 雲夢雜抄 25				
 清華三 說命下 3		 里耶 8-528 正				

		0562 起		0561 趞		
		楚	秦	楚	秦	齊
追	记					
 郭店 語三 10	 郭店 老甲 31  清華一 金縢 13  上博五 競 9  上博六 莊 8	 新蔡甲三 109	 高陵君弩機 商周 18581  珍秦 320  雲夢 日甲 138 反  嶽麓一 質一 29  北大・算甲	 包山 6	 廿七年 上守趞戈 集成 11374  珍秦 314  秦風 89	 璽彙 2218  璽彙 5646  璽彙 1147

0564 趙　0563 趍

秦	秦	燕	齊	晉		
		起	迉	起	迉	起
 珍秦 137	 秦風 152	 璽彙 3320	 陶録 3・485・5	 璽考 244	 上博六 用 18	 新蔡甲三 144
 珍秦 140		 璽彙 3952			 清華二 繫年 019	 清華二 繫年 098
 秦風 67		 璽彙 4100			 清華二 繫年 025	
 秦風 109		 陶録 4・26・4			 清華二 繫年 054	
 里耶 8-140 正		 陶録 4・181・4				

	0569 䞊	0568 趆	0567 𧺼	0566 𧼮	0565 赾	
	楚	秦	秦	秦	秦	晉
		趧				
 上博六 孔2	 曾姬無卹壺 集成09710  清華二 繫年111  曾乙158  包山135	 雲夢 雜抄8	 珍展153  陶録 6·17·4  陶録 6·18·1	 湖南89	 里耶 8-1510背	 趙孟疥壺 集成9679

0572 趣*	0571 趨*	0570 趄*				
楚	楚	燕	楚	齊	晉	
						逗
 清華三 琴舞 5 讀「熙」。	 上博四 采 2  上博四 采 4 或讀「曾」，或讀「索」。	 璽彙 3313  璽彙 5361	 清華一 耆夜 10 或釋「趯」。	 陳侯因資敦 集成 4649  陳侯因資敦 集成 4649  陳侯因資敦 集成 4649	 中山王鼎 集成 2840  中山方壺 集成 9735  玉璧 中山 137	 郭店 窮達 6  上博六 競 12  上博三 中 1

			0576 止	0575 趢*	0574 ⿺走巨*	0573 ⿺走曹*
晋		楚	秦	晋	晋	楚
	⿱㞢止					
 璽彙 0895	 郭店五行 10	 郭店語三 53	 雲夢秦律 46	 璽考 208	 七年宅陽令矛集成 11546	 上博六用 14
 貨系 520	 上博四曹 21	 上博三周 48	 里耶 8-143 正	讀「爰」。		或讀「適」，讀「守」。
 先秦編 69	 包山 239	 清華二繫年 015	 里耶 8-1437 背			
	 清華五三壽 09	 上博八鶹 1				
	 帛書甲					
	「之」、「止」均是聲符。					

0579 歫　　0578 ⿱尚止　　0577 歱

秦	齊	秦		燕	齊	
	⿱⺌止	⿰止童	㞷			㞷
 珍展 61	 璽彙 3560  璽彙 3666	 嶽麓二數 64  里耶 8-1210	 陶録 4・207・3	 聚珍 088.3  聚珍 088.4  陶録 4・180・1	 陶録 3・17・6  陶録 3・17・3 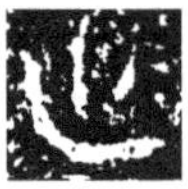 陶録 3・568・6	 璽彙 0906  璽彙 3451

0582 歸	0581 歷	0580 前				
秦	秦	齊	晉		楚	秦
		歬	歬		歬	
 雲夢 秦律 104	 嶽麓一 爲吏 77	 陶録 2・180・2	 陶録 5・20・2	 楚王酓前鼎 集成 2623	 郭店 老甲 3	 雲夢 日乙 238
 雲夢 日乙 119		 陶録 2・259・2		 上博六 用 5	 包山 122	 關沮 342
 秦風 222				 上博七 君甲 3	 清華一 保訓 3	 里耶 8-210
 里耶 8-135 正				 郭店 老甲 4	 上博八 顔 7	 里耶 8-558
 里耶 8-777				 上博二 昔 1	 郭店 窮達 9	 嶽麓叁 103

0583

疌

秦					楚	
	疊	逿	歸		遍	逯
 秦風 174	 望山 1·63	 上博三 周 50  清華一 尹誥 3  上博六 平 2  郭店 唐虞 6  包山 207	 清華二 繫年 069  清華二 繫年 106	 清華二 繫年 003  清華二 繫年 037	 清華二 繫年 086  新蔡乙三 50  新蔡甲一 4	 秦風 227  里耶 6-35 背

0584	⿱艹⿱癶正*	秦		 陝西 751
0585	⿰丬止*	楚		 清華二 繫年 011 讀「止」。
0586	⿱林止*	楚		 清華三 芮良夫 24  清華三 芮良夫 23  清華三 芮良夫 8 讀「靡」。
0587	⿱戕止*	楚		 清華五 封許 05 讀「臧」。
0588	⿱艹⿱大止*	楚		 上博七 吴 1 讀「卻」。
0589	⿱罒正*	楚		 上博三 周 14 讀「簪」。  郭店 緇衣 16  新蔡零 189 或釋爲「適」，或認爲从「琮」聲。
0590	⿱⿱丗冖止*	楚		 郭店殘簡 5 讀「柔」。

0591	0592	0593	0594	0595	0596	0597
⿰車巳*	⿱婁止*	隧*	⿺走寒*	⿺辶黽*	⿺辶从*	⿰阝述*
楚	楚	楚	楚	楚	晉	晉
						陞
 郭店 語三 45 讀「犯」。	 上博五 競 10 或讀「摟」，或讀「螻」。	 包山 168 讀「墜」。	 郭店 老甲 9 讀「渙」。	  曾乙 213	 港續 92	 璽彙 1380

0604	0603	0602	0601	0600	0599	0598
址	⿱⿰丰丰疋*	⿱羽疋*	⿱亞疋*	⿸厂⿱戊疋*	⿰爿⿸厂疋*	⿱癶疋*
晉	燕	燕	齊	晉	晉	晉
 程訓義 1-9	 歷博燕 120	 珍戰 149	 陶録 3·149·2  陶録 3·149·3	 璽彙 1059  集粹 168	 璽彙 0951  程訓義 1-114	 濟源玉簡 文物 1959.8

止部 癶部

登

	齊	晉			楚	秦
			⿱癶廾			
 璽彙 3722	 十四年 陳侯午敦 集成 4646	 七年宅陽 令隅登戟 古研 27	 包山 15	 上博三 彭 4	 璽彙 5663	 十鐘 3.47 上
 璽彙 4090	 十四年 陳侯午敦 集成 4647		 璽彙 1930	 上博六 競 8	 包山 129	 陶 文物 1986.8
 陶録 3・548・4	 陳侯因資敦 集成 4649		 包山 26		 清華三 良臣 10	 里耶 8-429
	 璽彙 1929		 包山 57			
	 璽彙 1931					

0606

癹

晋				楚	秦	燕
癹	⿱𣥠聿	⿱𣥠支	⿱𣥠𣥠	癹		

璽彙 0114	郭店 忠信 2	包山 70	包山 268	清華三 祝辭 1	青川木牘	璽彙 3848

璽彙 0115	⿱𣥠癹	郭店 老甲 7	包山 271			璽彙 5327

璽彙 0113	清華一 程寤 1	上博六 競 5	上博五 競 3			陶録 4・37・1

		清華一 金縢 3	清華一 保訓 9			陶録 4・37・2

		清華一 程寤 2	新蔡零 24			陶録 4・37・3

0608 歲　　　　0607 步

	秦	齊	晉	楚	秦	齊
 里耶 8-1302 正  嶽麓叁 91  北大・泰原  嶽麓叁 187	 珍展 189  珍秦 383  璽彙 4493  雲夢 日乙 49  里耶 8-627	 陶録 2・139・1  陶録 2・139・3  陶録 2・264・1  陶録 2・656・4	 兆域圖版 集成 10478	 璽彙 1643  新蔡甲三 76  上博四 柬 22	 雲夢 日乙 106  關沮 332  嶽麓二 數 5  北大・白囊  北大・田乙	 璽彙 3709

0609

此

秦		齊	晉			楚
				戠		戠
 雲夢 封診 83	 陶録 2・8・2	 陳純釜 集成 10371	 集粹 11	 望山 2・01	 郭店 太一 4	 鄂君啟舟節 集成 12113
 里耶 8-8	 齊陶 0223	 子禾子釜 集成 10374	 璽彙 4426	 上博五 鮑 8	 上博六 競 1	 璽彙 0205
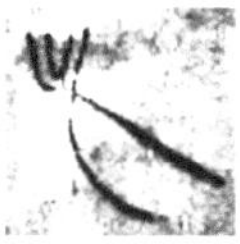 里耶 8-94	 齊陶 0295	 莒公孫潮子鎛 山東 103	 璽彙 4427	 新蔡乙四 122	 上博六 平 4	 包山 199
 嶽麓二 數 33	 齊陶 0318	 陶録 2・16・4		 曾乙 E61 衣箱	 清華一 金縢 13	 包山 249
 北大・從軍	 齊陶 0320	 陶録 2・1・1			 清華四 筮法 40	 包山牘 1

0611 正　　0610 ⿰兆此*

秦	楚	燕	齊	晉		楚
 珍展 186	 清華五 封許 07	 璽彙 5684	 陶録 3・578・4	 安邑下官鍾 集成 9707	 上博四 曹 10	 郭店 老甲 11
 秦駰玉版			 陶録 3・236・6	 中山王鼎 集成 2840	 上博八 志 2	 上博七 吴 2
 秦都圖 227				 陶録 5・65・1	 郭店 五行 26	 郭店 五行 11
 里耶 8-157 正					 上博六 孔 13	 郭店 尊德 31
 北大・算丙					 新蔡零 76	 上博一 孔 7

燕		齊		晉		楚
 十三年戈 集成 11339	 璽考 46	 禾簋 集成 3939	 璽彙 1397	 哀成叔鼎 集成 2782	 上博八 志 3	 璽彙 0343
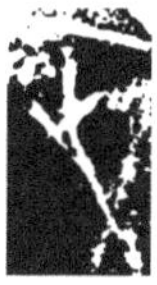 陶録 4・103・1	 璽彙 0299	 陳侯因資敦 集成 4649	 璽彙 4766	 二年戟 集成 11364	 上博二 民 5	 郭店 語三 2
	 陶録 2・494・3	 璽考 48	 璽彙 4790	 先秦編 216	 清華一 程寤 7	 上博一 緇 13
	 陶録 3・150・3	 璽彙 2195	 璽彙 4791	 集粹 256	 郭店 唐虞 3	 書也缶 集成 10008
	 陶録 3・151・2	 璽彙 3737	 璽彙 5094	 璽考 132	 郭店 唐虞 13	 璽彙 0136

0613 是   0612 乏

楚	秦	燕	齊	晉	楚	秦
 書也缶 集成 10008 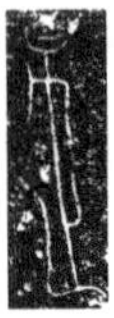 曾侯𦠜鐘 江漢考古 2014.4  郭店 老乙 10  清華一 耆夜 14  上博六 競 2	 詛楚文 湫淵  陶録 6・56・1  雲夢 效律 28  雲夢 日乙 152	 璽彙 3173  璽彙 3174	 貨系 2649  貨系 2650  陶録 2・52・2	 中山王方壺 集成 9735  兆域圖版 集成 10478	 清華五 命訓 08	 雲夢 秦律 115  雲夢 答問 164  里耶 8-1222  里耶 8-1716

0615 辵　　0614 韙

秦	楚	齊		晉		
	愇					
 里耶 8-687 正	 上博二 民 10	 陳逆簠 集成 04096	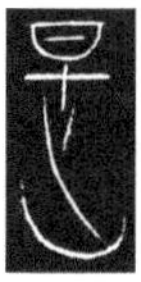 中山王方壺 集成 9735	 哀成叔鼎 集成 2782	 上博八 志 2	 上博七 凡乙 11
	 上博八 顏 5	 是立事歲戈 集成 11259	 璽彙 1635	 溫縣 T1K1：3780	 上博二 子 1	 包山 4
	 上博八 李 2		 貨系 2261	 溫縣 T1K1：3211	 上博二 子 12	 九 A26
	 清華三 說命上 5		 三晉 97	 貨系 414	 清華四 筮法 57	 上博六 孔 5
	《說文》籀文。		 貨系 1592	 貨系 413		 上博八 志 1

0618 巡		0617 ⿺辶雚			0616 迹	
晋		楚	秦	燕	晋	秦
	⿺辶害	⿺辶巂	⿺辶害		速	
 十五年守相杢波鈹 集成 11701	 新蔡乙四 30	 新蔡甲三 64	 雲夢 日乙 21	 璽彙 0511	 璽彙 4080 《說文》籀文。	 雲夢 封診 1
 行氣玉銘		 清華一 金縢 3				 雲夢 封診 71
 璽彙 0806						
 程訓義 1-152						

0619

徒

燕	齊	晉		楚	秦	燕
			赴			
 璽彙 0010	 左徒戈 集成 10971	 璽彙 1359	 上博六 用 10	 鄂州戈 文物 2004.10	 官印 0006	 璽彙 1430
 璽彙 0011	 平阿左戟 集成 11158	 璽彙 2617		 鄂君啟車節 集成 12112	 珍秦 201	 璽彙 4139
 璽彙 0014	 仕斤徒戈 集成 11049	 璽彙 2616		 曾乙 150	 雲夢 答問 180	
 陶録 4・162・4	 璽彙 0019	 璽彙 2614		 上博四 曹 32	 里耶 8-142 正	
 集拓 2.3	 陶録 3・5・2	 璽彙 3761		 清華一 程寤 6		

0622 隨			0621 延		0620 䢓	
楚	秦	晉		楚		楚
			征		遷	䢓
 璽彙 5481	 秦風 195	 㕞羌鐘 集成 00157	 帛書丙	 清華一 尹至 5		 郭店 語二 53
 清華三 祝辭 3	 雲夢 語書 10	 好盗壺 集成 9734	 上博三 周 58		 曾乙 116	 郭店 語一 20
			 上博六 用 5 《說文》或體。			 郭店 語一 19
						 郭店 語一 21
						 郭店 語一 104

0624 述				0623 ⿺辶且		
晋		楚	秦	晋	楚	晋
				⿰彳虘	⿺辶⿰虘攵	⿺辶青
 中山王方壺 集成 9735  魚顛匕 集成 980	 郭店 語一 42  上博二 容 44  清華四 筮法 6  清華三 良臣 4	 璽彙 0333  珍戰 2  璽考 180 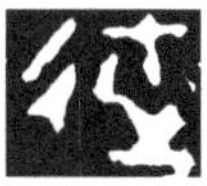 璽彙 0221  郭店 老丙 2	 詛楚文 巫咸  雲夢 日甲 130  嶽麓二 數 10  北大・算甲  北大・算丙	 梁十九年 亡智鼎 集成 2746	 包山 188 《說文》籀文作「⿺辶虘」。	 集粹 83

0625

適

秦	楚		晉
		啇	啇
 秦風 185	 曾乙 1	 上博九 卜 2	 温縣 T1K1：3216
 珍秦 279	 上博九 卜 1	 上博七 凡甲 5	 温縣 T1K1：3802
 雲夢 答問 51		 上博七 凡乙 5	 温縣 T1K1：3780
 里耶 8-50			 温縣 T1K1：3797
 里耶 8-68 正			

0626

過

秦	楚	
		⿺辶化
 陝西 648	 郭店 語三 52	 信陽 1・4
 雲夢 效律 9	 郭店 語三 52	 包山 109
 里耶 8-702 背		 郭店 緇衣 20
 里耶 8-761		 上博四 曹 52
		 清華二 繫年 023

0627

遺

楚	齊	晉				
遣	[illegible]		[illegible]	[illegible]	[illegible]	[illegible]
 郭店 窮達 7	 陶録 3・219・4	 璽彙 2004	 郭店 老丙 4	 郭店 太一 12	 新蔡零 64	 郭店 老甲 12
 新蔡甲三 11	 陶録 3・219・5			 郭店 性自 50		 上博六 木 1
				 上博一 性 32		 上博三 周 56
				 上博三 中 7		
				 清華三 説命下 4		

0629 造　　　　0628 進

秦	燕	晋			楚	秦
	隹		徣	隹		
 六年上郡守戈 新收 568  傅 1203  雲夢答問 113  里耶 8-1089  嶽麓二數 123	 璽彙 3822	 中山王方壺集成 9735  璽彙 0510	 璽彙 0274	 曾乙 206	 郭店五行 47  上博四曹 40  上博七鄭乙 7  上博八成 12	 珍展 91  里耶 8-1529 正

		晉				楚
敳	⿰⿱山貝攴		⿰告戈	⿰貝告	⿰告攴	
 二十三年襄城令矛 集成 11565	 三十三年鄭令鈹 集成 11693	 □公戈 集成 11099	 信陽 2・4	 曾乙 150	 璽彙 0131	 包山 137 反
 五年鄭令矛 集成 11553	 元年鄭令矛 集成 11552			 曾乙 131	 上博三彭 7	 清華二繫年 091
	 宜鑄戈 集成 11052				 上博四曹 2 背	
					 上博四曹 20	
					 上博四曹 1	

				齊		
𢦚	⿱𢦚土	⿰告攴	艁		⿰告攴	⿰曹攴
 高密造戈 集成 11023	 齊城造戈 集成 10989	 曹右序戈 集成 11070  □造戈 集成 10962	 陰平劍 集成 11609  羊子戈 集成 11089  羊角戈 集成 11210 《說文》古文。	 陳侯因資戈 集成 11260  陳麗戈 新收 1112  平阿左戟 集成 11158  陳卿聖孟戈 集成 11128	 十七年 相邦鈹 珍吴 140  十四茉帳 集成 10472	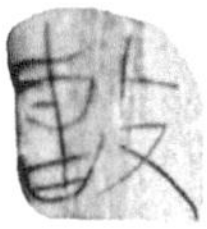 廿二年 屯留戟 珍吴 244  六年冢子 戟刺 商周 17350

0631 遝			0630 逾			
秦			楚	燕		
	⿰彳俞	⿱俞止			⿰貝告	鋯
 雲夢 秦律 105  里耶 8-144 正  里耶 8-1423  嶽麓叁 105	 新蔡甲三 5	 包山 244  郭店 老甲 19  清華五 湯丘 18  上博七 武 2	 鄂君啟舟節 集成 12113  包山 135  新蔡乙四 137  清華二 繫年 131  上博六 莊 4	 陶録 4・26・2	 陶彙 3・895  陶彙 3・896	 陳卯造戈 集成 11034  滕侯耆戈 集成 11078  曹公子沱戈 集成 11120  陳侯因資戈 集成 11081

0634 速　0633 遣　0632 迮

楚	秦	楚	晋			楚
	遬		遳	⿱乍止	⿰亻⿱乍止	
 上博五 季 22  上博七 吴 1  清華一 耆夜 6  郭店 六德 31	 秦風 172  陶録 6・53・4 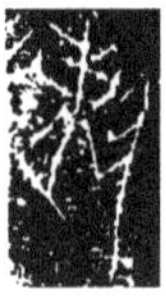 陶録 6・151・1	 望山 1・09  郭店 成之 37	 厵羌鐘 集成 00157	 郭店 六德 38  信陽 1・01	 上博五 競 3	 郭店 六德 24

0635 适

楚			
		迷	
 包山 97	 上博七 吳 7	 上博一 性 39	 郭店 尊德 28
 包山 152		 新蔡甲三 16	
 上博五 姑 7		 上博八 王 6	
 清華三 良臣 3		 左塚漆梮	
 清華五 三壽 14		 清華四 筮法 28	

0636 逆

楚	秦	齊
 鄂君啟舟節 集成 12113	 雲夢 雜抄 38	 璽彙 5677
 包山 75	 雲夢 日甲 51 反	 陶録 2・97・3
 上博九 陳 16	 里耶 8-737 背	 齊陶 0928
 清華一 楚居 3		
 清華一 金縢 12		

0637

迎

燕	晉	秦	齊	晉		
					⿱屰止	
 陶録 4・174・6	 璽彙 2939  港續 58	 秦風 203	 陳逆簋 集成 4096  陳逆簠 新收 1781  陶録 3・540・4	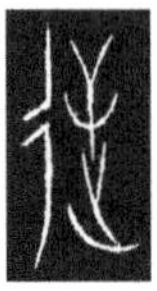 中山王方壺 集成 9735  行氣玉銘	 上博五 季 17	 左塚漆梮  郭店 成之 32  郭店 殘片 9  郭店 性自 10  上博七 武 15

0638 这

楚
 清華二繫年 128  清華二繫年 130

0639 遇

秦	楚	晉	齊
 吉大 131  塔圖 142  雲夢日乙 135  嶽麓一爲吏 42	 上博三周 33  上博四昭 6  清華二繫年 047	 璽彙 2118  璽彙 3071	 齊陶 0290

0640 逢

秦	楚
	逪
 雲夢日甲 52 反  北大・白囊  嶽麓叁 183	 郭店唐虞 14

0642 通　　　　0641 迪

	楚	秦	晉	楚		晉
𨕥					㒞	
 清華三 說命上 2	 郭店 性自 35	 陶録 6・19・1	 新見 10	 郭店 緇衣 19	 𡚱蚉壺 集成 9734	 六年 大陰令戈 雪二 122
 清華三 琴舞 3	 九 A47	 雲夢 答問 181		 郭店 尊德 20		
		 里耶 8-2014 背		 上博八 顏 7		

從

	楚	秦	齊			晉
	遟	⿺辶止	⿺辶用	重	⿺辶用	
 清華一 楚居 6  清華一 楚居 7	 包山 259  上博四 昭 5  清華二 繫年 009  清華二 繫年 039  清華一 楚居 6	 雲夢 效律 19  雲夢 日乙 228  里耶 8-63 正  嶽麓 爲吏 72	 陶録 2・397・1  陶録 2・397・2	 盛世 86	 温縣 WT4K5：12	 璽彙 1713

0644

迻

	楚	燕	齊	晉		
[illegible]				遟	遟	[illegible]
 包山 204	 包山 173	 璽彙 5652	 璽彙 0200	 璽彙 1066	 清華一 楚居 6	 清華二 繫年 057
 包山 214	 郭店 語二 48	 璽彙 5592	 璽彙 0198	 璽彙 2672	 清華一 楚居 7	
	 上博四 柬 12		 璽彙 0202		 璽彙 0203	
			 璽彙 0322		 新蔡甲二 14	
			 璽考 55			

0645

遷

	楚	秦	燕			
	[illegible]			[illegible]	[illegible]	[illegible]
 郭店 五行 32	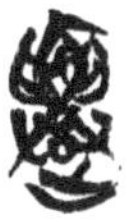 清華二 繫年 014	 集粹 725	 璽彙 3905	 新蔡零 270	 新蔡甲三 169	 新蔡甲三 99
 上博三 中 8	 清華二 繫年 015	 里耶 5-35				
 上博三 彭 1	 清華二 繫年 017	 里耶 6-2				
	 清華二 繫年 091	 里耶 8-144 正				
		 里耶 8-1541				

0647 返

0646 逐

齊	晉			楚	齊	楚
	𢓊	𢓊	[illegible]			
 齊幣 276	 䖒螸壺 集成 9734	 清華四 筮法 40	 包山 121	 鄂君啟舟節 集成 12113	 陶録 2・406・4	 上博四 柬 14
 齊幣 277	 中山王方壺 集成 9735		 包山 122	 郭店 老甲 37		
 齊幣 281				 郭店 六德 37		
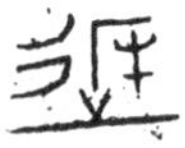 齊幣 280				 新蔡甲一 12		
 齊幣 272						

0649 選

0648 還

楚	燕	齊			楚	燕
		儇	儇			
 新蔡甲三 11、24	 亞行還戈 集成 10980	 司馬楙編鎛 山東 104	 新蔡乙四 100	 郭店 成之 38	 包山 10	 璽彙 2825
 上博八 蘭 1	 右湶州還戈 集成 11503			 郭店 尊德 25	 清華一 耆夜 1	
					 清華二 繫年 087	
					 上博六 天乙 6	
					 新蔡甲三 342-2	

0650 運

晉	秦
 璽彙 2167	 里耶 8-31

0651 送

秦
 雲夢 雜抄 38
 里耶 8-1562 正
 北大·從軍
 北大·從軍

0652 遺

楚	遂	晉	秦
 上博六 慎 5	 上博五 鬼 3	 好蚉壺 集成 9734	 雲夢 秦律 159
 上博五 季 5			 里 J1⑨ 981 正
			 里耶 8-144 正
			 里耶 8-213

0654 遟	0653 逮					
楚	晋	楚	秦			楚
遟				邅	亶	[illegible]
 曾侯乙鐘	 璽彙 0802	 郭店語一 75	 里耶 8-135 正	 清華三說命上 5	 上博一性 27	 郭店語四 21
 新蔡乙三 39			 嶽麓一質二 44	 上博九靈 2		
 上博七吳 7						
 清華一楚居 2						

0656 逗　　0655 遄

	楚	齊	燕			
⿺走豆					⿸尸𤴓	⿸尸⿱立止
 曾乙 1	 上博四 柬 15	 陶録 3・24・6	 右冶尹壺 集成 09563	 望山 1・62	 望山 1・61	 曾侯乙鐘 集成 291
 曾乙 166	 包山 219		 左冶壺蓋 集成 09499	 包山 200		 曾侯乙鐘 集成 329
	 新蔡甲三 182-2		 右冶君敦 集成 04633.1	 郭店 老乙 10		
	 清華二 繫年 112			 上博三 周 14		

0657 迟	0658 池		0659 避		0660 違	
楚	楚	齊	齊	楚	楚	齊
	迆	迆				
 包山 185	 郭店 語一 6	 陶録 3・507・1  陶録 3・507・6	 雲夢 語書 6  里耶 8-2256  嶽麓叄 130	 郭店 尊德 17	 上博五 三 8  清華一 程寤 5  上博六 競 12	 陶録 3・602・3

0663 達					0662 遴	0661 逡
晉			楚	秦	燕	楚
					⿺辶⿱六口	
  温縣 WT1K17：131	 璽彙 3528  包山 121  郭店性自 54  上博二民 2  清華五三壽 19	 新蔡甲三 206  清華一皇門 3  包山 111  郭店語一 60  郭店五行 43  上博六用 19	 曾侯𦡞鐘 江漢考古 2014.4  郭店語一 60  上博八蘭 2  上博一孔 19  郭店窮達 15	 珍秦 153  秦風 219  雲夢日乙 19  嶽麓叁 52	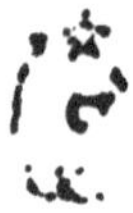 璽彙 3960	 上博八子 4

0666 迷		0665 迴		0664 逯		
晋	楚	楚	楚	秦	燕	齊
 璽彙 1435	 郭店 語四 13	 璽彙 0335	 包山 103 反	 珍秦 243	 璽彙 1340	 陶録 3・352・4
	 上博二 容 37	 清華二 繫年 108	 包山 130	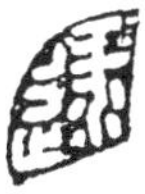 秦風 138	 璽彙 2819	 陶録 3・630・2
	 上博六 孔 22	 郭店 語一 102		 嶽麓叁 179	 璽彙 3948	 陶録 3・352・1
	 清華一 皇門 11	 上博二 容 25			 璽彙 3530	 璽彙 3087
		 清華三 説命下 5				 璽彙 3563

			0668 逑			0667 連
	齊	楚	秦	齊	楚	秦
遨						
 陶録 3・504・1	 䣄台戈 山東 853	 上博二 民 11	 詛楚文 亞駝	 璽考 250  璽彙 1952  陶録 3・521・4	 璽彙 0145  璽考 152  上博四 柬 15  清華二 繫年 076  包山 10	 珍秦 104  雲夢 日甲 26 反  北大・白囊

0669 遯

楚

⿱豚⿰止殳

清華二繫年117

0670 逋

秦

集證218・236

雲夢封診14

0671 遺

秦

秦風131

珍展141

雲夢效律28

嶽麓叁109

北大・從政

0672 遂

楚

包山18

郭店老甲38

上博八顏7

清華一皇門12

上博八命2

清華三良臣8

上博九成甲1

上博九成乙1

晉

中山王方壺集成9735

秦

秦風57

璽彙3920

里耶8-849

嶽麓一占夢20

0674 追				0673 逃		
秦	晉		楚	秦	齊	楚
					逊	
 集粹 783	 兆域圖版 集成 10478	 上博六 孔 21	 包山 137	 放馬灘 日甲 18	 子禾子釜 集成 10374	 上博五 三 22
 雲夢 秦律 185		 清華二 繫年 037	 郭店 語二 18		 璽彙 0155	 上博五 鬼 2
 關沮 207		 清華二 繫年 069	 九 A32		 璽彙 0232	 新蔡甲三 13
 里 J1⑨7 背		 九 A30	 上博二 容 42		 璽彙 3233	
 嶽麓叁 241			 上博六 孔 12		 璽彙 0282	

0675

逐

晉		楚	秦	齊	晉	楚
	迖					
 程訓義 1-138	 璽彙 0263	 上博二 從甲 3	 集粹 638	 陳昉簋蓋 集成 4190	 𡥆蚉壺 集成 9734	 清華一 保訓 8
	 上博三 周 43	 上博七 凡乙 7	 秦印			 上博九 陳 16
	 清華二 繫年 122	 清華三 說命下 3	 雲夢 日乙 199			
	 清華二 繫年 006	 上博五 季 19	 里 J1⑨ 981 正			
		 上博七 凡甲 8	 里耶 8-701 背			
		 清華二 繫年 093				

辵部

0676

迺

齊	燕	秦
迖		
 齊陳曼簠 集成 4595	 璽彙 0850	 嶽麓叁 183
 齊陳曼簠 集成 4596		

0677

近

晉	秦	楚	
遒			斤
 程訓義 1-154	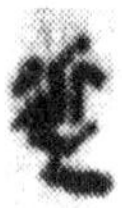 雲夢 秦律 2	 郭店 五行 7	 郭店 性自 36
《説文》或體。	 里耶 8-193 正	 郭店 性自 3	 上博一 性 2
		 郭店 性自 57	 望山 2・45
			《説文》古文。

0679 遡					0678 邋	
	楚		楚		秦	齊
⿱尒正		⿰彳巤		⿰彳巤		
 璽彙 3535	 上博一 緇 22	 郭店 六德 43	 清華三 芮良夫 6	 嶽麓一 爲吏 61	 雲夢 日乙 19	 齊陶 1212
	 上博七 凡甲 9		 上博九 史 7		 雲夢 日乙 91	

		0681 遮		0680 逿		
		楚	晉	秦	晉	
[illegible]	迈	徶	竭			遨
 曾乙 175	 包山 120  九 A32  上博四 柬 16  上博四 昭 5	 郭店 成之 16	 温縣 T1K1：369	 里耶 8-145 正	 璽彙 5218	 郭店 緇衣 43  天卜  上博二 容 19

0682 迣		0683 迁			0684 ⿺辶戉	0685 遠
秦		楚		晉	秦	秦
	謀		⿺止王			
 雲夢 爲吏 14  雲夢 日甲 22 反  關沮 54  關沮 53	 里耶 8-1442 背	 清華五 命訓 05  清華五 命訓 08	 曾乙 175	 璽彙 5281	 關沮 378	 雲夢 日乙 140  雲夢 日乙 43  雲夢 日乙 240  里耶 8-78 正  北大・從軍

0686

遜

		楚				楚
⿰彳昜	⿺辶昜	遥	⿰彳袁			
 清華四 筮法 11 讀「昜」。	 清華四 筮法 13 讀「昜」。	 包山 167	 上博六 孔 12	 郭店 五行 36  郭店 五行 36	 上博七 凡甲 9  郭店 尊德 16  清華一 楚居 2  包山 207	 九 A35  上博七 武 7  清華一 程寤 5  上博八 顏 9  上博九 成甲 3

0688 邍

0687 逮

	晉		楚	晉	楚	齊
		畬	畱			逷
 璽彙 0862  璽彙 1097 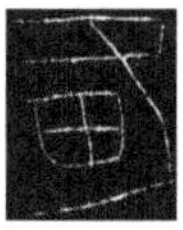 陶彙 6・207  錢典 82	 璽考 212	 清華五 三壽 01 讀「洹」。  清華三 説命中 1	 上博一 孔 21  上博一 孔 22  上博三 周 9	 兆域圖版 集成 10478 讀「進」。	 競孫旟也鬲 商周 3036	 陶録 3・460・3

道

				楚	秦	齊
衜	𧗝	逌	𩠐			留
 郭店 語二 38	 郭店 六德 26  郭店 語三 6	 郭店 五行 5  郭店 成之 4  上博七 武 1  上博八 顏 7  清華五 命訓 05	 清華二 繫年 069  清華二 繫年 070	 上博七 武 12  清華一 程寤 9  上博八 成 6  清華二 繫年 066  清華三 芮良夫 6	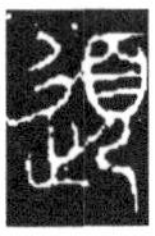 詛楚文 亞駝  集粹 724  陶録 6・314・1  里耶 8-573	 陶録 2・431・1  陶録 2・431・2

0692 邊	0691 迺				0690 遽	
秦	楚	燕	晋		秦	晋
			逷	𧾩		
 詛楚文 湫淵  雲夢 雜抄 35  關沮 139	 上博五 競 10  上博五 鮑 5	 鷹節 集成 12106	 璽考 96	 雲夢 日甲 70 反	 雲夢 日甲 67 反	 中山王鼎 集成 2840  好蚉壺 集成 9734  璽彙 3386  璽彙 3388

	0695		0694	0693		
	迢		迸	逼		
晋	楚	楚	秦	秦		楚
	卲				鄬	
 璽彙 1540	 包山 167	 上博七凡甲 14	 龍崗 160	 璽彙 0021	 越王戈珍吴 53	 曾乙 172
 璽彙 3323	 清華三芮良夫 23	 上博七凡乙 9		 璽彙 0357	 上博四曹 13	
					 上博四曹 17	
					 上博七鄭乙 1	
					 上博七鄭甲 1	

0700 ⿺辶丰*		0699 ⿺辶亡*	0698 ⿺辶乃*		0697 ⿺辶頁*	0696 迓*
楚	晉	楚	楚	楚	秦	秦
 郭店 緇衣 38 讀「格」。  郭店 緇衣 39 讀「略」。  上博五 弟 5 讀「略」。	 中山王鼎 集成 2840  中山王方壺 集成 9735 讀「亡」。  珍戰 81	 郭店 性自 34 讀「舞」，《説文》「撫」字古文。	 新蔡甲三 99 讀「乃」。  上博四 柬 17 讀「乃」。  上博七 鄭甲 7  上博七 鄭乙 7 讀「仍」。	 清華二 繫年 69 讀「頣」。	 秦印	 雲夢 日甲 57 反 讀「牙」。

0701 迻*	0702 送*		0703 迺*	0704 迪*		
楚	楚	晉	楚	楚		
		伕		迪		
 上博六 慎 6	 上博四 柬 2	 信平君鈹 集成 11711	 璽彙 3617	 上博一 緇 10	 上博一 緇 20	 郭店 緇衣 19
讀「領」。	讀「夭」。	 十六年 守相鈹 遺珠 178		讀「陳」。		讀「陳」。

	0705 迬*	0706 洰*	0707 迒*	0708 迿*		0709 迡*
晉	楚	楚	楚	楚		楚
					⿱句止	
 程訓義 1-160  程訓義 1-160  璽彙 1283  璽彙 2456	 曾乙 13 或釋「逆」。	 包山 182  清華一 楚居 5  清華一 楚居 5 讀「渠」。	 信陽 2・04 讀「杭」。	 包山 178  上博五 鮑 2  上博五 鮑 2  上博五 鮑 2 讀「考」。	 上博五 競 2 讀「驅」。	 郭店 尊德 17  上博二 從甲 13  上博二 民 8  上博二 容 19 讀「暱」。  上博八 蘭 2

字號	字頭	國別	字形	出處	說明
0710	追*	楚	  	郭店尊德 38；郭店尊德 37；郭店尊德 38	讀「遵」。
				郭店窮達 7	讀「轉」。
		佀		郭店忠信 8	讀「轉」。
0711	迬*	楚		郭店老甲 10	讀「動」。
0712	迣*	楚		包山 86	讀「朝」。
0713	波	楚		清華二繫年 88	讀「罷」。
		晉		吉林 229	
0714	遉*	楚	  	包山 159；郭店太一 6；上博八有 4	讀「周」。

	0720 ⿺辶兑*	0719 ⿺辶寺*	0718 ⿺辶圭*	0717 ⿺辶凡*	0716 ⿺辶坐*	0715 ⿺辶共*
齊	楚	楚	楚	楚	楚	楚
 陶彙 3・1172	 郭店 老甲 27 讀「兑」。  郭店 老乙 13 讀「兑」。  郭店 性自 46 或讀「悦」、「脱」。	 上博二 昔 2 讀「寺」。	 包山 137  九 A28 讀「解」。	 清華一 程寤 7 讀「芃」。	 上博四 柬 14 讀「返」。	 清華三 説命下 9 讀「雍」。

0721 遆*		0722 迸*	0723 逍*	0724 途*	0725 ⿺辶卿*	0726 逧*
楚	齊	楚	楚	楚	楚	楚
 包山 240 讀「遲」。	 璽彙 1930	 包山 128 或讀「徵」。	 郭店語三 58 或讀「閱」、或讀「孽」。	 新蔡零 222 讀「縠」。	 郭店性自 44 讀「節」。	 郭店語一 75 或讀「欲」、「遘」。

0727	0728	0729	0730	0731	0732	0733
逌*	逦*	逦*	逞*	逨*	逯*	逶*
楚	楚	楚	楚	楚	楚	楚
 郭店 六德 46 讀「敝」。	 郭店 緇衣 34 讀「熙」。	 望山 2·20	 上博五 鮑 4 讀「歡」。	 上博四 曹 18 讀「嬖」。  上博四 曹 42 讀「卑」。	 郭店 五行 34  郭店 五行 34 讀「肆」。	 郭店 成之 19  郭店 成之 34 或讀「陵」。

	0734 迫*	0735 逷*			0736 逜*	0737 遽*
齊	楚	楚	晉	齊	楚	楚
 銅柱 録遺 6·132	 上博四 曹 60 讀「陷」。	 包山 87  包山 141  上博八 成 12	 璽彙 0999	 璽彙 4012	 上博四 采 4 讀「慆」、或「陶」。	 清華五 封許 08 讀「慮」。

0738 ⿺辶前*

楚

包山 185

包山 193

清華一楚居 1

讀「前」。

0739 ⿺辶癸*

楚

包山 169

0740 遉*

楚

璽彙 3595

璽彙 5484

0741 ⿺辶甾*

楚

上博一孔 11

上博一孔 13

上博一孔 27

上博六用 4

或讀「蕩」，或讀「暢」。

0742 逼

楚

包山 167

包山 56

0743 遁*

楚

上博五姑 5

上博五姑 7

或讀「察」，或讀「恬」。

0744 ⿺辶⿱宀吾*

楚

上博二從乙 1

讀「匿」。

0751	0750	0749	0748	0747	0746	0745
䢵*	遡*	遳*	遳*	邀*	遳*	遳*
楚	楚	楚	楚	楚	楚	楚
				遻		
 上博二容 1  上博二容 9  包山 74  包山 193 讀「畢」。	 望山 1・10  包山 276 讀「與」。	 璽彙 0263	 上博五三 4 讀「罪」。	 包山 182	 包山 119 反  包山 175	 上博五鮑 2  上博五鮑 2 讀「朋」。

0756 ⿺辶巨*	0755 迶*		0754 迊*	0753 辿*		0752 邅*
晉	晉	齊	晉	晉		楚
					⿰彳亶	
 靈壽 106 陶	 璽彙 4055	 璽考 45  陶彙 3・814	 陶録 5・32・1  陶録 5・33・2  陶録 5・33・1 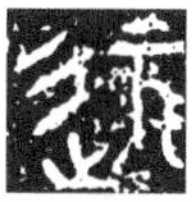 陶録 5・32・3	 鑒印 39	 郭店 唐虞 21  郭店 唐虞 22  郭店 唐虞 7  郭店 唐虞 20 讀「禪」。	 包山 99  包山 170

0762 ⿺辶會*	0761 遛*		0760 ⿺辶畬*	0759 逯*	0758 遺*	0757 ⿺辶攻*
晉	晉		晉	晉	晉	晉
		衜				
 中山方壺 集成 9735  㚤蚉壺 集成 9734 讀「會」。  璽彙 4075	 璽考 328  璽彙 1490  璽彙 0805	 吉大 50	 璽彙 0506  璽彙 2636  行氣玉銘  私庫嗇夫 蓋杠接管 集成 12051	 梁十九年鼎	 璽彙 2618	 十二年邦 司寇鈹 集成 11676  璽彙 2619 讀「工」。

0768 ⿺辶⿵冂羽*	0767 ⿺辶丞*	0766 ⿺辶耳*	0765 迲*	0764 ⿺辶古*	0763 这*	
齊	齊	齊	齊	齊	齊	晉
						儈
 璽彙 0240	 璽彙 2184  璽彙 1945	 陶録 2·196·4  陶録 2·659·1  陶録 2·361·2	 陶録 2·405·2	 陶録 3·336·1  陶録 3·337·1  陶録 3·337·2  陶録 3·499·4  陶録 3·649·1	 璽彙 0177	 中山王鼎 集成 2840 讀「曾」。  陶録 5·39·3  璽彙 0854

0775	0774	0773	0772	0771	0770	0769
馮*	迃*	逷*	遍*	遊*	遡*	還*
燕	燕	燕	齊	齊	齊	齊
			逅			
 □□睘小器 集成10424	 璽彙2626	 璽彙2833	 璽彙5596	 陶録 2・135・1	 陶録 3・227・1	 陶録 2・230・1
 八年五大夫弩機 集成11931	 璽考253	 璽彙4094			 陶録 3・227・4	 陶録 2・229・4

0778 徑　　0777 德　　0776 彳

		0778 徑			0777 德	0776 彳
	楚	秦	齊	楚	秦	齊
逕				惪		
 上博六 競 12	 上博六 用 4	 里耶 8-1787  嶽麓二 數 184  嶽麓二 數 214  北大・算丙  北大・算丙	 齊陳曼簠 集成 04596	 包山 232 見卷十「惪」字。	 詛楚文 湫淵  陶録 6・294・2 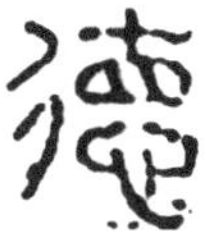 傅 1279  里耶 8-1066	 齊明刀背文 考古 1973.1

復

					楚	秦
⿰彳⿱畐夊	⿱畐乏			⿺辶⿱畐夊	⿺辶复	
 清華五 厚父 06	 清華一 尹誥 2	 上博七 凡甲 24	 清華二 繫年 094	 上博五 弟 5	 曾侯𦚗鐘 江漢考古 2014.4	 詛楚文 亞駝
	 上博八 命 5	 上博七 凡甲 24	 清華二 繫年 104	 上博七 武 13	 清華一 保訓 8	 雲夢 日乙 45
			 新蔡甲三 297	 清華五 命訓 10	 清華一 楚居 8	 嶽麓叁 68
			 新蔡乙四 129		 清華五 湯丘 04	 北大·泰原
					 郭店 成之 19	

0780

往

	楚	秦				
迬				遷	⿺辶复	
 郭店語四 2	 郭店老丙 4	 雲夢日乙 150	 珍戰 54	 中山王鼎集成 2840	 璽彙 0509	 清華四筮法 8
 上博五弟 19	 上博四曹 55	 雲夢封診 85	 璽彙 2042		 行氣玉銘	 清華四筮法 23
 清華一尹至 4		 里耶 8-1131 正	 璽彙 2263			
 上博八子 3			 璽彙 2780			
 清華五湯丘 05						

0783 循	0782 徼	0781 彼				
秦	秦	秦	齊		晋	
				圭	⿺辶圭	
 雲夢 答問 187	 雲夢 日乙 27	 雲夢 秦律 174	 陶録 3・458・2	 璽彙 3141	 温縣 T1K1：3216 《說文》古文。	 郭店 尊德義 31
 關沮 260	 雲夢 日乙 33	 雲夢 爲吏 11	 陶録 3・458・6			 上博三 周 42
 里耶 8-797	 里耶 8-831	 里耶 8-1518 正				
 北大・道里	 雲夢 日乙 32	 里耶 8-1518 正				

0784

微

秦

雲夢 爲吏 5

嶽麓叄 168

楚 敚

九店 A22

上博七 武 2

讀「楣」。

上博七 武 1

清華五 命訓 15

0785

徐

秦

珍展 136

陶文

陶録 6・447・1

傅 1409

雲夢 日乙 32

嶽麓一 爲吏 32

0786

待

晉 徙

璽彙 2183

璽彙 2486

0787

退

秦

嶽麓一 爲吏 20

形訛。

楚

郭店 魯穆 2

上博一 孔 3

上博六 用 19

上博四 相 4

上博四 曹 58

0788

後

	楚		秦	齊	晉	
	逡	夋				
 郭店五行46	 曾姬無卹壺集成9711	 里耶8-171背	 珍秦119	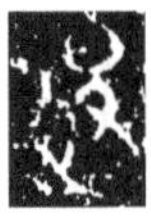 子禾子釜集成10374	 中山王方壺集成9735	 郭店老甲39
 上博四曹30	 上博六競7		 雲夢答問194		 兆域圖版集成10478	 上博八顏9
 清華一程寤9	 清華二繫年132		 里耶8-120		 行氣玉銘	
 清華三良臣5	 包山2		 北大・泰原			
	 清華一皇門7		 北大・算甲			

0790 得　　0789 很

秦	秦	燕	齊	晉		
		⿺辶㚇	⿺辶⿱㚇口		㚇	
 秦駰玉版	 秦風 45	 璽彙 0296	 後生戈 山東 871	 中山王鼎 集成 2840	 上博三 中 10	 郭店 性自 19
 珍秦 149			 陶録 3·338·1	 守丘刻石		 上博八 志 7
 陶録 6·128·2			 陶録 3·338·4			 清華一 耆夜 4
 陶録 6·292·1			 陶録 3·522·1			 上博八 王 6
 雲夢 日乙 152						 上博七 武 6

		晋			楚	
	㝵			㝵	退	
 珍展 176  集粹 231  珍戰 59	 二年寍鼎 集成 2481  中山王方壺 集成 9735  陶録 7·5·1  港續 152  璽考 239	 璽彙 1212	 上博五 姑 3  包山 198  上博七 武 5  上博七 武 5	 璽彙 3593  左塚漆梮  上博一 孔 26  郭店 五行 8  上博三 周 21	 珍吴 52 越王戈	 嶽麓二 數 143  北大·九策  北大·從政  北大·從軍  北大·從軍

0792 律	0791 倚					
秦	楚		燕			齊
			遈		㝵	遈
 雲夢秦律 180  里耶 8-143 背  嶽麓叁 30	 李倚壺新收 1321  包山 137 反	 陶録 4·50·1  陶録 4·51·2	 璽彙 0512  璽彙 1290  璽彙 2834  璽彙 3933  陶録 4·48·3	 陶録 2·731·3  齊陶 0081  齊陶 0096  齊陶 0296  陶録 2·308·1	 璽考 41  璽考 66  陶録 2·14·3  陶録 2·477·1  陶録 2·671·3	 陶録 3·56·6

御

					楚	秦
⿰馬叓	⿰馬韦	駿	⿰午戈	迕	迎	迎
 曾乙 65	 上博四 曹 42	 上博四 昭 6  曾乙 70  上博五 弟 20  清華二 繫年 121	 清華三 芮良夫 1  清華三 赤鵠 15	 上博五 姑 4	 郭店 緇衣 23  上博三 周 1  包山 138  新蔡甲三 224  清華二 繫年 015	 陶彙 5・384  秦風 67  雲夢 日乙 181  里耶 8-668 正  北大・從政

					晋	
迕	駐	娶	馶	駿	馭	馯
 璽彙 2040  港續 115  五年春平相邦葛得鼎 商周 2387  卓資趙國陶文	 璽彙 3415	 趙告月戈	 𡚸盗壺 集成 9734  璽彙 2082	 璽彙 1818	 珍展 22	 包山 33  包山牘 1  上博九靈 3 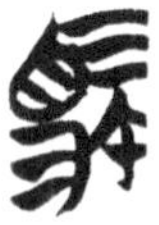 清華五三壽 22

0797	0796		0795	0794		
彷*	代*		㐎*	亍		
楚	楚		秦	齊	燕	齊
迈		御				迎
 清華一 耆夜 11 讀「方」。	 清華四 筮法 49 讀「食」。	 十鐘 3. 38 下	 珍秦 121	 齊明刀背文 考古 1973. 1	 作御司馬戈 集成 11059  十三年戈 集成 11339A  陶録 4・59・1  陶録 4・59・2	 陳御寇戈 集成 11083  璽彙 3127  陶録 3・485・4

0798			0799	0800	0801	0802
⿰彳升*			⿰彳同*	⿰彳旱*	⿰彳長*	徝*
晉	楚		楚	楚	楚	楚
		⿱升止				

中山王鼎 集成 2840	清華五 厚父 12	曾乙 150	清華四 筮法 53	清華三 祝辭 5	郭店 尊德 14	郭店 殘 15
	讀「徵」。	 曾乙 211	讀「簡」。	讀「干」。	讀「長」。	
		讀「登」。				

0803	0804	0805	0806	0807	0808	
欲*	休*	佑*	徸*	德*	廷	
晋	晋	晋	晋	齊	秦	楚
 二十一年鏃 集成 11996	 璽彙 2629	 集粹 143	 徸宮左自壺 集成 9590  徸宮左自壺 集成 9660	 璽彙 1219	 珍展 150  傅 309  雲夢 秦律 10  里耶 8-1  里耶 8-1776	 璽考 154  郭店 成之 34  上博三 周 48  上博二 容 22  上博五 姑 9

				0810 建	0809 延	
齊	晉		楚	秦	秦	
 武城戈 集成 11025	 中山侯鉞 集成 11758	 郭店 老乙 10	 郭店 老乙 11	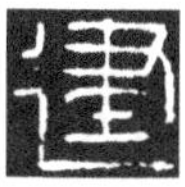 湖南 101	 陶録 6・68・6	 清華一 程寤 1
 建陽戈 集成 10918	 璽考 93	 清華一 祭公 13	 上博三 周 14	 陶録 6・320・3	 陶録 7・12・2	 清華二 繫年 051
 璽彙 338	 璽彙 0492	 清華三 芮良夫 12	 上博二 容 22	 雲夢 日乙 36		 清華一 皇門 5
	 璽彙 1720	 清華二 繫年 018	 上博六 天乙 1	 里耶 8-1091		 包山 40
	 璽彙 1375	 新蔡甲三 223	 曾乙 172	 嶽麓叁 125		 清華四 筮法 35
	 璽彙 0807	 清華五 厚父 02				

0812 延　　0811 㢟

秦		齊	晉		楚	燕

 璽彙 3555  傅 1475  秦風 213  雲夢 日甲 50 反  里耶 8-687	 鵙公劍 集成 11651A  鵙公劍 集成 11651B	 璽彙 0634	 魚顛匕 集成 980  子㢟弄鳥尊 集成 5761	 新蔡乙三 63 「㢟」「因」雙聲。	 上博六 天乙 8  新蔡甲三 261  新蔡零 13	 璽彙 0596  璽彙 1671  璽考 310  陶録 4・166・4

0814

術

0813

行

秦	燕	齊	晉		楚	秦
				𧗞		
 秦風 225	 行議鍨矛 集成 11491	 璽彙 0173	 好蚉壺 集成 9734	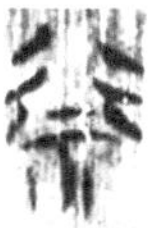 望山 1・119	 璽彙 0099	 珍秦 31
 嶽麓叁 242	 左行議率戈 集成 11111A	 陶録 2・706・5	 璽彙 2635	 九店 A28	 左塚漆梮	 官印 0005
 嶽麓一 爲吏 78	 貨系 2728	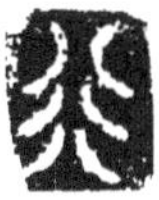 陶録 3・510・5	 璽彙 4766	 包山 219	 清華一 耆夜 10	 雲夢 日乙 19
		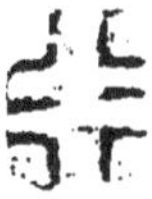 陶録 3・511・2	 貨系 264	 包山 210	 清華一 皇門 13	 里耶 8-12
		 齊陶 1304		祭「行」之專字。	 清華二 繫年 080	 嶽麓 質二 8

0818 衙				0817 衛	0816 衝	0815 街
秦	燕	晉	楚	秦	秦	秦
			衙	逵	衝	
 傳 1596	 燕王戎人矛 集成 11543  左行議率戈 集成 11111A  左行議率戈 集成 11111B	 中山王鼎 集成 2840  屭羌鐘 集成 157  十三年上官鼎 集成 2590	 上博三 周 8  包山 194  郭店 六德 35  清華二 繫年 092  清華二 繫年 130	 詛楚文 亞駝  雲夢 答問 198  里耶 8-322  嶽麓一 爲吏 4 正	 雲夢 日乙 36  嶽麓一 爲吏 78	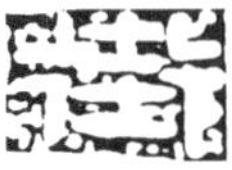 秦風 37  嶽麓一 質三 28

0819

衛

燕					楚	秦
	燹	戔	䜌		衛	
 璽彙 1334	 新蔡甲三 363	 上博三 周 22	 新蔡乙四 102	 清華二 繫年 018	 清華二 繫年 021	 珍秦 143
 璽彙 1335		 新蔡甲三 380		 清華二 繫年 018	 清華二 繫年 021	 珍秦 293
 璽彙 1336		 清華三 芮良夫 14		 上博八 子 2	 郭店 性自 27	 陶録 6・288・1
 璽彙 1338		 上博九 陳 17			 新蔡甲一 7	 雲夢 日甲 82 反
 璽彙 1339		 上博六 孔 17			 包山 225	 石磬
 璽彙 1340						

0820 衡*	0821 齒					0822 齜
齊	秦	楚	晋	齊	燕	秦
 陶録 3·490·1	 秦風 214	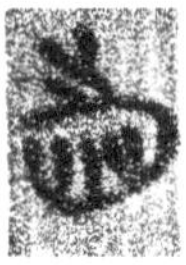 信陽 2·02	 中山王方壺 集成 9735	 璽彙 1469	 璽彙 2288	 珍秦 306
	 雲夢 日乙 255	 郭店 語四 19	 璽彙 0912	 璽彙 2239	 璽彙 3964	
	 關沮 326	 上博六 用 6		 陶録 3·548·6		
		 上博八 子 1				

0827	0826			0825	0824	0823
齕	齰			齮	齳	齔
秦	秦	燕	楚	秦	秦	秦
 十鐘 3.34下	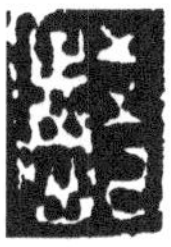 十鐘 3.18下  天印 80	 陶録 4·181·3	 曾乙 142	 珍展 72  珍秦 76  里耶 8-1563背	 十鐘 3.44上	 珍秦 207

0832		0831	0830	0829	0828	
牙		⿱戕齒*	⿰齒善*	齣*	齧	
楚	秦	楚	秦	秦	秦	晉
 郭店 語三 11	 陶録 6・293・1	 曾乙 32  曾乙 130	 陶録 6・21・3  陶録 6・21・4	 新見 106	 雲夢 答問 83	 璽彙 0956

0836 足	0835 ⿰牙㬎*	0834 ⿰牙禹	0833 ⿰牙奇			
秦	楚	秦	秦	齊	晉	
		齲			旨	旨
 雲夢 答問 113	 清華二 繫年 054 讀「堇」。	 關沮 326	 璽彙 5528	 辟大夫虎符 集成 12107	 集粹 160	 郭店 緇衣 9
 里耶 8-90		 關沮 326 《說文》或體。	 上郡守戈 集成 11363	 貴將軍虎節 新收 1559	 璽考 111	 上博三 周 23
 嶽麓二 數 209				 陶録 2・260・4	 陶録 5・14・1	 上博五 競 9
 北大・白囊					 貨系 889	 上博五 鮑 9
 雲夢 日甲 74 反						 清華三 良臣 4

		晋			楚	
𨇍	𧿳		𧿳			踜
 温縣 T4K11-135 正	 兆域圖版 集成 10478	 敚令張足戈 集成 11159  少府盉 集成 9452  春成侯盉 新收 1484	 曾乙 137  包山 162  新蔡零 193  清華一 程寤 9	 上博五 三 17  包山 130  郭店 老甲 27	 郭店 老甲 6  上博四 曹 15  清華一 保訓 11  上博八 顏 7  包山 155	 雲夢 秦律 78  雲夢 秦律 129

0838 跪				0837 踦		
		楚	晋		楚	齊
跧	迳			崎	逵	
 上博四 曹 63	 上博四 柬 18	 上博七 武 9	 璽彙 1684	 奇之阱鼎	 包山 68	 陶録 3・505・6
 上博五 季 20	 上博五 君 1	 上博六 莊 8		 奇之隮壺		
 上博六 木 5	 上博八 命 8	 包山 243		 包山 173		
	 上博八 命 11	 九店 A18		 曾乙 164		
		 上博二 容 14 與「坐」一字分化。				

0840 蹇　　　　　　　　　　　　　　　　0839 踐

秦	齊			楚	秦	
		⿱戔止	彵	遂		
 放馬灘 日甲 35	 璽彙 3080	 上博七 吳 8  上博九 卜 8  里耶 5-5 正	 郭店 老甲 25	 璽考 244  包山 202  包山 238  清華三 說命上 5  上博六 平 5	 雲夢 封診 68  里 J1⑯6 正  里耶 8-651 正	 上博九 陳 13

0841	0842	0843	0844			
蹶	跛	距	路			
楚	楚	晋	秦	楚		齊
⿱氐止	⿸广⿱皮止			逽	这	⿰彳各
 上博五 君 7	  上博二 容 2	 忓距末 集成 11915  距末 通考 344 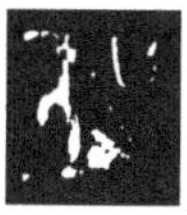  十五年鄭令戈 集成 11388	 珍展 103  秦風 117  珍秦 45  里耶 8-1014	 曾乙 118  曾乙 179  包山 159  新蔡乙三 21  上博五 弟 19	 郭店 性自 60	 璽彙 0328 ⿱夂足  璽彙 0148

	0849 疋	0848 躋*	0847 起*	0846 蹡		0845 踵
	楚	齊	晋	楚	楚	秦
				⿱臼止		
 曾乙 175  上博六 平 7  清華三 良臣 7	 包山 64  郭店 老甲 28  上博一 孔 10  上博六 用 3  清華一 皇門 7	 陶録 3·415·1  陶録 3·415·3	 兆域圖版 集成 10478	 上博二 容 2	 清華三 祝辭 5	 里耶 8-1376

0850

品

楚	秦		燕	齊		晉
 上博六 孔 3	 里耶 8-1923	 陶録 4・8・1	 燕明刀背文 先秦編 568	 陶彙 3・818	 六年襄城 令戈 新收 1900	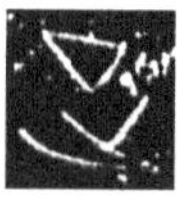 十年洱陽令戈 文物 1990.7
		 陶録 4・13・1				 辵鄱戈 集成 10899
						 珍戰 138
						 貨系 1951
						 璽彙 0045

0853 龠		0852 臬				0851 嵒
楚	秦	齊	晉	楚	秦	楚
 清華三 良臣 6	 雲夢 爲吏 9  嶽麓一 爲吏 62	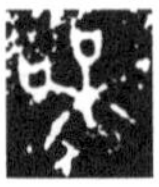 臬之造戈 集成 11006	 璽彙 1308	 望山 1・119  郭店 老乙 15  郭店 唐虞 28  上博八 顔 9	 雲夢 日甲 33 反  里耶 8-1552  嶽麓一 占夢 16	 清華二 繫年 138

			0855		0854	
			嗣		冊	
	晉	楚	秦	晉	楚	晉
	𠕋	𠕋				
 好蚉壺 集成 9734	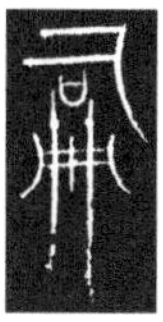 中山王方壺 集成 9735	 上博五 鮑 1  上博五 鮑 3  清華一 皇門 7  清華五 封許 08	 詛楚文 湫淵 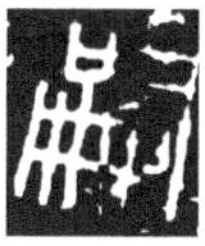 二世詔版	 貨系 229  貨系 230	 新蔡甲三 137  上博五 季 17  清華一 金縢 2	 吉林 202

0856

扁

				晉	秦	
						孚
				 温縣 T4K6-114  温縣 T4K6-129  温縣 T4K6-187	 雲夢 秦律 130  里 J1⑨ 981 背  里耶 8-1081  里耶 8-1783  嶽麓二 數 131	 令狐君壺 集成 9720 《説文》古文。

0857

囂

晉				楚
	⿰㗊戈	⿰㗊阝	嚻	
 中山王鼎 集成 2840	 曾乙 1  曾乙 12  上博七 君甲 7	 包山 117	 璽彙 0164  璽考 152  璽 文物 1988·2	 燕客銅量 集成 10373  上博一 孔 21  清華一 楚居 6  清華一 楚居 10  清華二 繫年 116

器

		晉		楚	秦	燕
			⿱器皿			⿰口卯
 十四茉銅虎 集成 10443	 璽考 118	 趙孟疥壺 集成 9679	 曹家崗 5・1	 郭店 老甲 30	 秦公簋 集成 4315	 璽彙 3484
 十七年春平侯鈹 集成 11689	 信安上官鼎 珍吴 188	 哀成叔鼎 集成 2782		 上博五 鮑 3	 集粹 565	 璽彙 5435
 十七年春平侯鈹 集成 11713	 十四茉方壺 集成 9666	 璽彙 1069		 上博九 靈 3	 陶録 6・6・1	
	 十七年春平侯鈹 集成 11715	 陶録 5・42・1		 上博五 鮑 3	 任家咀圖 183	
		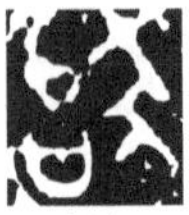 陶録 5・61・6		 清華五 湯丘 16	 嶽麓叁 54	

0859

舌

燕	晋	楚	秦		燕	齊
		䏦				
 陶録 4·35·4	 廿一年舌或戈	 郭店語四 19	 雲夢日乙 102	 陶録 4·18·1	 王后鼎新收 1629	 十四年陳侯午敦集成 04647
		 上博三周 27	 嶽麓二數 64	 古研 15·97 武平鐘		 陳逆簋集成 4630
		 上博六用 10		 漁陽大鼎新收 631		 陳侯因資敦集成 4649
		 上博八志 1		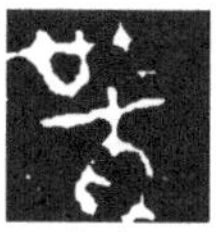 陶録 4·8·1 省形。		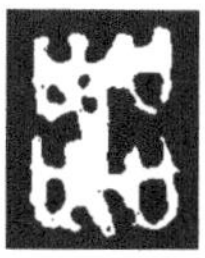 陶録 3·3·1

0860

舓

楚
⿰舌它
 上博六 用 12

0861

⿰酉奚*

楚
 清華一 楚居 7 讀「達」。

0862

干

秦
 陶録 6・270・3
 雲夢 效律 27
 里耶 8-1764

楚
 璽彙 3593
 包山 269
 上博二 容 26
 上博六 慎 2
 清華五 三壽 08

晉
 合陽鼎 集成 2693
 陝西 614
 邱三 196 頁
 錢典 333

燕
 聚珍 050.4
 陶録 4・63・1

0863

屰

晉
 先秦編 111

0868		0867	0866	0865	0864	
矞		㕯	只	酦*	谷	
楚	秦	晋	楚	齊	楚	楚
 清華一 耆夜 12  清華一 耆夜 13	 里耶 8-1664	 璽彙 2077	 郭店 尊德 14  上博三 彭 4  上博五 鬼 2 背  包山 155	 璽彙 0242  璽彙 3598	 上博八 顏 14  上博八 王 6	 上博八 顏 13

0869 商

秦

上博 31

珍秦 131

陶録 6・51・1

秦都圖 519

雲夢 日甲 47 反

楚

曾乙鐘架

曾乙石磬

曾乙石磬

商父石磬

上博二 民 8

上博四 采 2

清華一 程寤 3

清華一 程寤 7

清華二 繫年 002

清華三 芮良夫 8

清華一 祭公 14

清華一 祭公 7

清華五 封許 03

清華五 三壽 23

晉

商丘鏃 集成 11942

距末 通考 344

齊

璽彙 3723

0870 句

秦

雲夢 日甲 129

里耶 8-171 正

秦集二 四 41・1

0872　　0871

笱　　拘

秦	秦	燕	齊	晉		楚
 珍秦 344	 詛楚文 湫淵	 鷹節 集成 12105A	 陶録 3・18・3	 璽彙 1068	 郭店 六德 16	 太后脰官鼎 集成 2395
 關沮 352		 璽彙 4130	 陶録 3・18・1	 貨系 415	 上博一 緇 20	 越王州句劍 集成 11623
 嶽麓一 爲吏 59			 齊明刀背文 考古 1973.1	 十五年守 相杢波鈹 集成 11702	 上博一 孔 6	 新蔡甲二 40
			 璽考 42	 陶録 5・3・1	 清華一 尹至 2	 郭店 緇衣 40
			 璽彙 0644		 清華一 皇門 3	 郭店 尊德 7

0875 丩		0874 䍑	0873 鉤			
晉	楚	楚	楚	秦	楚	
						㣘
 貨系 46	 徐沈尹鼎集成 2766  上博九舉 31  清華五三壽 21  包山 260	 上博五季 18 讀「句」。	 信陽 2・27  郭店語四 8  清華五封許 06	 里耶 8-218	 仰天湖 22	 雲夢日甲 157 反  關沮 326

0877 古　　　　0876 糾

	楚	秦	晉	秦	燕	齊
 上博二 子 1	 璽彙 1332	 集粹 760	 温縣 T4K11-81 正	 里 J1⑨10 背	 先秦編 566	 齊明刀 考古 1973.1
 上博八 李 3	 包山 157	 陶録 6・89・1		 里耶 8-1588 正	 先秦編 566	 齊明刀 考古 1973.1
 上博一 孔 9	 郭店 六德 22	 雲夢 答問 192			 先秦編 587	 陶録 2・112・1
 上博一 緇 6	 上博四 柬 21	 北大・算甲			 貨系 3385	 陶録 2・113・1
 清華五 厚父 05	 清華二 繫年 024				 聚珍 132.5	 齊陶 0210

晋		齊	燕
 雙劍二十石磬	 中山王方壺 集成 9735	 司馬楙編鎛 山東 104	 陶録 4・167・1
 貨系 435	 璽彙 3097	 陶録 3・585・6	 陶録 4・141・1
	 鐵雲 154		

0878

由

晋	楚
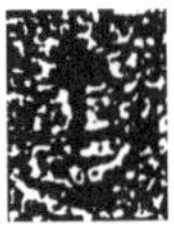 温縣 WT1K2：159	 郭店 成之 28
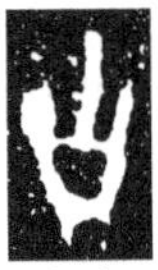 陶彙 6・22	 清華一 金縢 6
 貨系 438	 清華一 祭公 6
 先秦編 84	 清華二 繫年 017
	 清華五 三壽 17

0879

⿰古夜*

楚
 清華四 別卦 2
讀「蠱」。

0881 丈　　　　　　0880 十

秦		燕	齊	晉	楚	秦
 里耶 8-913	 陶録 4·2·1	 先秦編 554	 十四年陳 侯午敦 集成 4646	 安邑下官鍾 集成 9707	 鄂君啟車節 集成 12112	 詛楚文 湫淵
 雲夢 答問 6		 先秦編 573	 齊幣 362	 中山王鼎 集成 2840 商周 17320	 新蔡甲三 37	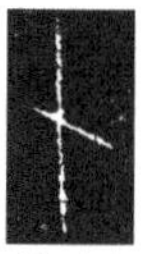 陶録 6·182·3
 里耶 8-135 正		 丙辰方壺 西清 19.3	 司馬楙編鎛 山東 104	 十八年冢 子韓矰戈 商周 17320	 郭店 六德 45	 高陵君弩機
 嶽麓二 數 189		 十三年戈 集成 11339	 莒公孫 潮子鐘 山東 76	 十一年庫 嗇夫鼎 集成 2608	 上博二 從甲 5	 里耶 8-214
 北大·白囊		 陶録 4·2·1		 十一年 皋落戈 考古 1991.5	 清華四 筮法 15	 北大·道里

0882

千

燕	齊	晉		楚	秦	楚
 璽彙 3466	 璽考 67	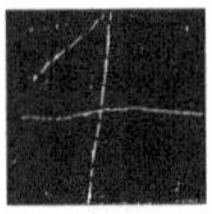 陶録 5・83・5	 珍戰 220	 郭店 窮達 10	 陶録 6・104・5	 郭店 六德 27
 聚珍 078.4	 陶録 3・607・1	 璽彙 4427	 集粹 238	 上博二 容 51	 珍展 189	 上博三 周 16
 璽彙 0824	 齊明刀 考古 1973.1	 璽彙 4482	 璽彙 4746	 上博七 凡甲 15	 珍秦 381	 上博六 競 10
 貨系 2929	 齊明刀 考古 1973.1	 璽彙 4805	 璽彙 4735	 清華二 繫年 002	 西安圖 126	 清華四 筮法 25
				 清華二 繫年 004	 雲夢 效律 56	

0883 肸

燕

陶録 4・30・2

0884 博

秦

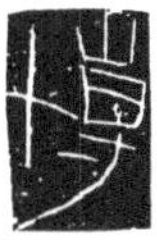
秦陶 483

陶録 6・296・1

秦集二三 86・1

嶽麓一質三 11

晉

尖足小布 叢考 125

璽彙 1837

0885 廿

秦

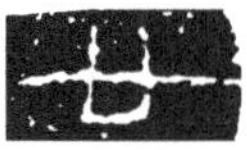
陶彙 5・384

陶録 6・352・1

雲夢 效律 56

嶽麓二 數 154

北大・道里

楚

曾姬無卹壺 集成 9710

燕客銅量 集成 10373

郭店 唐虞 25

晉

廿五年戈 集成 11324

三十二年相邦冉戈 商周 18552

廿九年段陽戈 商周 16969

新鄭圖 541.2

齊

陶録 2・749・3

0887 卅　　0886 揖

燕	齊	晉	楚	秦	楚	燕
 燕王職壺 新收 1483	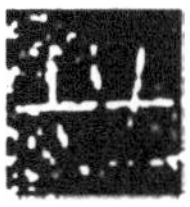 私之十耳杯 新收 1079	 好盗壺 集成 9734	 郭店 唐虞 26	 陶録 6・185・2	 郭店 緇衣 34	 二十年距末 集成 11916
	 陶録 3・520・5			 里耶 8-214		 陶録 4・9・2
				 嶽麓二 數 14		

世

<table>
<tr><td></td><td></td><td></td><td></td><td></td><td>楚</td><td>秦</td></tr>
<tr><td>褋</td><td>偞</td><td>⿱世夗</td><td></td><td>殜</td><td></td><td></td></tr>
<tr>
<td>
書也缶
集成 10008

秦 99、1</td>
<td>
上博二
容 42</td>
<td>
上博五
季 14</td>
<td>
上博六
天乙 1

清華二
繫年 077

清華二
繫年 110

上博九
舉 6

清華五
命訓 10</td>
<td>
郭店
窮達 2

郭店
尊德 25

上博二
子 8

上博四
曹 65

上博六
天甲 2</td>
<td>
郭店
唐虞 3

郭店
唐虞 7</td>
<td>
秦駰玉版
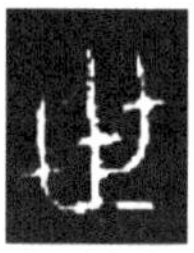
詛楚文
巫咸</td>
</tr>
</table>

0891 言	0890 謦	0889 卌				
秦	秦	秦		齊		晉
		卌	[illegible]		[illegible]	
 珍秦 205	 風過 229	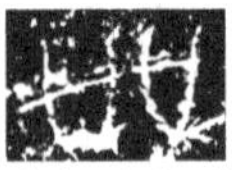 四十八年上郡假守鼂戈 商周 17299	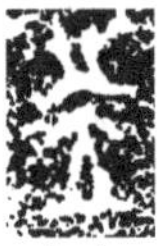 十年陳矦午敦 集成 4648	 陶録 3·520·4	 中山王方壺 集成 9735	 集成 235 郘黛鐘
 尊古 317		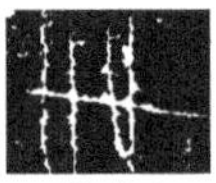 陶録 6·184·5	 十四年陳矦午敦 集成 4646		 好盗壺 集成 9734	
 雲夢日乙 157		 雲夢秦律 95	 陳矦因資敦 集成 4649			
 里耶 8-163 正		 里耶 6-1 正				
 嶽麓叁 70		 嶽麓二數 161				

0892

聲

燕	燕	齊		晉		楚
聖						
 璽彙 3895	 考古 1989.4：378	 言序左戈 集成 10985	 璽彙 4291	 中山王鼎 集成 2840	 上博七 凡甲 27	 郭店 老甲 4
			 貨系 3995	 璽彙 4285	 上博五 弟 12	 郭店 成之 14
			 貨系 3994	 璽彙 3076	 上博五 弟 12	 上博四 昭 8
				 貨系 1377	 上博一 緇 16	 上博五 鮑 2
				 璽彙 4284	 清華三 祝辭 4	 上博六 孔 22

語

		晉			楚	秦
語	⿰言⿱吾口		⿰五言	⿰言五		
 璽彙 1878  璽彙 2774  璽彙 3083	 中山王鼎 集成 2840	 璽彙 3193  璽考 290	 郭店 成之 36	 上博六 天甲 11  上博六 天乙 10	 郭店 五行 34  郭店 五行 34  上博五 君 1  上博六 天乙 9  清華五 三壽 11	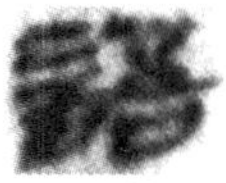 雲夢 日甲 143  關沮 255  北大・算甲  北大・算甲  北大・算甲

0896 諒	0895 謂			0894 談		
秦	秦	燕	齊	晉	楚	秦
 雲夢 封診 1  嶽麓叁 202	 里 J1⑨7 背  里耶 8-1560 正  嶽麓叁 70  北大・從軍	 陶彙 4・41	 陶録 2・229・2  陶録 2・229・3	 温縣 T1K1-2205  璽彙 1418  步黟堂 328	 郭店 語四 23	 十鐘 3.40 上  陶録 6・152・3  里耶 8-2021 背

0899		0898		0897		
許		謁		請		
秦	晉	秦	晉	楚	秦	晉
 秦風 230  陝西 737  陶録 6・409・4  嶽麓叁 66  北大・祓除	 守丘刻石	 集證 134 26  傅 1057  雲夢 秦律 174  嶽麓一 質二 5  里 J1⑨7 正	 中山王方壺 集成 9735	 包山 180  上博六 用 15  上博七 凡乙 3  上博八 命 7  清華三 琴舞 13	 雲夢 日乙 39  里耶 8-200 正  北大・祓除	 十八年 相邦劍 集成 11710

0901 膺	0900 諾					
楚	楚	晉				楚
			⿱午日	⿰⿱無日阝	⿱無日	
 曾侯乙鐘  上博七 君甲 7  上博七 君乙 7	 上博四 柬 4  上博四 柬 15	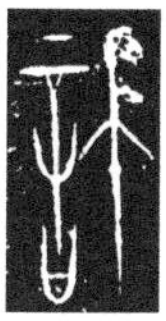 中山王鼎 集成 2840  二年戟 集成 11364	 璽彙 3617	 清華五 封許 05  清華五 封許 09 背 「許國」之「許」專字。	 清華二 繫年 70  清華二 繫年 100  清華二 繫年 100	 上博四 柬 15  上博六 競 13  上博八 王 7  清華二 繫年 087

0904 詩	0903 諸	0902 讎				
楚	秦	齊	楚	秦	齊	
				讐	[illegible]	
 郭店 語一 38	 始皇詔 橢量 4	 陶録 2・178・1	 清華四 筮法 20	 十鐘 3.42 下	 陶録 2・16・4	 清華一 皇門 9
 上博四 曹 21	 始皇詔 橢量 5	 陶録 2・178・2	 清華四 筮法 22	 雲夢 日乙 87		
 上博八 王 6	 陶録 6・376・1			 里耶 8-412		
 上博八 王 7	 里耶 8-130					
 上博二 民 1						

0906 讀	0905 誦					
秦	楚	齊				
		時	旹		時	訔
 里耶 8-775  北大·算甲	 清華一耆夜 8  清華一耆夜 9  清華三芮良夫 13	 齊陶 1360	 上博一緇 2  上博一緇 13	 郭店六德 24  上博二從甲 7  上博二從乙 5	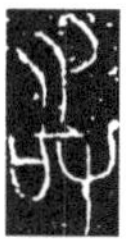 曾侯乙鼎  郭店五行 7  上博二民 8  上博五季 7  上博六慎 4	 上博一孔 1

		0909 誨	0908 訓		0907 啇	
燕	楚	秦	楚	晋	楚	楚
[illegible]	[illegible]					謫
 璽彙 3424	 上博六 天甲 13	 里耶 8-298	 璽彙 5285	 令狐君壺 集成 9720	 苛啇匜 新收 1322	 清華三 芮良夫 17
 璽彙 3515	 上博七 凡乙 4		 郭店 尊德 39	 令狐君壺 集成 9719	 郭店 語三 64	 清華五 三壽 09
	 上博八 有 2		 郭店 性自 17		 上博五 鬼 4	
	 清華五 厚父 11		 清華一 皇門 8		 上博七 武 1	
			 包山 210		 清華一 祭公 14	

0914 謀			0913 誾		0912 詻	0911 諄	0910 諭
楚	秦	齊	秦		晋	燕	晋
㥁							
 郭店老甲 25  郭店緇衣 22  郭店尊德 16  郭店語三 31  上博一緇 12	 雲夢日乙 46  里耶 8-2364  嶽麓叁 69  北大・從政	 陶録 2・13・1  齊陶 0081  齊陶 0082	 陶録 6・51・3		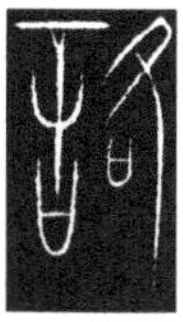 好盗壺 集成 9734	 燕侯載豆 西清 29.42	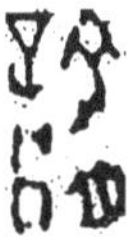 璽彙 2123

0916 論	0915 訪					
秦	楚	燕	晉			
			⿱毋心	呣	惎	
 雲夢 答問 132	 上博八 成 1	 陶録 4・43・1	 中山王鼎 集成 2840	 上博四 曹 55	 上博二 容 3	 上博三 彭 6
 里 J1⑨981 正	 上博九 舉 4			 清華二 繫年 50	 上博二 容 37	 上博四 曹 13
 里耶 8-777	 上博九 舉 22			 清華四 筮法 19		 上博六 孔 25
 嶽麓叁 102	 清華一 皇門 8					 清華一 程寤 9

0917 議　0918 諦　0919 識

楚	齊	秦	晉	楚	燕	秦
[illegible]			啻			
 上博二 從甲 12 「𡿪」「戠」均是聲符。	 璽彙 0338	 秦風 128  雲夢 秦律 86  里耶 8-1882  嶽麓叁 130	 温縣 T1K1：2279  温縣 WT1K1：3690	 上博五 競 6	 燕王詈戈 集成 11350. 1  左行議率戈 集成 11111A	 秦印  雲夢 爲吏 11  嶽麓叁 94  嶽麓叁 24

0920 訊				0921 詧		
燕	秦	楚	楚			
		訵	譁			戠
 燕王職戈 集成 11224	 雲夢 封診 61	 上博四 相 4	 郭店 窮達 1	 包山 22	 上博六 孔 16	 上博七 凡乙 10
	 里耶 8-141 正	 上博五 姑 1	 郭店 五行 8	 包山 157	 上博六 孔 27	 上博七 凡甲 14
	 嶽麓叁 202		 郭店 五行 13	 包山 54		 上博七 凡甲 20
			 包山 12	 郭店 語一 68		 上博七 凡甲 24
			 包山 15 反	 上博五 鮑 5		

0924 信	0923 諏	0922 謹				
秦	楚	燕	齊	晉	秦	
 璽彙 4506	 清華五 湯丘 12	 璽彙 1280	 司馬楙編鎛 山東 104	 璽彙 0983	 雲夢 封診 68	 郭店 尊德 17
 里耶 8-677 正		 璽彙 4112		 璽彙 2006	 里耶 8-138 正	 郭店 成之 19
 秦風 245		 陶録 4・204・2		 璽彙 1266	 北大・從政	
				 璽彙 2667		

		晉			楚	
⿰言身	佸	⿰口身	⿱⿰言千心			
 梁上官鼎 集成 2451	 中山王鼎 集成 2840	 梁十九年亡智鼎 集成 2746	 清華五 三壽 13	 上博一 孔 7	 郭店 老丙 2	 珍秦 379
 中山王方壺 集成 9735	 吉大 8	 璽彙 5195	 清華五 三壽 18	 清華一 金縢 11	 郭店 緇衣 25	 珍展 190
 信安君鼎 集成 2773				 璽考 208	 郭店 忠信 1	
 珍戰 204				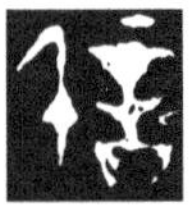 璽彙 5508	 郭店 成之 2	
 璽彙 5287				 璽彙 2557	 上博一 緇 13	

			齊			
⿰言千	⿰心人	⿰心千		⿰亻身	息	詔
 璽彙 0232	 璽彙 0062	 璽彙 0234	 辟大夫虎符 集成 12107	 港印 154	 璽彙 3345	 璽彙 5450
 璽彙 0248	 璽彙 0282	 璽彙 0238	 貴將軍虎節		 璽彙 5381	 璽彙 3129
 璽彙 5557	 璽彙 0482	 璽彙 1562				 封成 19
 璽彙 5643		 璽考 40				
 璽彙 0650		 璽彙 5537				

0927 誥		0926 諱	0925 誠			
燕		楚	楚	秦	燕	
弇	弇				⿰言身	⿱身心
 陶録 4·40·1	 郭店緇衣 5  上博一緇 15	 包山 133	 清華一保訓 5	 故宮 477  雲夢秦律 184  里耶 8-1354  嶽麓叁 129	 璽彙 0191  璽彙 3248  璽彙 4111  璽彙 5427  璽彙 5685	 陶録 2·107·1  陶録 2·107·4  璽彙 0356

0931		0930	0929			0928
	諫	証	詁			詔
晉	楚	楚	燕		楚	秦
					[illegible]	
 璽彙 0820	 上博五 鮑 9	 璽彙 0008	 璽彙 0824	 上博八 成 2	 上博五 競 2	 五年相邦呂不韋戈 集成 11380
 璽彙 0985	 上博六 用 18		 陶録 4・137・3	 清華一 祭公 9	 清華一 程寤 2	 陶録 6・361・1
	 上博七 武 7		 陶録 4・137・4			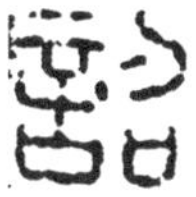 傅 799
	 清華五 三壽 20					 里耶 8-174 正
	 上博四 内 7					

		0935 訢	0934 [illegible]	0933 試	0932 課	
晉	楚	秦	楚	秦	秦	燕
			謠			
 好蚉壺 集成 9734  璽彙 2117	 上博五 競 7  左塚漆梮	 港續 70	 郭店 性自 24  郭店 尊德 10	 雲夢 效律 46  雲夢 秦律 100  嶽麓一 爲吏 25	 雲夢 雜抄 23  雲夢 雜抄 30  里耶 8-454	 璽彙 3546  璽彙 3416  陶録 4・34・2

0937 計			0936 說			
晉	楚	秦	晉	楚	秦	燕
 集粹 329	 璽彙 0138  璽彙 0140  璽考 159	 雲夢 日乙 231  里 J1⑨7 正  里耶 8-1773  北大・算甲	 港印 43	 郭店 成之 29	 十鐘 3.59 下  雲夢 日乙 23  關沮 254  里耶 8-2027 正  北大・隱書	 璽彙 3867  璽考 317  陶録 4・36・2

0943 謙		0942 謠	0941 諉	0940 譮	0939 話	0938 詥
秦		楚	秦	楚	楚	楚
	訛	謐				佮
 嶽麓叁 168	 上博八蘭 2	 包山 184   天卜  上博四柬 3  清華三說命下 7  清華五封許 02	 陶録 6・105・2	 上博六用 18 《説文》籀文。	 郭店緇衣 30	 上博五競 2  上博五競 5 讀「答」。

0947 謜		0946 誑	0945 諓		0944 詡	
楚	晉	楚	楚	楚	秦	楚
諒	註	誑				
 清華一耆夜 2  包山 85	 二十年冢子戈古研 27	 上博八有 5 讀「誑」。	 上博九舉 25	 新蔡零 204	 珍展 160  秦風 185  陶録 6・148・1	 清華四別卦 5

0948 誐	0949 諈	0950 詷	0951 設			0952 誧
楚	秦	秦	楚	楚	楚	秦
訾				殸	詃	
 璽考 207	 雲夢 日甲 82 反	 雲夢 日甲 157 反  龍崗 74	 清華一 保訓 3	 上博六 用 18	 郭店 六德 36	 雲夢 答問 106  里耶 8-135 正

0958		0957	0956	0955	0954	0953
謝		礜	記	託	諰	護
秦	楚	秦	齊	晋	秦	秦
 珍秦 287  秦風 228  陶録 6・329・1  里耶 8-988	 郭店 老丙 1  上博三 周 35  上博三 周 38	 雲夢 答問 51	 陶彙 3・448	 單䢅託戈 集成 11267	 雲夢 爲吏 8	 陶録 7・12・3  里耶 8-1692

	0962		0961	0960		0959
	詣		諺	諍		訖
楚	秦		楚	秦	齊	楚
			𠪚			
 包山 156	 雲夢日乙 107	 上博八子 5	 曾乙石磬	 善齋	 陶録 3・565・1	 清華三琴舞 3
 清華一保訓 4	 里 J1⑨981 正	 上博八顔 1	 上博五君 3			 清華三琴舞 16
 清華一保訓 5	 里耶 8-213	 上博八顔 5				
 清華三芮良夫 25	 嶽麓叁 19					
	 嶽麓叁 38					

0963 講	0964 謄	0965 譊			0966 譖	0967 謾
秦	秦	秦	晉		晉	秦
 秦風 99  秦風 54  吉大 136  珍秦 75	 里耶 8-1151	 珍秦 38  秦風 47  里耶 8-1301	 璽彙 0987  程訓義 1-111  程訓義 9-46  陶録 5・19・4	 璽考 275  璽彙 1704  璽彙 1803	 二年盗鼎 集成 2481	 里 J1⑨ 981 正  里耶 8-503

0973 誟	0972 詛	0971 謗	0970 誣		0969 詒	0968 謱
晋	秦	秦	秦	晋	秦	楚

 二年宜陽戈 考文 2002.2 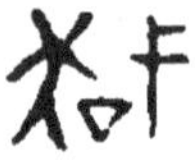 宜陽戈 考文 2002.2	 詛楚文 巫咸  雲夢 答問 59	 雲夢 爲吏 8	 雲夢 答問 117  雲夢 答問 41	 中山王鼎 集成 2840	 雲夢 日甲 166	 上博五 三 10

0976 0975 0974

䜌 詑 謷

	楚	秦	秦	秦		齊
					憝	
 璽彙 3552	 書也缶 集成 10008 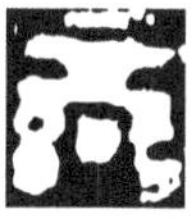 璽彙 5605  包山 193  清華二 繫年 094	 秦風 43  里耶 8-1997 正	 里耶 8-461 正  嶽麓叁 70 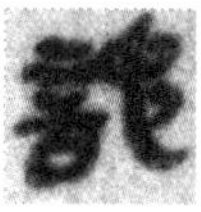 雲夢 封診 2	 里耶 8-528 正	 陶録 2・241・4	 陶録 3・9・3

0979 詒		0978 註		0977 誤		
楚	齊	楚	楚	秦		晉
 上博五 三 7	 陶録 2・157・1	 清華三 芮良夫 27	 曾侯瞗鐘 江漢考古 2014.4	 秦風 193  雲夢 效律 60  雲夢 答問 209  北大・從政  嶽麓二 數 11	 元年相邦 建信君鈹 揖芬集 305	 緣左庫戈 集成 10959  璽彙 2535

0982 讗	0981 訮			0980 訾		
秦	晉	楚	齊	楚	秦	燕
	訐			訿		⿱自言
 秦風 135	 璽彙 3428	 上博五 鬼 7	 陶録 3・290・1  陶録 3・290・3  陶録 3・432・1  陶録 3・432・6	 上博五 季 20  清華三 芮良夫 3  清華五 三壽 20	 珍秦 173 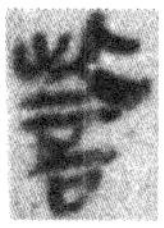 雲夢 秦律 126  里耶 8-198 正  嶽麓叁 130	 璽彙 2801

0983	0984	0985	0986		0987	0988
訇	詾	詾	⿱㚘言		誕	讛
楚	楚	楚	楚		楚	楚
		説	⿱吾言	訢	詚	
 郭店 唐虞 27	 上博一 孔 22 《説文》籀文。	 上博二 從甲 19	 上博二 民 8	 上博五 三 2  天卜	 郭店 成之 25 讀「説」。	 書也缶 集成 10008 讀「萬」。

0993 訬	0992 譌			0991 讙	0990 訆	0989 譏
晉	楚	燕	楚	秦	齊	楚
		詈			⿰口訆	
 璽彙 0515	 郭店 忠信 1	 燕王詈戈 集成 11350	 包山 189	 璽彙 5536	 陶録 2・129・1	 上博四 曹 45
 璽彙 2051	 郭店 忠信 4	 璽彙 3892		 秦風 118	 陶録 2・129・3	
	 上博五 姑 6			 珍秦 242		
	 上博八 志 1			 尊古 314		
	 清華五 啻門 14					

0994

詐

秦	
	詐
 雲夢 爲吏 34	 雲夢 日乙 23  里耶 8-1423

0995

訏

晉	秦	楚
		話
 中山王鼎 集成 2840	 雲夢 語書 12	 郭店 尊德 15  左塚漆梮

0996

讐

晉	秦
 杕氏壺 集成 9715	 四年相邦 吕不韋戈 集成 11308  集粹 443  珍秦 169  里耶 8-2181

	1001	1000	0999	0998		0997
	讒	訐	訶	讘		訟
	楚	楚	楚	晋	楚	秦
	謶			讋		
 清華二 繫年 081	 上博一 孔 8  上博八 志 3  清華二 繫年 031  清華二 繫年 031  清華五 三壽 19	 上博四 采 4  上博四 采 3  上博五 鬼 2  上博五 鮑 5  璽彙 3541	 郭店 窮達 5 見卷八「歌」字。	 璽彙 0545	 上博一 孔 5  上博一 孔 2  上博四 昭 8  上博四 曹 34	 關沮 229

1004 讓		1003 諯				1002 譴
楚	秦	晋	秦		楚	秦
䜴				款		
 上博二子 6  上博八顔 7	 陶録 6・448・1  陶録 6・448・3  雲夢爲吏 11  嶽麓一爲吏 32  嶽麓一爲吏 52	 尊古 315  璽彙 3276	 里耶 8-648 正	 上博三彭 2  郭店性自 62	 曾侯𦙶鐘江漢考古 2014.4	 雲夢日乙 168  雲夢日乙 174  里耶 8-1077

1006 誶　　　　1005 譙

楚	秦		晉	秦		晉
			譙			
 上博一孔 9 讀「祈」。	 雲夢效律 56  雲夢效律 12  龍崗 193	 吉大 52 增加聲符「小」。	 三年笽余令戈集成 11318  三年笽余令戈集成 11317  璽彙 1091  璽彙 1419  璽彙 1940	 陝西 847	 璽彙 3151  璽彙 0986  璽彙 1799	 璽彙 2781

1010			1009	1008		1007
詘			證	詭		詰
秦			楚	燕	楚	秦
	[illegible]		[illegible]	謉		
 高奴禾石權 集成 10384  珍秦 83  里耶 8-1466 正	 包山 137	 清華五 命訓 03 讀「懲」。  清華五 命訓 03	 郭店 性自 22  上博二 容 41  包山 138  包山 138 反  包山 139 反	 璽彙 3671  璽考 311	 上博五 鮑 5  上博五 鬼 3	 雲夢 日甲 24 反  里耶 8-231

	1014	1013		1012	1011	
	診	誰		詆	讂	
楚	秦	秦	晉	楚	秦	楚
			詆			
 郭店五行40	 雲夢秦律18	 雲夢編年53	 中山王方壺集成9735	 清華三說命中7	 里J1⑨981正	 郭店老乙14
訛作「訪」。	 雲夢封診68				 里耶8-461正	 郭店性自46
	 里耶8-1732				 里耶8-944	
	 嶽麓叁140					

1018 詬	1017 謑			1016 誅		1015 訧
秦	楚	齊	晋	楚	燕	楚
詢		殺	栽	栽		
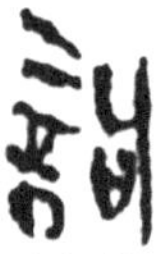 里耶 8-1562 正  雲夢 日甲 8 反	 上博九 舉 3	 叔孫戈 集成 11040	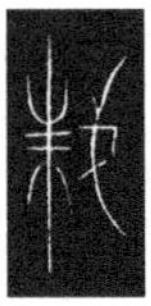 中山王方壺 集成 9735	 上博二 容 2 讀「侏」。	 陶彙 4・131	 新蔡零 204

	1021 訙	1020 譯		1019 諜		
齊	晉	楚	楚	秦	晉	楚
			⿰貝枼			詷
 璽彙 0194	 璽考 339	 郭店 成之 27	 鄂君啓舟節 集成 12113  包山 164  包山 175  上博四 曹 31	 秦風 94  里耶 8-1386	 類編 77	 郭店 五行 10 讀「覸」。  新蔡零 115  上博五 三 4  清華五 三壽 27 《說文》或體。

1022	1023	1024	1025	1026	1027	
訽	詎	訣	訙*	訡*	誋*	
秦	燕	楚	秦	秦	秦	楚
 雲夢 語書 12 讀「諼」。	 璽彙 5282	 上博七 凡甲 17	 雲夢 語書 12 讀「誖」。	 陶彙 5・76	 陶録 6・65・1  陶録 6・65・2	 清華四 筮法 63 讀「忒」。

1031 誙*	1030 誁*			1029 詨*	1028 詠*	
秦	秦	晉	楚	秦	秦	晉
 雲夢 語書 12 讀「騂」。	 印典 1727 頁	 港續 64	 新蔡零 170	 集證 180 696	 雲夢 日甲 81 反	 十四苿銅牛 集成 10441  十四苿帳橛 集成 10475  十四苿銅虎 集成 10443

1032	1033	1034	1035	1036	1037	1038
譪*	謕*	譩*	訁川*	訪*	訋*	夸言*
秦	秦	秦	楚	楚	楚	楚
 雲夢 日乙 145 讀「號」。	 雲夢 封診 62	 里耶 8-665 正	 郭店 緇衣 17 讀「訓」或「信」。	 上博二 從乙 1	 上博四 昭 4  上博四 昭 7  清華二 繫年 037 讀「召」。	 郭店 六德 36  郭店 六德 24 讀「誇」。或釋「訁音」。

1039 [illegible]*	1040 詨*	1041 詀*	1042 詑*	1043 詤*	1043 詤*	1044 訞*
楚	楚	楚	楚	楚	晉	楚
 上博一緇8 讀「賴」。	 包山157  包山157反	 上博七武1 讀「睹」。	 上博六孔20 讀「望」。	 郭店語四6  新蔡甲三61 讀「過」。	 中山王方壺集成9735	 清華三芮良夫19 讀「妖」。

	1045	1046	1047	1048	1049	1050
	⿰言亢*	⿰言攵*	訯*	詅*	⿰言比*	⿰爿言*
晉	楚	楚	楚	楚	楚	楚
 璽彙 2973	 上博六 用 3 或讀「伉」。	 清華一 祭公 1 讀「旻」。	 清華一 皇門 7 讀「急」。	 清華一 皇門 9 讀「讒」。	 清華三 芮良夫 19 讀「僻」。  清華三 芮良夫 28 讀「謐」。	 新蔡甲三 192、199-1  新蔡甲三 215  上博三 周 7 讀「臧」。  清華二 繫年 070 讀「藏」。

1051 訧*		1052 詀*	1053 詓*	1054 訳*	1055 諨*	1056 謯*
楚	晋	楚	楚	楚	楚	楚
	䚳					
 包山 179	 温縣 T1K1：1980	 郭店 老甲 4 讀「厭」。	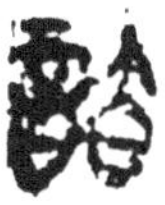 上博二 容 22 讀「謁」。	 清華三 説命下 7 讀「諟」。	 天卜	 清華一 金縢 5  清華一 金縢 5 讀「許」。

1057 ⿰言屰*	1058 ⿰言亦*	1059 ⿰言⿱幺夂*	1060 ⿱𠔉言*			
楚	楚	楚		齊	楚	齊
			⿰言⿱幺各			
 清華一保訓 6 讀「逆」。  上博八志 3	 清華五三壽 16 讀「赦」。	 上博二容 45 讀「厚」。	 璽彙 2528  新蔡甲三 143  新蔡乙一 16 讀「後」。	 子禾子釜集成 10374	 包山 193	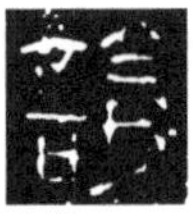 璽彙 0194

1061 謾*

楚

郭店 語一 35

或讀「慢」。

齊

陳喜壺 集成 09700

1062 諂*

楚

上博九 史 7

或讀「訟」。

1063 詎*

楚

信陽 2・2

讀「絇」。

包山 72

包山 161

讀「屬」。

上博四 曹 27

上博四 曹 45

讀「誅」。

1064 誟*

楚

郭店 性自 25

讀「悖」。

1065 諐*

楚

上博三 周 38

上博三 周 40

讀「臀」。

1066 誩*

楚

上博七 武 1

讀「項」。

1073 謏*	1072 諻*	1071 詻*	1070 諀*	1069 諽*	1068 諳*	1067 詤*
楚	楚	楚	楚	楚	楚	楚
 郭店 性自 22 或釋「謏」。	 卲王之諻鼎 集成 2288 讀「媓」。  包山 60 讀「鍠」。	 清華三 芮良夫 04 讀「咎」。	 上博一 孔 8 讀「譬」。	 清華五 封許 09 背 讀「封」。	 清華五 三壽 25 讀「感」。  清華三 琴舞 6 讀「廞」。	 璽考 175

1074	1075	1076	1077	1078	1079	1080
謦*	謖*	譮*	謂*	誒*	諹*	諸*
楚	楚	楚	楚	楚	楚	楚
 郭店 性自 33 或讀「啾」，或讀「嘯」。	 包山 90 讀「復」。	 清華三 琴舞 14	 上博九 史 10 讀「滑」。	 清華四 筮法 55 讀「飢」。	 璽彙 5548  上博二 容 36 讀「讓」。	 上博六 用 10 讀「除」。

1081 ⿰言⿸尾止*		1082 𧬈*	1083 讀*	1084 諻*	1085 䛬*	1086 譅*
楚	楚	楚	楚	楚	楚	楚
	⿰言尾					
 清華五 三壽 15 讀「徙」。	 上博六 用 7 讀「娩」。	 曾侯𦡱鐘 江漢考古 2014.4 讀「德」。	 清華三 芮良夫 3 或讀「毀」。	 九 A44 讀「詳」或「揚」。	 曾侯𦡱鐘 江漢考古 2014.4 讀「聖」。	 上博三 中 12 讀「獨」。  上博六 用 9 或讀「噣」、「詠」。

1092 讄*	1091 譃*	1090 諴*	1089 譯*		1088 誁*	1087 諱*
楚	楚	楚	楚	齊	楚	楚
		諴			譹	
 清華四 別卦 5 讀「臨」。	 曾乙 214	 包山 42	 左塚漆桐	 陶録 2・143・2  陶録 2・143・3  陶録 2・143・1	 包山 161  包山 140 或讀「嘉」。	 包山 85

1093	讀*	楚	 曾侯腆鐘 江漢考古 2014.4 讀「戚」。  上博二 從甲 13 讀「就」。
1094	訑*	晉	 璽彙 4041  璽彙 3978
1095	詸*	晉	 璽彙 2846  璽彙 3068  程訓義 1-148
1096	訷*	晉	 四年令韓訷戈 集成 11316
		燕	 陶録 4・42・1  陶録 4・42・2
1097	詋*	晉	 璽彙 2861  璽彙 1131  程訓義 1-96
1098	訽*	晉	 璽彙 0819

1105	1104	1103	1102	1101	1100	1099
詳*	誒*	謪*	誤*	誌*	諞*	謉*
晋	晋	晋	晋	晋	晋	晋
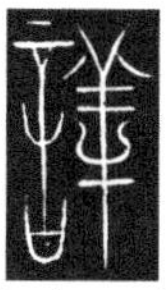 中山王鼎 集成 2840	 璽考 340	 璽彙 1802  璽彙 2007  璽彙 3269  程訓義 1-115	 璽彙 1801	 十七年春 平侯鈹 集成 11715  璽彙 1546	 璽彙 2155	 璽彙 1798

1106	1107	1108	1109	1110	1111	1112
譔*	謉*	謢*	讛*	諲*	謜*	訾*
晋	晋	晋	晋	齊	齊	齊
 集粹 99	 璽彙 2293  璽彙 0822	 中山王方壺 集成 9735 讀「屬」。	 璽彙 1963	 璽彙 2530 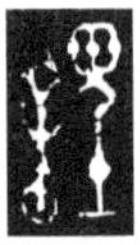 璽彙 2531  璽彙 4889  陶録 2・115・1	 璽彙 0633  陶録 2・551・3	 陶録 3・441・1  陶録 3・438・2  陶録 2・53・1

	1118 善	1117 ⿰言易*	1116 ⿰言呈*	1115 ⿰言亘*	1114 ⿰言丙*	1113 ⿰言玄*
	秦	燕	燕	燕	燕	燕
			諻		⿰言鬲	
 關沮 199	 陶録 6·9·1  珍秦 151  雲夢 日甲 69 反  里耶 8-1042  北大·醫方	 璽彙 3811	 璽彙 3859	 璽彙 3416	 璽彙 0823  璽彙 4098  璽考 312	 歷博 燕 111  歷博 燕 118

	齊		晉			楚
譱						
 陶録 2・426・3	 不□善戈 古研 19	 璽彙 5383	 璽彙 4540	 璽彙 2984	 上博二 民 8	 包山 145
	 璽彙 3088	 璽彙 5354	 璽彙 4546	 璽彙 3641	 上博八 命 5	 郭店 老甲 7
		 璽彙 5387	 珍戰 213		 上博四 柬 23	 郭店 尊德 16
			 程訓義 2-54		 上博五 競 8	 郭店 語一 32
			 璽彙 5581		 璽考 176	 清華二 繫年 036

1120 音				1119 競		
楚	秦			楚	秦	燕
		⿰言竞				
 曾侯乙鐘	 雲夢日甲 34 反	 璽彙 0275	 上博一孔 6	 □壽之歲戈新收 1285	 詛楚文亞駝	 陶録 4・39・1
 曾侯乙鐘	 里耶 8-1446 背		 上博二容 25	 競孫不服壺通考 313	 里耶 8-896	
 郭店五行 15	 嶽麓叁 154		 上博六競 2 背	 璽彙 3130	 北大・道里	
 上博三亙 6			 清華一楚居 12	 包山 180		
 清華三祝辭 5			 清華二繫年 086	 包山 122		

		1122 章		1121 竟		
	楚	秦	燕	秦	燕	
 上博一 緇 6	 酓章鎛 集成 85	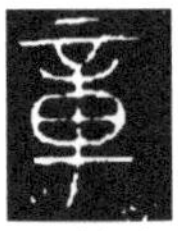 詛楚文 亞駝	 歷博 燕 38	 尊古 317	 陶録 4・39・4	 包山 248
 上博一 孔 14	 璽彙 1476	 珍展 50				 郭店 老甲 16
 上博六 用 18	 郭店 老甲 31	 陶録 6・252・6				 上博四 采 4
 清華一 尹至 3	 郭店 語三 10	 珍秦 12				 清華五 三壽 13
 清華二 繫年 117	 上博一 緇 1	 里耶 8-648 背				

1127 譔*	1126 訾*	1125 詨*	1124 訮*	1123 詐*		
楚	楚	楚	楚	楚	燕	晉
	訾					
 上博四 采4	 曾乙 E61 衣箱	 上博四 采1  上博四 采2 讀「絞」。	 曾侯乙鐘  曾侯乙鐘  曾侯乙鐘	 曾侯乙鼎  曾侯乙缶  曾侯乙斗 集成 9929	 璽彙 0710  璽彙 0878  璽彙 1281  璽彙 2521	 九年鄭令矛 集成 11551  璽彙 0490  集粹 68  珍戰 87

		1132 童	1131 ⿰音歸*	1130 ⿰音侖*	1129 ⿰音會*	1128 ⿰音㣎*
	楚	秦	楚	楚	楚	楚
 上博七 吳1  上博九 陳14  清華五 封許08  清華三 祝辭3	 璽彙3645  上博二 子2  左塚漆梮  郭店 窮達11  郭店 語四14	 秦風223  陶録 6·56·1  傅1466  珍秦199  珍秦86	 曾侯乙鐘 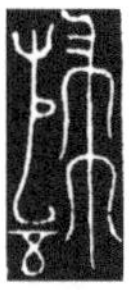 曾侯乙鐘  曾侯乙鐘	 曾侯乙鐘	 郭店 緇衣26 讀「儉」。	 曾侯乙鐘

1134 丵　　1133 妾

楚	晉	楚	秦	齊		
					嬞	襣
 左塚漆梮	 □君壺 集成 9537	 璽彙 5491  包山 183  清華二 繫年 031  清華四 筮法 35	 十鐘 3.41 下  雲夢 日乙 251  珍秦 241  里耶 8-1095  嶽麓叁 132	 璽彙 1278  陶録 2·562·1	 新蔡乙一 22 「老童」之「童」專字。	 望山 1·120 「老童」之「童」專字。

1136 叢						1135 業
秦		晉			楚	秦
			[illegible]	⿰業業		
 雲夢 日甲 67 反	 中山王方壺 集成 9735 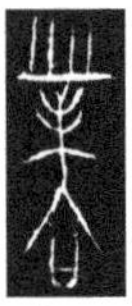 中山王鼎 集成 2840	 三十三年 業令戈 集成 11312  陶 古研 24  陶 古研 24	 曾侯臘鐘 江漢考古 2014.4	 上博三 亙 4  清華三 説命下 6  清華三 琴舞 5	 上博七 吴 7	 嶽麓一 爲吏 66

			1139	1138	1137	
			僕	菐	對	
		楚	秦	楚	秦	楚
⿱丵臣	⿰亻⿱丵臣					
 郭店 老甲 2  郭店 語四 18	 清華五 湯丘 04  包山 128 反  上博四 昭 4  包山 135  包山 137 反	 清華四 別卦 2	 陝西 655  珍秦 125  雲夢 秦律 180  嶽麓叁 53 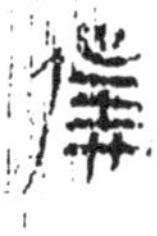 里耶 8-756	 包山 145  上博五 鬼 6	 北大・算甲	 左塚漆梮

1140

収

齊	晉	燕	齊	晉		
					⿱付臣	⿱艹⿱𡗗又
 齊陶 1388	 三十五年鼎 集成 2611  先秦編 611  程訓義 2-74	 杕里瘟戈 集成 11402  □□僕戈 新收 1354	 平阿造戈  璽彙 3551  齊陶 0031  齊陶 0174  齊陶 0176  齊陶 0220	 廿二年 屯留戟 珍吳 244  璽彙 1875  考古 1990.8 陶  中山王方壺 集成 9735 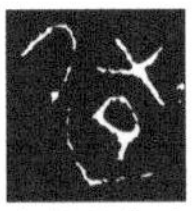 三年⿱付臣余令戈 集成 11318  三年⿱付臣余令戈 集成 11319	 璽彙 2262  璽彙 1461  上博八 命 3  包山 164  里耶 5-5 正	 郭店 老甲 13

1142 承　　　　1141 奉

秦	齊	晉			楚	秦
 陶録 6·362·1  五年相邦 吕不韋戈 商周 17254  七年丞 相奂戈 商周 17237  珍秦 11	 璽考 295	 璽彙 0898  貨系 505	 上博七 武 3  郭店 六德 22	 上博七 武 13  上博二 子 7  清華五 命訓 11	 新蔡甲三 64  上博一 孔 25  上博二 從甲 8  郭店 老乙 17  清華一 皇門 11	 陝西 753  傳 4 頁

1143 奐			1144 弇			
	秦	楚	楚			晉
		⿱⺈内			⿱穴廾	
 里耶 8-78 正	 七年丞相奐戈 商周 17237	 上博四 内 8	 曾乙 60	 郭店 成之 16	 望山 2・38	 璽彙 4682
 里耶 8-1047	 陝西 614			 新蔡甲三 203	 郭店 六德 31	 中山王鼎 集成 2840
 雲夢 答問 138				 上博二 從乙 1	《說文》古文。	
				 清華一 皇門 10		

1147 羙	1146 弄					1145 羃
楚		晉	秦	齊	晉	楚
	弃					
 郭店 窮達 6  望山 2・49  清華二 繫年 115  清華二 繫年 116 讀「浣」。	 璽彙 3144	 貨系 504  君子之弄鼎 集成 2086	 官印 0011  西安圖十八  秦集一 五・15・3  雲夢 日甲 69 反	 子孔戈 集成 11290  陶録 3・165・2  陳逆簠 新收 1781  陳肪簋蓋 集成 4190	 梁十九年 亡智鼎 集成 2746	 越王者旨 於賜鐘  新蔡甲三 201  新蔡乙四 134  上博六 用 7

1150 兵				1149 戒	1148 弅	
秦	燕	晉	楚	秦	楚	晉
						亼
 詛楚文 湫淵	 璽彙 1238	 中山王方壺 集成 9735	 璽彙 0163	 雲夢 答問 125	 天卜	 侯興權 集成 10382
 璽彙 5707	 集拓 2.3	 少府盉 集成 09452	 清華五 封許 07	 雲夢 爲吏 40	 天卜 33	
 陶録 6・318・3		 璽彙 5205	 上博二 從乙 1	 里耶 8-532 正		
 職官 43			 上博五 三 15	 北大・祓除		
 雲夢 日乙 250			 上博七 武 6			

1151

龏

	楚	秦	燕	晉		楚
龏						
 信陽 1・42	 包山 41	 故宮 425	 璽彙 1225	 璽彙 3445	 上博五 姑 9	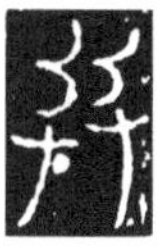 龠悍鼎 集成 2794
 上博一 緇 2	 上博四 昭 6	 雲夢 爲吏 11	 璽彙 4092		 清華五 三壽 11	 包山 81
	 清華一 楚居 11	 雲夢 日甲 79 反	 陶録 4・98・2		 清華二 繫年 097	 郭店 老甲 6
	 清華五 三壽 27	 嶽麓一 爲吏 32				 郭店 唐虞 12
	 清華一 祭公 12					 上博四 曹 15

1153 具　　1152 弇

楚	秦	秦	齊	晉		
						龏
 郭店 緇衣 16	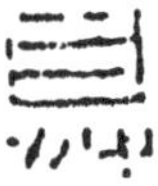 傅 1017	 篁齋 63 頁	 禾簋 集成 3939	 五年龏令思戈 集成 11348	 郭店 尊德 34	 上博六 用 7
 清華三 芮良夫 15	 雲夢 語書 3	 里耶 8-430	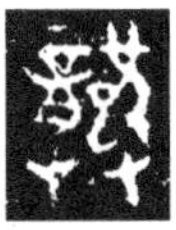 陳矦因資敦 集成 4649	 五年龏令思戈 集成 11349	 上博一 緇 14	 清華二 繫年 090
 上博一 緇 9	 里耶 8-627		 陳貺簋蓋 集成 4190			
 清華五 命訓 05	 嶽麓叁 75		 司馬楙編鎛 山東 104			

1156 ⿱从廾*			1155 ⿱止廾*	1154 ⿱角廾*		
燕	晋	楚	楚	秦	燕	
						鼻
 陶録 4·166·1  陶録 4·166·2	 斛半寸量 集成 10365 讀「寸」。	 信陽 2·15 讀「寸」。  上博二 昔 1 讀「遜」。	 郭店 六德 31 或讀「剛」。	 里耶 6-1 背	 二年右 貫府戈 集成 11292	 上博七 凡甲 23  上博七 凡乙 15

1161 ⿱冃廾*		1160 ⿸虍廾*		1159 ⿱龸廾*	1158 ⿱叀廾*	1157 ⿱卯廾*
楚	晋	楚		晋	楚	楚
		虡				
 包山 255 或釋「尊」。	 □年芒碭守令戈 新收 1998	 璽彙 5638  包山 128  包山 141  包山 143	 錢典 299	  帛書乙 或讀「常」，或讀「當」	 包山 203  包山 223 讀「與」或「舉」。	 璽彙 3503

	1167	1166	1165	1164	1163	1162
	樊	攀	非*	鼻*	卉*	𢍰*
楚	秦	秦	晉	晉	晉	楚
⿱罒収						
 上博二容 41  上博四昭 7  包山 130 反  天  清華三赤鵠 5	 珍展 118	 故宮 412  集粹 711  里耶 8-985	 貨系 501  貨系 502	 璽彙 4082  璽彙 0435	 璽彙 1734	 九 A20 或讀「葛」。

1168

共

晉			楚	秦	燕	
 先秦編 611	 清華一 皇門 2	 上博五 三 1	 酓前盤 集成 10100	 陶録 6・460・3	 陶録 4・163・4	 清華一 楚居 5
 珍戰 243	 清華五 厚父 09	 上博七 吴 9	 酓悍盤 集成 10158	 雲夢 效律 35		 清華一 楚居 10
 璽彙 5137	 郭店 尊德 19	 左塚漆梮	 郭店 六德 22	 西安圖 十六 21		 清華一 楚居 8
 璽彙 5136		 上博二 從甲 6	 包山 228	 里耶 8-1518 正		
 貨系 189		 郭店 五行 37	 上博四 曹 8	 嶽麓叁 73		

1170 異　　1169 龔

		楚	秦	楚	燕	晉
				⿰龍共		
 上博二 民13	 郭店 性自8	 包山52	 故宮434	 璽彙3390	 璽彙0749	 璽彙1741
 清華二 繫年105	 郭店 性自9	 包山190	 秦風137	 璽彙3391	 璽考265	 璽彙5145
 上博六 孔17	 郭店 語三3	 包山113	 關沮350	「龍」「共」雙聲。	 陶録 4・98・1	
 上博八 李1背	 郭店 語二52	 包山117	 里耶 8-1804			
 上博七 凡甲4	 上博八 有2	 新蔡甲三 272				

1171

戴

	楚	秦	燕	齊		晉
旹	𢦔				茉	
 璽彙 3487  上博五 鬼 2 背  清華一 金縢 2  上博六 慎 5  包山 276	 上博二 容 9	 秦風 129  秦風 226	 璽彙 3688	 璽彙 1584  陶録 2・751・3	 十三茉壺 集成 9686  左繖箕 集成 10397 「異」之簡體。	 璽彙 3140  璽彙 3254  程訓義 1-74

1172

舁

齊	楚	秦				
	罨		戴	戩	戠	
 陶録 3・54・3  陶録 3・54・6	 新蔡甲三 11、24  新蔡乙四 31  清華二 繫年 20  清華二 繫年 22	 雲夢 秦律 153  龍崗 54	 曾乙 81	 曾姬無卹壺 集成 9710  清華二 繫年 020	 清華二 繫年 035  清華二 繫年 128	 包山牘 1  璽彙 3645  信陽 2・04

與

				楚		秦
		⿱與止				
 上博六 競 2	 郭店 五行 29	 璽彙 1252	 上博一 孔 21	 郭店 五行 18	 嶽麓一 爲吏 87	 雲夢 日乙 122
 郭店 六德 48	 上博二 子 2	 清華一 祭公 21	 清華一 金縢 5	 郭店 老甲 35	 北大・祓除	 里耶 8-68 背
 包山 227	 上博八 成 12	 清華二 繫年 083	 清華二 繫年 049	 郭店 緇衣 22		 嶽麓二 數 179
 包山 141		 清華五 湯丘 11	 清華三 良臣 8	 包山 246		 嶽麓叁 54
		 郭店 緇衣 46	 清華五 三壽 01	 郭店 語三 57		 北大 泰原 77

		晋				
嚳			丕	舁	學	
 璽考 328	 温縣 T4K11-81 正	 温縣 T1K1：3863	 郭店 性自 16	 郭店 老甲 20	 上博二 昔 3	 郭店 五行 32
	 集成 10385 司馬成公權	 中山王方壺 集成 9735	 郭店 性自 60	 郭店 唐虞 22	 上博三 中 7	 上博三 彭 1
	 陶録 5・86・2	 中山王鼎 集成 2840		 上博五 競 5		
	 貨系 2480	 温縣 T1K1:3216		 上博六 孔 10		

興

			楚	秦	燕	齊
⿱與土						⿱與口
 上博四 曹 37	 郭店 窮達 5	 上博六 孔 17	 郭店 語四 16	 新郪虎符 集成 12108	 璽彙 3997	 陶録 2・435・1
 上博五 三 2	 上博二 從甲 8	 清華一 程寤 4	 郭店 唐虞 8	 雲夢 秦律 115		 陶録 2・101・4
 上博五 三 17		 包山 159	 清華一 皇門 6	 雲夢 日乙 119		
 上博五 季 21		 郭店 性自 19	 清華二 繫年 013	 里耶 8-1518 正		
 上博五 弟 22 省形。			 上博六 天乙 6			

1176 要　　1175 舁*

秦	晉	燕	齊		晉	
 雲夢日甲 73 反	 貨系 284	 璽彙 1507	 陶録 3・54・2	 璽彙 3290	 侯興權 集成 10382	 郭店 唐虞 21
 里耶 8-2160 背	 鐵雲 168	 璽彙 3962	 陶録 3・49・3	 璽彙 3288	 温縣 T1K1：3797	
 嶽麓一 爲吏 87	 貨系 283		 陶録 3・52・3			

1177 晨

1178 農

楚		楚 曟	晉	秦	楚	齊
 上博一 性 14  上博四 采 2  上博四 昭 7  陶録 5・29・4  清華二 繫年 077	 清華二 繫年 077  上博九 舉 14  上博九 邦 2  璽彙 1250	 清華四 筮法 48  清華四 筮法 49  清華四 筮法 49  清華四 筮法 52	 中山王鼎 集成 2840 讀「振」。	 關沮 352  龍崗 175	 上博五 三 15 《說文》古文。	 陶彙 3.1234

1181 ⿱𦥑吝*	1180 ⿱𦥑亘*					1179 夒
晉	晉	晉			楚	秦
		負	炅	貧	負	
 璽彙 1484	 璽彙 3241	 程訓義 1-126	 天卜	 包山 129	 包山 67	 珍秦 221
 璽彙 1991		 璽考 329	 清華五 封許 06	 包山 221	或釋「焌」。	 集粹 748
 璽彙 3460		 璽彙 2742	从「炅」，「吝」聲。	 清華三 說命下 2		 集粹 518
		 璽彙 1152		 上博六 木 4		 雲夢 答問 192
				 上博六 木 3		 嶽麓叁 199

		1186	1185	1184	1183	1182
		革	歠*	𩰫*	𩰪*	𩰩*
	楚	秦	晋	晋	晋	晋
 上博三 周 47  郭店 唐虞 12	 包山 271  鄂君啟車節 集成 12112  曾乙 26  上博三 周 30  上博二 容 51	 珍秦 19  雲夢 爲吏 18  龍崗 85  里耶 8-2101	 璽考 253	 鴨雄 020	 璽彙 0743  璽彙 2993	 中山王鼎 集成 2840  中山王方壺 集成 9735  璽彙 1874  璽彙 0744

1190 鞮	1189 鞔	1188 鞏				1187 鞄
秦	楚	秦	齊	楚	秦	晋
	鞔			鞊		
 秦風 123  里耶 8-458  里耶 8-1577	 信陽 2・28  包山 259	 珍展 143  故宫 424  秦風 135	 璽彙 3544  陶録 2・285・4	 上博五競 6 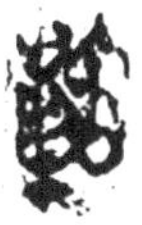 上博五鮑 7  上博五鮑 9	 陶録 3・623・3	 三年大將弩機 文物 2006.4 讀「勒」。  璽彙 3103  珍戰 6

1191	1192	1193			1194	1195
鞠	鞀	鞞			鞎	鞏
秦	楚	秦		楚	楚	秦
	鼗		韗		鞶	
 秦風 168  陶録 6・448・1  里耶 8-2191 背	 包山 95 《說文》或體。	 雲夢 日甲 77 反	 嶽麓叁 157	 曾乙 73  天策	 曾乙 1  曾乙 18	 里耶 8-95

1199 韅		1198 鞥			1197 鞁	1196 鞻
楚	秦	楚			楚	楚
		鞥	鞁	䩗		䩈
 曾乙 80	 雲夢答問 179	 曾乙 46	 璽彙 3748	 上博二容 22	 曾乙 35	 包山 271
		 曾乙 58	 曾乙 11			
		 曾乙 105	 包山 259			
		 曾乙 2	 清華三良臣 9			
			 包山 270			

1204 鞍	1203 ⿰革專		1202 ⿰革官		1201 靭	1200 靳
楚	齊	晉	楚	楚	秦	秦
⿰毛安		⿰革白	⿰革亘	⿰革申	⿰革申	
 曾乙 56  曾乙 35	 璽彙 3634	 璽彙 3073	 天策	 曾乙 98	 雲夢答問 179  里耶 8-95	 陝西 774  陶録 6・324・1  雲夢爲吏 32

	1207 鞭	1206 韇			1205 勒	
	楚	楚	晋		楚	
	攴	韡	鞫	鞠		鞍
 清華四 筮法 5	 郭店 老丙 1  上博二 容 16  上博五 君 7  上博六 慎 2  郭店 成之 32	 曾乙 123	 十苿年方壺 集成 9666  十四苿銅虎 集成 10443  十四苿帳橛 集成 10473	 曾乙 64	 曾乙 66	 曾乙 115  天策

1209 鞎

1208 鞅

楚	楚		秦	燕	齊	晉
		[illegible]				
 包山 268  包山 271	 曾乙 80  包山 271  曾乙 28  曾乙 61	 里耶 8-2019 背	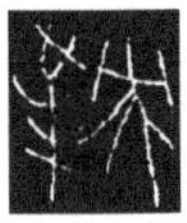 十九年大良造鞅殳鐓 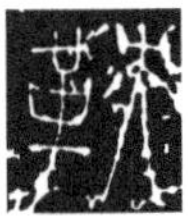 商鞅方升 集成 10372  秦風 154  里耶 8-2019 背  雲夢 答問 179	 陶録 4·35·2  陶録 4·35·3 《説文》古文。	 陶録 3·521·5  陶録 3·596·3	 璽彙 2950  璽彙 0399  璽考 344

1216	1215	1214	1213	1212	1211	1210
⿰革者*	⿰革夜*	⿱臤革*	⿰革疋*	⿰革元*	⿰革會*	⿰革台*
楚	楚	楚	楚	楚	秦	秦
			⿰革足			
 包山 260 或讀「篠」。	 曾乙 123	 曾乙 7  曾乙 64 讀「緅」。	 包山 276 讀「楚」。	 五里牌 406 11	 詛楚文 湫淵 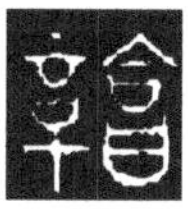 詛楚文 巫咸 讀「襘」。	 秦風 207

1222	1221	1220		1219	1218	1217
⿰革思*	⿰革卒*	⿰革發*		⿰革堇*	⿰革甫*	⿰革爰*
楚	楚	楚		楚	楚	楚
			⿰韋堇			
 包山 273 讀「緄」。	 曾乙 69	 曾乙 135  曾乙 126	 包山 271	 包山 186  包山 273  包山牘 1 讀「巾」。	 天策	 望山 2・22

1223 鞿*	1224 鞶*	1225 ⿰革如*	1226 ⿰革各*	1227 鬲		
楚	楚	齊	齊	秦	楚	
						鬲
 包山 271  包山 273  包山牘 1 讀「鞬」。	 曾乙 122  曾乙 137	 璽彙 3531	 璽彙 1661	 陶録 6・44・4	 郭店 窮達 2  清華一 保訓 1 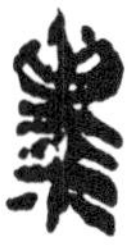 上博二 容 40  上博五 鬼 2 背  清華三 芮良夫 3	 上博二 容 13 盬  清華五 封許 07 或讀「鬻」。

1231 鬴	1230 鬻	1229 ⿱埶鬲	1228 ⿰鬲攴			
秦	秦	秦	秦	齊		晉
					⿱鬲王	
 珍秦 105  雲夢日甲 45 反	 秦風 61	 十五年上郡守壽戈 集成 11405  集粹 753	 湖南 85	 鑄頃戈 新收 1497	 十七年春平侯鈹 集成 11713  宅陽令戟刺 珍吳 249  集粹 109	 梁十九年亡智鼎 集成 2746 讀「歷」。  貨系 330  鐵雲 192  先秦編 149  先秦編 149 讀「櫟」。

1233 融　　1232 鬳

楚	晉				齊	楚
⿰鬲蟲					⿱父缶	釜
 包山 237	 璽彙 3103	 沂水陶文	 陶録 2・654・1	 璽考 42	 陳純釜 集成 10371	 上博七 吴 5
 上博五 鬼 5	 璽彙 3435	 沂水陶文	 齊陶 0295	 璽考 42	 陳純釜 集成 10371	《説文》或體。
 清華三 説命下 2	讀「獻」。	 沂水陶文	 齊陶 0302	 陶録 2・34・4	 璽彙 0290	
 新蔡甲三 188、197			 齊陶 0322	 陶録 2・11・1	 陶録 2・6・4	
 帛書甲			 齊陶 0323	 陶録 2・7・2	 陶録 2・14・1	

1235 羹				1234 鬻		
	楚	秦	晉	秦		
⿱⿰弓䍃皿	⿱乑皿		粥		⿰𦎫畺	⿰𦎫量
 上博四 曹 11	 上博六 木 3	 雲夢 秦律 179	 璽彙 0955	 關沮 343	 新蔡乙一 22	 上博三 周 25
 清華三 赤鵠 1		 北大・泰原	 璽彙 2525	 關沮 312		讀「眈」。
 清華三 赤鵠 2			 璽彙 3037	 里耶 8－1718		
 清華三 赤鵠 2						

1239 孚	1238 ⿱⿲弓登弓鬲				1237 ⿱⿲弓者弓鬲	1236 ⿱⿲弓耳弓鬲
楚	楚	晉	楚		秦	楚
			煮	煮	⿱者鬲	餌
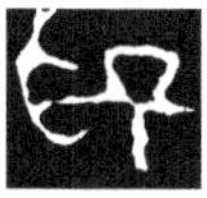 璽彙 0339  郭店 緇衣 13  上博三 周 47  清華二 繫年 005  清華二 繫年 005	 信陽 2・26 讀「蒸」。	 私庫衡飾 集成 12044  私庫衡飾 集成 12045	 包山 147  上博二 容 3	 北大・醫方	 關沮 374  里耶 8-1230	 郭店 老丙 4  上博四 曹 55 《說文》或體。

1240

爲

	楚			秦	晉	
						卬
 包山 139 反	 集脰鼎 集成 2623	 嶽麓二 數 92	 里耶 8-659 正	 璽彙 0593	 璽彙 0922	 上博一 緇 1 或釋「巴」，讀「乎」。
 郭店 老甲 2	 信陽 1·65	 北大·算甲	 里耶 8-1588	 秦駰玉版		
 郭店 老乙 7	 包山 94	 北大·九策	 雲夢 效律 60	 秦駰玉版		
 清華五 厚父 02	 新蔡甲一 25	 嶽麓一 占夢 18	 雲夢 日乙 174	 陶彙 5·384		
 郭店 窮達 12	 包山 236	 嶽麓一 占夢 28	 嶽麓叁 92			
			 北大·隱書			

齊		晉				
 閭丘爲鵑造戈 集成 11073	 先秦編 169	 中山王鼎 集成 2840	 上博八 王 2	 清華一 皇門 11	 上博二 容 42	 郭店 忠信 6
 陳侯因資敦 集成 4649	 貨系 537	 東周左自壺 集成 9640	 清華三 祝辭 3	 清華一 楚居 10	 上博六 天甲 4	 郭店 性自 15
 陳喜壺 集成 9700A	 温縣 WT1K1：3690	 上官豆 集成 4688	 清華三 祝辭 4	 清華二 繫年 085	 上博七 凡甲 7	 郭店 語一 18
 陶録 2・39・1	 十一年庫 嗇夫鼎 集成 2608	 温縣 T1K1：3780	 清華五 啻門 09	 上博八 顔 2	 清華一 耆夜 1	 上博一 孔 5
 陶録 2・150・3	 二年邦司 寇肖□鈹	 温縣 WT1K1：3687	 上博七 吴 9	 清華四 筮法 56	 清華一 金縢 1	 上博四 内 4

		1241 丏*	1242 叕*	1243 覔*	1244 焉*	1245 寅*
	燕	楚	楚	楚	晋	晋
 齊陶 0877  齊陶 1180	 燕侯載器 集成 10583  雍王戈 集成 11093  陶録 4·31·1	 清華五 封許 07 讀「爵」。	 郭店 語一 75	 曾乙 16  曾乙 125	 璽彙 3190  璽彙 3191	 璽彙 2867  璽彙 0436

					1247 埶	1246 丮
					楚	晉
⿰坴彡	⿰彳坴					
 郭店 語二 50  郭店 語二 51	 郭店 緇衣 43	 清華五 厚父 05	 清華五 湯丘 08	 郭店 尊德 7  上博九 邦 5  郭店 語三 51  上博一 緇 15  清華一 保訓 5	 郭店 語一 86  郭店 性自 11  郭店 六德 13  清華一 皇門 10  清華二 繫年 017	 邵黛鐘 集成 228

1249 巩			1248 孰			
	楚	秦	晉			
⿱王殳			杢		⿰坴丮	⿰坴攵
 清華五 厚父 02	 上博三 周 47	 秦駰玉版  雲夢 爲吏 26  里耶 8-1230  北大・醫方	 十五年守 相杢波鈹 集成 11701  璽彙 1920 讀「廉」。 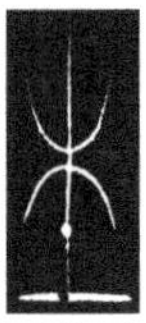 好蚉壺 集成 9734	 上博六 用 18	 上博六 用 2  上博六 用 15	 清華五 命訓 12  清華五 命訓 13  清華五 命訓 14

1250	1251	1252	1253	1254		
䣛	娸	䰜*	鬮	又		
楚	楚	楚	秦	楚	秦	楚
				戜		
 䣛子劍 集成 11578	 清華五 封許 05 讀「果」。	 清華二 繫年 081 讀「極」。	 雲夢 答問 85  雲夢 日乙 62	 璽考 347  包山 61  郭店 語四 8  上博五 弟 19  上博六 競 3	 秦駰玉版 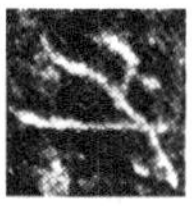 秦駰玉版  雲夢 日甲 36  里耶 8-2191 背	 曾乙 84  郭店 語一 16  上博二 民 8  上博二 容 5  上博四 采 1

1255

右

楚	秦	燕	齊		晉	
 右冢子鼎 文物 2004.9  上博三 周 11  上博七 武 6  清華一 皇門 5  清華二 繫年 135	 傅 10  珍秦 8 又見卷二「口」部。	 聚珍 158.3  璽彙 4728	 右建戈 山東 844  十四年 陳侯午敦 集成 4647  璽彙 0648  陶録 3・659・4	 珍戰 174  珍戰 168  璽彙 4806  璽彙 4801  璽彙 4793	 好盗壺 集成 9734  少府盉 集成 9452  集粹 181  璽考 142	 清華一 尹至 3  清華一 保訓 5  上博八 顔 12

1257 叉　　1256 厷

秦		楚		燕		
	拏				着	
 秦駰玉版	 上博三周51	 上博二民9	 鷹節集成12106  先秦編553	 先秦編546  璽彙0021  靈壽圖18·1	 曾侯腆鐘江漢考古2014.4	 清華四筮法5

1259 安　　1258 父

秦	晋			楚	秦	晋
		仪				
 雲夢 爲吏 21	 坪安君鼎 集成 2793	 上博五 競 4	 上博七 武 3	 包山 135	 傅 1385	 貨系 128
	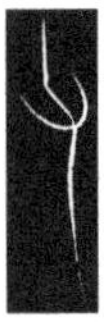 中山王方壺 集成 9735		 清華一 祭公 9	 包山 127	 詛楚文 亞駝	
	 二年主父戈 集成 11364		 清華二 繫年 063	 郭店 尊德 7	 雲夢 日乙 174	
	 珍戰 207		 清華五 厚父 07	 上博一 孔 9	 里耶 8-1517 背	
			 商父之 徵石磬	 上博二 民 1	 北大・醫方	

1262 夬			1261 曼		1260 燮	
楚	秦		楚	秦	楚	秦
 仰天湖 7  包山 260  郭店 老乙 14  上博四 采 3  上博七 凡乙 5	 雲夢 日乙 200  里耶 8-144 正  嶽麓叁 99	 清華一 祭公 6  清華五 三壽 23	 郭店 老乙 12  上博四 昭 1  上博四 曹 10  上博六 用 7  上博七 武 2	 里耶 8-1523 背	 曾侯臙鐘 江漢考古 2014.4	 陝西 884  珍秦 94

1263

尹

齊		晉			楚	秦
	君		君			
 陶彙 3·759	 二年鄭令矛 集成 11563	 璽彙 1298	 清華三 良臣 2	 包山 234	 鄂君啟舟節 集成 12113	 珍展 125
	 六年冢 子戟刺	 貨系 422	 清華三 良臣 5	 包山 230	 璽彙 1300	 秦風 205
	 大功尹鈹 集成 11577			 清華五 封許 02	 郭店 緇衣 5	 珍秦 64
	 璽彙 2761			 新蔡甲三 400	 清華一 尹至 4	
	 陶録 5·11·3			 上博六 平 3	 上博四 昭 6	

1264

戲

	齊	晉		楚		燕
					肙	
 陶録 2・652・1	 陶録 2・281・1	 陶録 5・30・4	 上博二 容 27	 璽彙 5674	 右冶肙敦 集成 04633.1	 丙辰方壺 西清 19.3
 陶録 2・52・1	 陶録 2・283・1	 珍戰 113	 包山 213	 郭店 老丙 12	 左攻肙弩牙 集成 11923	
 陶録 2・51・2	 璽彙 0174	 璽彙 1302	 上博六 用 19	 上博六 競 2	 璽彙 2787	
	 後李 圖七 1		 新蔡甲三 136	 包山 202	 陶録 4・2・2	
			 清華五 命訓 11	 清華二 繫年 015	 集拓 2.3	

1265

及

晋					楚	秦
			⿺辶及	⿱及止		
 中山王鼎 集成 2840	 郭店 唐虞 15	 清華一 尹至 2	 郭店 老乙 7	 上博二 容 19	 郭店 成之 27	 詛楚文 湫淵
 璽彙 4697	 清華一 保訓 11	 清華一 尹至 4	 上博四 曹 52	 新蔡乙四 9	 上博一 孔 15	 雲夢 日乙 46
 温縣 WT4K6：315		 郭店 語二 19	 上博六 用 10	 清華三 芮良夫 14	 上博五 鬼 8	 里耶 8-141 正
		 郭店 語二 19 《說文》古文。	 包山 123		 清華一 楚居 5	 北大・從政
					 清華二 繫年 042	

1266 秉

秦	楚	
 珍展 20	 郭店緇衣 9	 上博一孔 6
 雲夢日甲 36 反	 上博六用 2	 清華一耆夜 9
	 曾乙 68	
	 上博八蘭 3	
	 清華五厚父 08	

1267 反

齊	秦	楚	
 齊陶 0215	 秦駰玉版	 包山 99	 新蔡乙四 100
	 陶録 6・323・2	 郭店成之 12	 上博六天甲 3
	 傅 1339	 上博一孔 9	 上博八志 1
	 雲夢日乙 199	 上博七武 6	 上博九舉 11
	 里耶 8-478	 清華一金縢 13	 清華五三壽 11

1271 取		1270 叟	1269 叔	1268 叚		
秦	楚	秦	秦	齊	燕	晉
 詛楚文巫咸  陶録6·56·1  里耶8-1221  北大·醫方  北大·醫方	 郭店唐虞2  上博四曹9  上博五三3  上博五鬼2  上博五鬼3	 秦駰玉版	 珍秦185  雲夢秦律43  關沮329  北大·泰原	 陶録3·231·4	 王后左相室鼎集成02360.2  陶録4·110·4  陶録4·111·3	 十八年蒲反令考古1989.1  貨系1430  貨系1428  先秦編212

燕	齊	晉				楚
			叡	敢		
 歷博 燕 106	 陶録 2・716・5	 璽彙 3338	 清華二 繫年 005	 郭店 尊德 13	 清華二 繫年 023	 郭店 老甲 7
	 陶録 2・135・4	 山璽 002		 上博八 顔 11	 包山 231	 郭店 語一 72
	 陶録 2・285・4	 妌蚉壺 集成 9734		 上博九 邦 12	 上博二 子 5	 郭店 語三 46
		 璽彙 4061				 上博五 競 10
						 清華四 筮法 62

1272

彗

楚

篲

曾乙 9

《説文》或體。

1273

叚

秦

四十八年上郡假守鼂戈 商周 17299

璽彙 0604

雲夢 秦律 104

里耶 8-135 正

嶽麓一 爲吏 10

楚

上博三 周 54

上博六 孔 14

清華一 皇門 6

清華一 皇門 13

清華一 祭公 1

清華二 繫年 058

清華三 説命下 9

上博七 吳 7

清華一 保訓 8

清華三 琴舞 4

晋

十七年坪陰鼎蓋 集成 2577

周王叚戈 集成 11212

廿九年叚陽戈 商周 16969

齊

陶録 7·1·4

1274

友

秦

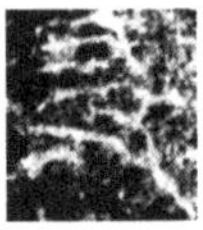
秦駰玉版

雲夢 日甲 65 反

嶽麓一 爲吏 85

齊						楚
	⿱林曰			習	⿰木尤	
 陶録 3・273・4	 郭店 六德 30	 郭店 語三 6	 上博八 命 10	 清華五 厚父 11	 新蔡零 472	 郭店 語三 62
 陶録 3・273・6	 上博六 天甲 10		 郭店 緇衣 45	 上博一 緇 23		 信陽 2・19 《説文》古文。
	 上博六 天乙 10		 清華五 三壽 10	 清華一 尹誥 2		
			 璽彙 1329	 上博八 命 8		

1275 度			1276 圣*	1277 㑹*	1278 䓷*	1279 䖂*
秦	晋		楚	楚	楚	楚
	破					
 商鞅方升 集成 10372  陶録 6・469・4  雲夢 效律 30  里耶 8-463  站度鼎 商周 712	 璽彙 3211	 十一年閔 令趙狽矛 集成 11561  璽彙 1525  璽彙 2018	 清華五 命訓 02 讀「重」。	 上博六 競 1  上博六 競 2 讀「逾」。	 上博八 志 1 或讀「變」。	 上博八 志 3 讀「勴」。

		1283 卑		1282 ナ	1281 ⿱厶⿱八又*	1280 ⿱亠又*
	楚	秦	燕	晉	晉	晉
 郭店老甲 20	 璽彙 3525	 陶録 6・56・1	 貨系 3160	 珍秦 129	 璽彙 3289	 玉飾中山 137 頁
	 郭店緇衣 23		 聚珍 082.6	 貨系 53	 璽彙 3971	
	 上博七吴 5			 貨系 57	 璽彙 3768	
	 清華一程寤 2				 璽考 320	
	 清華一皇門 2					

1284

史

	楚		秦	齊	晉	
 郭店 六德 14	 郭店 老甲 2	 里耶 8-105	 璽彙 5569	 司馬楙編鎛 山東 104	 中山王鼎 集成 2840	 清華三 良臣 10
 郭店 語四 17	 清華二 繫年 087		 陶録 6・56・1	 璽彙 3677	 犢𡉚卑戟 集成 11113	 清華一 尹誥 3
 包山 54	 清華二 繫年 086		 傅 47	 璽彙 0234		
 包山 158	 清華一 金縢 2		 珍秦 88	 璽彙 5683		
 上博六 天乙 4	 清華五 湯丘 15		 北大・隱書			

1285

事

	楚		秦		晉	
 清華一皇門1	 璽彙2188	 里耶8-1442背	 璽彙4178	 璽彙3333	 滎陽上官皿 文物2003.10	 包山168
 上博七吳9	 包山225		 陶録6·100·1	 璽考139	 安邑下官鍾 集成9707	 清華二繫年024
 上博四柬18	 包山200		 在京圖二19	 貨系553	 五年龏令思戈 集成11348	 清華三良臣1
 曾乙1	 郭店老甲8		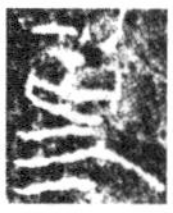 秦駰玉版	 卓資趙國陶文	 五年春平相邦葛得鼎 商周2387	
 清華一金縢4	 上博五弟9		 秦駰玉版		 璽彙0301	

齊			晉			
 陳純釜 集成 10371	 温縣 WT1K1：3105	 璽彙 4167	 相邦陽安君鈹 集成 11712	 上博六 孔 5	 清華五 命訓 06	 璽彙 3655
 子禾子釜 集成 10374	 珍戰 208	 璽彙 4168	 史番鼎 集成 1353	 上博一 緇 4	 上博三 周 32	 璽彙 1432
 莒公孫潮子鎛 山東 103	 鑒印 51	 璽彙 1775	 中山王鼎 集成 2840	 郭店 語一 41	 上博四 相 1	 郭店 老丙 12
 璽彙 0290	 類編 94	 邢臺圖 210 1	 集成 2773 信安君鼎		 清華二 繫年 088	 上博六 用 5
 陶録 2・16・4	 珍戰 227	 靈壽圖 76・5	 集成 2782 哀成叔鼎		 帛書丙	 郭店 唐虞 4

	1288	1287		1286		
	肅	隸		攴		
楚	秦	秦		秦	燕	
 包山 174  上博一孔 5	 秦風 114	 璽彙 5120  珍展 58  陶録 6・305・3  陶録 6・305・4  雲夢日乙 191	 里耶 8-682 正	 陝西 691  官印 0061  珍秦 73  秦集一五 12・1  雲夢答問 208	 燕侯載豆西清 29.42  燕侯載豆西清 29.42	 齊陶 0164  齊陶 0176  齊陶 0224  齊陶 0294  齊陶 0316

1291 筆				1290 𦘒	1289 聿	
秦	晉			楚	楚	秦
 雲夢 日甲 46 反	 璽彙 3263	 清華一 楚居 5	 包山 209  郭店 語四 15  清華一 祭公 9  包山 232  上博二 容 49	 曾侯乙鐘  郭店 語一 90  郭店 緇衣 13  上博四 曹 8  清華一 金縢 13	 上博三 周 7 讀「律」。	 里耶 8-200 背

1293 畫　　　　　　　　　　1292 書

楚	秦	燕	晉		楚	秦
				箸		
 曾乙 1	 雲夢 爲吏 1	 二十年距末 集成11916B	 璽彙 2541	 上博一 性 8	 曾乙 1	 陶録 6・56・1
 上博二 子 10	 關沮 134	 二十年距末 集成11916C	 璽彙 5187	 上博五 鮑 3	 書也缶 集成 10008	 陶録 6・321・3
 上博五 三 19	 秦都圖 356	 璽考 244	 温縣 WT1K2：159	 上博七 武 2	 書也缶 集成 10008	 北大・算甲
 港甲 3		 璽考 302		 上博七 武 3		 里耶 8-375
						 嶽麓叁 126

1294

畫

晋	楚	秦	燕	齊	晋	
 盛世 138	 九 A71	 雲夢日乙 157	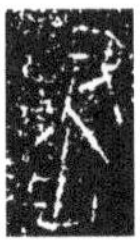 車大夫長畫戈集成 11061	 璽彙 1343	 上官豆集成 4688	 曾乙 26
	 上博四曹 10	 雲夢日乙 161			 璽彙 0725	 曾乙 58
	 清華三琴舞 8	 里耶 8-149			 璽考 221	
	 清華五啻門 20					
	 帛書甲					

1295 隶	1296 隸			1297 臤		
楚	晉	秦		楚		
						孯
 郭店 尊德 31	 邵黛鐘 集成 226	 高奴禾石權 集成 10384	 雲夢 答問 194	 郭店 語三 52	 郭店 緇衣 17	 上博六 慎 1
 郭店 性自 36 讀「逮」。	 布權 揖芬集 353 頁	 元年上郡 假守暨戈 商周 17291		 上博一 緇 23	 郭店 語一 54	 包山 182
	 珍戰 66	 里耶 8-1557		 上博一 緇 10	 郭店 語四 12	
 清華四 筮法 45		 里耶 8-2463		 郭店 五行 35	 上博三 彭 8	
		 嶽麓叁 115		 包山 179		

1300 豎					1299 堅	1298 緊
燕	齊	晋	楚	秦	秦	楚
⿱臣豆	⿱臣豆	⿱臣豆	⿱臣豆			
 璽彙 5334	 陶録 3・530・6	 二十四年申陰令戈 集成 11356	 包山 94	 故宮 458	 陝西 672	 包山 275
 陶録 4・32・1		 璽彙 2342	 新蔡甲三 398	 秦風 221	 雲夢 爲吏 3	 上博四 曹 39
		 璽彙 0440	 上博五 競 10	 里耶 8-1532		 上博四 曹 39
		 璽彙 1719	 上博五 鮑 5			
		 陶録 5・37・6				

1301

臣

燕	齊		晉		楚	秦
 璽彙 1222	 陶録 3・284・1	 璽彙 2399	 中山王鼎 集成 2840	 郭店 老丙 3	 曾乙 12	 廿七年上守趞戈 集成 11374
 璽彙 2601	 陶録 3・285・3		 三十三年業令戈 集成 11312		 郭店 緇衣 22	 雲夢 日乙 251
 璽彙 4119	 陶録 3・284・4		 港續 89		 上博八 命 5	 靈壽圖 187
 璽彙 3326	 陶録 3・552・1		 守丘刻石		 清華一 皇門 3	 里耶 8-2210
			 貨系 199		 清華三 芮良夫 9	 珍秦 240

臧

晋					楚	秦
⿰臣丘	⿱臧土	⿺臧土			臧	
 右冢子鼎 文物 2004.9	 包山 205	 郭店 老甲 35	 包山 23	 包山 121	 璽彙 1330	 璽彙 0611
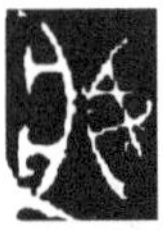 喬村圖 334・1		 上博五 季 20	 包山 173	 清華二 繫年 091	 璽考 186	 陶録 6・125・3
 先秦編 113		 上博五 季 22		 清華二 繫年 061	 郭店 窮達 8	 雲夢 效律 42
 貨系 645		 上博六 競 9		 清華一 楚居 10	 上博七 鄭乙 1	 里耶 8-1146
 貨系 672		 包山 177		 上博四 曹 53	 包山 122	 嶽麓叁 166

1303

殳

楚	秦	燕			齊	
		臧			臧	⿰爿⿱臣皿
 曾侯越殳	 七年丞相奐戈 商周 17237  十九年大良造鞅殳鐓 新收 737  雲夢 爲吏 23	 璽彙 3936	 齊陶 0283  齊陶 0284  齊陶 0285  齊陶 0286	 陶録 3・185・1  陶録 2・258・1  陶録 2・533・1	 璽彙 1464  璽彙 3934  璽彙 0653  璽彙 1333  璽彙 2219	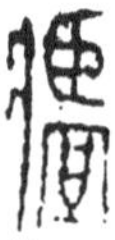 璽彙 3086  璽彙 4051  璽彙 3984

1306 炈　　　　1305 㲉　　　　1304 校

秦	楚		秦	燕	楚	
						[illegible]
 十鐘 3.38 下	 郭店 性自 10	 嶽麓叁 23	 雲夢 日乙 18	 陶録 4・179・2	 曾乙 62	 清華三 祝辭 2
	 上博三 周 1		 關沮 244	 陶録 4・179・1	 曾乙 91	
	 上博二 容 22		 里 J1⑨ 981 正			
	 上博五 弟 1		 里耶 8-144 正			
	 上博九 靈 4		 嶽麓一 爲吏 20			

1310 段				1309 殹	1308 殿	1307 毆
秦			楚	秦	秦	秦
	⿰医戈					
 陶録 6・16・2	 上博二 魯 3	 清華二 繫年 120	 越王旨翳劍 通考 115	 雲夢 日乙 51	 雲夢 雜抄 20	 雲夢 答問 78
 尤家莊秦陶	 上博六 孔 14	 清華一 耆夜 5	 包山 105	 里耶 8-2088	 里耶 8-1516 正	 嶽麓叁 52
 珍秦 32		 上博八 志 3	 包山 116	 嶽麓叁 154	 嶽麓一 爲吏 87	
 里耶 8-785			 上博六 莊 3	 北大・泰原		
			 清華三 説命上 3			

1313 役				1312 殹	1311 㪔	
楚	秦	燕		齊	秦	晉
逘						
 郭店五行 45	 里耶 8-1099	 璽彙 0881	 璽考 37	 璽彙 0034	 雲夢秦律 40	 元年相邦建信君鈹 揖芬集 305 頁
 上博二容 3	 嶽麓一爲吏 74		 陶録 2·5·1	 璽彙 0035	 關沮 314	 璽彙 2945
 上博九卜 6			 陶録 2·297·3	 璽彙 0038		 八年相邦鈹 集成 11679
 清華五厚父 10			 陶録 2·305·2	 璽彙 0043		 八年相邦鈹 集成 11680
 清華一耆夜 10				 璽彙 0195		

1315 殺　　1314 𣪊*

			楚	秦	晋	
			敍			
 上博四 柬 7	 清華二 繫年 099	 清華三 説命 5	 包山 84	 雲夢 答問 66	 璽彙 5631	 清華五 啻門 12
 上博六 天乙 5	 上博四 柬 7	 上博五 季 10	 包山 121	 雲夢 日乙 181	 璽彙 1819	 清華五 啻門 12
		 上博六 平 3	 郭店 老丙 7	 嶽麓叁 36		
		 清華五 湯丘 16	 上博三 周 57			
		 上博七 鄭乙 1	 上博六 天乙 4			

鳧

晉	楚		燕	齊	晉	
⿱隹土	⿱隹土	伐		敘	杀	
 璽印 30	 包山 183	 廿四年 錐形器 集成 10453	 璽彙 3872	 陶録 3・293・2	 璽彙 2901	 郭店 語三 40
	 望山 2・13	 廿年距末 集成 11916	 璽彙 3947		 璽彙 1104	 郭店 語一 103

1319 將					1318 寺	1317 寸
秦	齊	晉		楚	秦	秦
官印 0027	陳喜壺 集成 9700A	陶録 5・56・1	清華一 保訓 9	曾侯乙鐘	官印 0008	雲夢 雜抄 9
詛楚文 湫淵	陶録 3・240・3	幣研 76 頁	上博八 志 1	郭店 緇衣 3	陶録 6・258・1	雲夢 封診 10
秦 2003	陶録 3・239・1	珍展 176	清華三 良臣 6	上博一 孔 2	珍秦 6	里耶 8-537
雲夢 爲吏 21	陶録 3・240・1	厵羌鐘 集成 157	清華四 筮法 6	上博四 相 1	秦都圖 357	里耶 8-550
里耶 8-1716				清華一 尹至 4		

1320

尋

	楚	秦				楚
[illegible]			遒	送	逞	遟
 上博一 孔 16	 郭店 性自 65	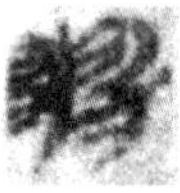 雲夢 日甲 13	 清華二 繫年 131	 包山 226  清華二 繫年 081	 上博四 曹 27  上博四 曹 32  上博四 曹 42	 包山 21  包山 242

1321

尃

	楚	秦	晋			
				⿰宷尋	⿰尋攵	⿱⿰尋攵口
 郭店 老甲 12	 尃秦匕 集成 9931	 璽彙 3597	 三晋 129	 郭店 成之 24	 新蔡乙一 12	 上博五 鬼 7
 郭店 五行 37	 璽彙 0228		 新典 49	「尋」「宷」雙聲。	 新蔡乙一 16	
 郭店 忠信 8	 璽考 164				 上博六 競 10	
 郭店 語一 82	 貨系 4265				 上博七 凡甲 27	
 郭店 語二 5	 包山 176				 里耶 5-7	

1323 皮				1322 導		
晉		楚	秦	秦	晉	
 好蚉壺 集成 9734  三晉 115  璽彙 3998  貨系 2188  貨系 2192	 上博六 慎 3  包山 33	 上博一 緇 10  上博三 周 56  郭店 緇衣 18  上博四 柬 10  清華五 三壽 15	 雲夢 雜抄 16  龍崗 85  北大・泰原	 傳 1432	 貨系 2469  聚珍 254  趙國錢幣 152	 郭店 尊德 35  上博三 彭 2  上博六 孔 3  清華一 金縢 4  清華五 三壽 24

1325 启			1324 攴			
楚	秦	齊	晉	秦	齊	
 應侯啟戟 通考 356	 秦風 135	 陶彙 3・506	 貨系 530	 北大・九策	 陳子皮戈 集成 11126	 三十三年 鄭令鈹 集成 11693
 鄂君啟舟節 集成 12113	 十鐘 3.8 下	 陶彙 3・507			 陶録 3・493・5	 貨系 2191
 曾乙 155	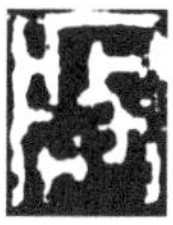 璽彙 3657					 璽彙 3089
 包山 13	 雲夢 日乙 177					 皮氏銅牌 集成 11901
 上博四 柬 9	 北大・算甲					

齊			晉			
	𢼄	𣪊		𢼄		
 陶録 3・91・1	 二十一年 啓封令戈 集成 11306	 趙君壺 集成 9537	 中山王鼎 集成 2840	 清華一 金縢 10	 清華五 厚父 10	 清華二 繫年 115
 陶録 3・94・5	 二十一年 啓封令戈 集成 11306	 七茉扁壺 集成 9683	 韓少夫戟 珍吴 230	 清華三 説命中 3		 上博二 從甲 17
 陶録 3・95・3	 璽彙 0861	 程訓義 1-109	 三十三年 鄭令鈹 集成 11693			 郭店 老乙 13

1326

徹

晉			楚	秦		燕
敽	遾		敾		閔	攽
 厲羌鐘 集成 157	 上博三 周 32	 清華二 繫年 003	 郭店 緇衣 40	 集粹	 璽彙 0188	 璽彙 2581
《說文》古文之省。	 清華四 別卦 5	 清華三 赤鵠 13	 郭店 語四 10	 雲夢 日乙 49		
		 清華三 赤鵠 14	 上博七 凡甲 18	 雲夢 日乙 50		
			 上博七 凡甲 18	 里耶 8-1579		
			 清華一 耆夜 9			

1329 敃					1328 敏	1327 肇
晉	秦	燕	晉	楚	秦	齊
敃				男		
 璽彙 3216  璽彙 1448	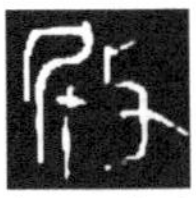 雍工敃壺 商周 12254  雲夢 日甲 54 反  嶽麓一 爲吏 74	 璽彙 0760	 璽彙 0534 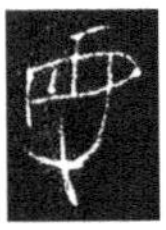 七年侖氏戈 集成 11322	 上博三 彭 8	 十七年寺 工鈹 商周 17981  十八年寺 工鈹 商周 17986	 齊陳曼簠 集成 4595  禾簋 集成 3939

1332 效　　1331 敀　　1330 敄

秦	燕	楚	晋		楚	秦
			敄	敄		
 珍展 185	 陶録 4・6・3	 包山 142	 中山王方壺 集成 9735	 上博五 三 15	 上博三 中 20	 里耶 8-1435 背
 雲夢 效律 20	 集拓 2.3	 郭店 窮達 7				
		 上博五 季 11				

1333 故

晋	秦	楚
 璽彙 5293	 陶録 6・50・3	 上博二 容 48
	 雲夢 效律 20	 上博三 彭 8
	 關沮 353	
	 北大・算甲	
	 嶽麓叁 69	

1334 政

晋	燕	秦	楚
旃	旃		
 中山王方壺 集成 9735	 璽彙 3477	 秦風 210	 曾乙 123
 中山王方壺 集成 9735		 雲夢 日乙 237	 包山 81
 十四苿銅虎 集成 10443			 清華一 耆夜 3
 十四苿方壺 集成 9666			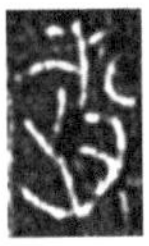 鄂君啟舟節 集成 12113
			 郭店 語一 67

1336 數			1335 ⿰也攵			
晉	楚	秦	楚	齊	晉	
⿱𦥯曰	⿱𦥯曰		⿰它攵			
 中山王鼎 集成2840	 上博四 曹25	 珍秦192	 郭店 尊德37	 璽彙3479	 六年冢子 戟刺	 清華五 厚父04
 中山王鼎 集成2840	 上博五 君2	 關沮132	 郭店 尊德37		 温縣 WT4K6:212	
	 清華四 筮法5	 關沮263	 清華一 保訓5		 珍戰217	
	 清華四 筮法42	 雲夢 日乙107	讀「施」。		 璽彙1003	
		 北大·算甲				

1337 放	1338 敤			1339 敳	1340 敞	
楚	楚			楚	秦	燕
斂	玫		戟			
 曾乙 26	 者梁鐘 集成 122	 帛書甲	 上博三 中 20	 信陽 1・011	 故宮 447	 璽彙 3380
 曾乙 31	 上博二 子 12		 上博四 曹 16	 上博一 緇 21	 金符 38	
	 上博七 吴 5		 清華三 説命中 6	讀「愷」。	 里耶 8-1563 背	
	 清華三 芮良夫 23		 清華三 説命中 7		 嶽麓叁 55	
	 清華五 封許 03		讀「干」。			

1343 更	1342 變					1341 改
秦	秦				楚	秦
		旻			攺	攺
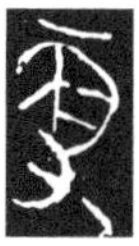 □年上郡守戈	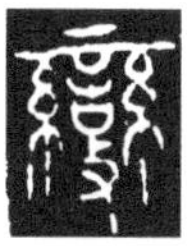 詛楚文湫淵	 上博一孔11	 上博二從乙5	 上博六平2	 郭店尊德1	 詛楚文湫淵
 秦風214	 雲夢爲吏40		 上博四曹27	 清華一祭公10	 郭店六德19	 秦風229
 秦風201	 關沮237		 港甲1	 清華一楚居13	 上博一孔10	 秦風79
 陶録 6·91·6	 里耶8-145正			 清華二繫年104	 上博四曹52	
 嶽麓叁66				 上博三周47	 清華五厚父08	

1345　　1344

斂　　敕

晉	楚	秦	齊	齊	晉	楚
歛	歛					
 中山王方壺 集成 9735	 包山 149  郭店 緇衣 26  上博一 緇 14	 雲夢 爲吏 7  里耶 8-1629	 陳純釜 集成 10371	 陶録 3・600・2	 四年昌國鼎 集成 2482  璽彙 0371  程訓義 1-85	 新蔡零 390

1349		1348		1347	1346	
救		敵		敶	敲	
秦	晉	楚		楚	齊	燕
	⿰亻啇	敵		⿰巾戈		
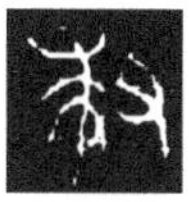 詛楚文 巫咸	 中山王鼎 集成 2840	 清華一 祭公 12	 曾乙 E61 衣箱	 郭店 性自 7	 璽彙 3626	 陶録 4・43・4
 雲夢 封診 85	 中山王方壺 集成 9735			 上博四 曹 2 背		
 里耶 8-2259 正				 清華一 祭公 4		
				 上博九 陳 15		
				 清華五 三壽 15		

1350

敓

晋			楚	晋		楚
					戕	
 厲羌鐘 集成 158	 上博六 競 2	 清華一 金縢 10	 敓戟 集成 11092	 中山王方壺 集成 9735	 包山 226	 競平王之定鐘 集成 00037
		 清華三 說命上 2	 郭店 老甲 21	 中山王鼎 集成 2840	 清華二 繫年 090	 清華一 耆夜 7
		 郭店 語二 21	 上博一 緇 19	 璽彙 4067	 清華五 三壽 28	 清華一 保訓 4
		 新蔡乙三 61	 上博五 競 6		 清華二 繫年 117	 清華三 祝辭 2
		 上博五 三 15	 上博六 競 5			 包山 242

1353 攸	1352 敉	1351 戰				
楚	秦	齊	晋		楚	齊
	⿰亦攵			⿱皀文		
 郭店 老乙 16	 雲夢 爲吏 1	 璽彙 0306	 中山王方壺 集成 9735	 郭店 窮達 4	 書也缶 集成 10008	 陶録 3・375・3
 郭店 性自 56	 雲夢 答問 153	 港續 18	 璽彙 1159	 郭店 窮達 7	 新蔡甲三 303	 陶録 3・377・2
 上博四 柬 13	《説文》或體。			讀「釋」。		 陶録 3・374・2
 上博七 凡甲 22						 陶録 3・378・3
 清華二 繫年 088						

1355 敦　　1354 敳

秦	齊	齊	晋			
	礊			仡	坐	
 璽彙 0646  上博 32  雲夢答問 164  里耶 8-522 正  嶽麓叁 148	 璽彙 4026	 璽彙 1946	  修武使君甗新收 1482  中山王鼎集成 2840  璽彙 4496  璽彙 4497	 包山牘 1	 清華三琴舞 4	 上博八子 2  上博八顏 6  上博八成 11  包山 88  新蔡甲三 352

1356

敗

			楚	秦	齊	楚
䝯		敗				
 包山 22	 鄂君啟舟節 集成 12113	 曾乙 115	 曾乙 64	 雲夢 效律 22	 陳純釜 集成 10371	 清華五 封許 03
	 上博六 用 1	 包山 15 反	 上博七 凡甲 19	 里耶 8-645 正	 裔宿敦年戟	
	 上博九 成甲 5	 郭店 老甲 10	 清華二 繫年 082		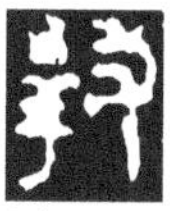 璽彙 4033	
	 上博二 民 9	 上博四 曹 46	 包山 128		 陶録 2・165・4	
		 清華一 尹誥 1				

1357

寇

		晋	楚	秦		
					戝	戝
 璽考 103	 璽彙 3833	 九年鄭令矛 集成 11551	 璽彙 0065	 陶録 6・283・1	 上博七 武 15	 清華二 繫年 121
 二十一年 安邑戈 珍吴 96		 七年邦 司寇矛 集成 11545	 九 A32	 傅 654		
 六年令戈 集成 11337		 七年大梁 司寇綬鈹 新收 1330	 上博四 昭 4	 雲夢 日乙 189		
		 璽彙 3834	 上博八 子 4	 里耶 8-2101		
		 璽彙 0068	 清華三 芮良夫 10	 嶽麓叁 243		

1358 斁			1359 收			1360 鼓
齊	燕	齊	秦	楚	齊	楚
 陳御寇戈 集成 11083	 璽彙 3838  璽彙 5691  陶録 4・28・1	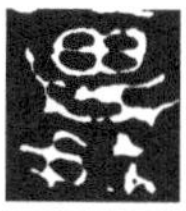 璽彙 5502  璽彙 0195  璽彙 5706	 雲夢 秦律 84  雲夢 答問 77  里耶 8-454  北大・泰原	 包山 147  上博四 曹 54  上博八 顔 11  清華三 芮良夫 9  清華四 筮法 46	 陶録 3・385・1	 包山 95 詳參卷五「鼓」。

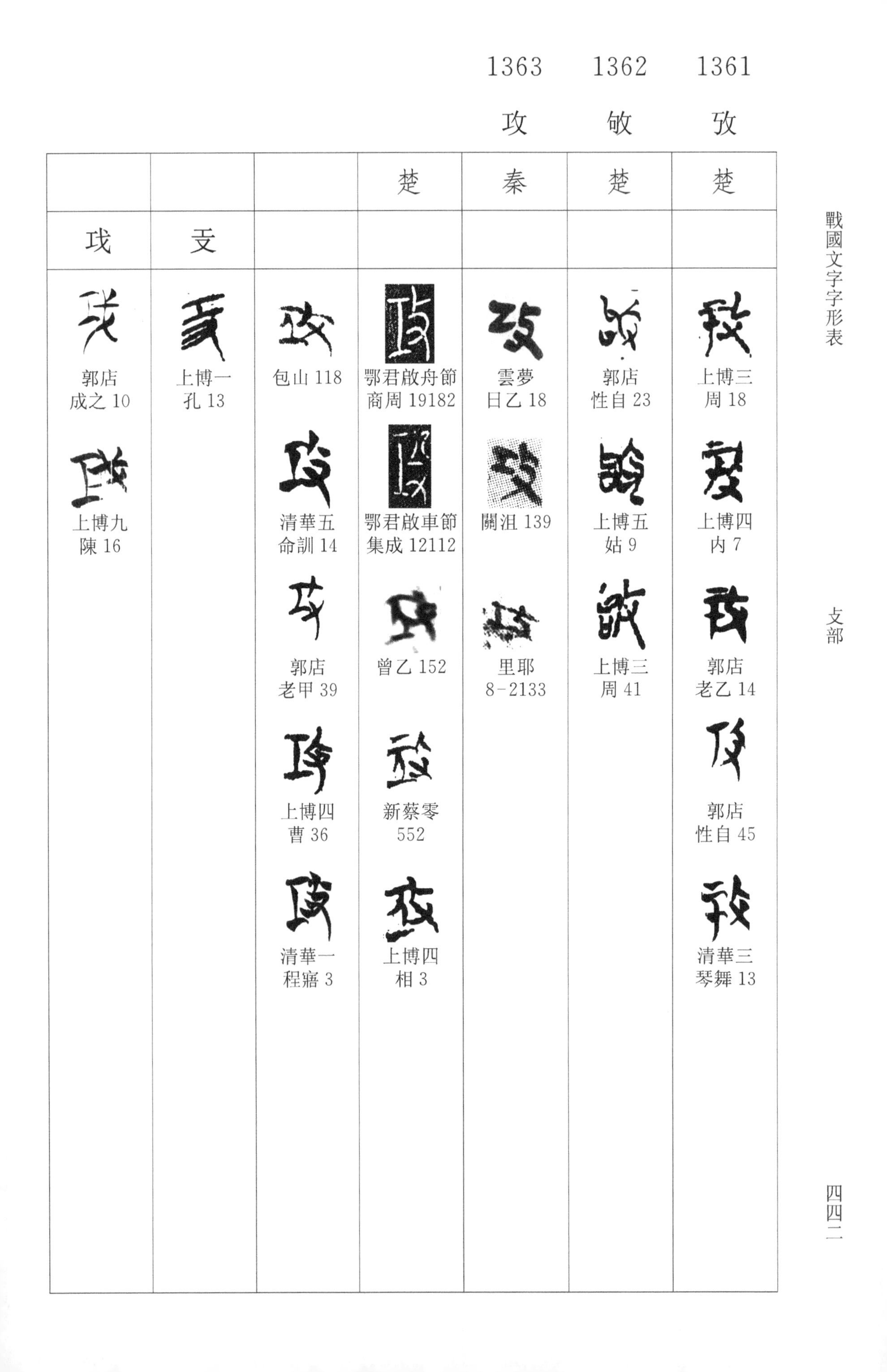

				1363 攻	1362 敂	1361 攷
			楚	秦	楚	楚
戉	攴					
郭店成之10	上博一孔13	包山118	鄂君啟舟節商周19182	雲夢日乙18	郭店性自23	上博三周18
上博九陳16		清華五命訓14	鄂君啟車節集成12112	關沮139	上博五姑9	上博四内7
		郭店老甲39	曾乙152	里耶8-2133	上博三周41	郭店老乙14
		上博四曹36	新蔡零552			郭店性自45
		清華一程寤3	上博四相3			清華三琴舞13

敳

楚		燕		齊	晉	
敳						
 上博三 周 33 讀「往」。	 集拓 2.3 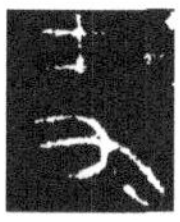 右攻尹弩牙 集成 11920  陶録 4・38・1	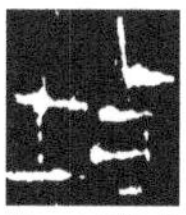 燕王職劍 集成 11643  陶録 4・1・1  右昜攻 肙弩牙 集成 11929  燕王詈戈 集成 11350.2  陶録 4・15・4	 滕攻師戈 新收 1550  璽彙 0149  璽彙 0150	 後李 圖三 8	 大功尹鈹 集成 11577  集成 11712 七年相邦鈹  二年戟 集成 11364  十七年 相邦鈹 珍吳 140	 曾大攻 尹喬鼎 「攻」之訛變。

	1368	1367			1366	1365
	敾	鈘			敔	敨
	楚	楚			楚	秦
戠	戠		敌	攱		
 郭店 尊德 26  上博七 吴 6  清華一 耆夜 6  清華三 芮良夫 13	 上博六 天甲 6  上博六 天乙 5  清華一 程寤 4	 上博八 命 3 或讀「鎮」。	 包山 34  上博二 從甲 17  上博六 莊 4 下	 九 A3  上博五 三 17	 包山 143  上博四 曹 26  上博五 三 10	 雲夢 爲吏 6  雲夢 爲吏 10

1369 畋

燕	齊		晉		楚	燕
		⿰犭田		⿰亻畋		
 璽彙 1486  璽彙 1505  陶録 4・23・3	 璽彙 5644  璽彙 1509	 好蚉壺 集成 9734	 珍戰 114  璽彙 5277  璽彙 1501  璽彙 1488  璽彙 1492	 曾乙 65  曾乙 151	 璽彙 0270  上博三 周 8  上博五 競 10  清華二 繫年 004  清華二 繫年 124	 燕王職壺 新收 1483

1371 牧				1370 敘		
晉		楚	秦	晉		楚
	敷			叙	敍	
 三年大將弩機 文物 2006.4	 郭店窮達 7	 曾乙 145	 雲夢答問 76	 二十八年陽邑戈 珍吴 206	 郭店尊德 3	 包山 229
		 郭店性自 47	 里耶 8-490		 九店 A28	 上博二從甲 5
		 清華五三壽 10			 清華五厚父 04	 新蔡零 148
		 上博四相 1			 清華五厚父 07	 清華五三壽 16
		 上博七吴 5			 帛書丙	

1377 ⿰王攵*	1376 ⿰土攵*	1375 放*	1374 ⿰亻攵*		1373 ⿰卓攵*	1372 ⿰另攵*
楚	楚	楚	楚	楚	秦	秦
					⿰卓攴	
 包山 146  上博六 用 13	 里耶 5-4 背  仰天湖 16  上博二 容 2 讀「仕」。	 上博三 中 13  郭店 緇衣 1 讀「服」。  清華三 芮良夫 11 讀「負」。	 郭店 語四 15  上博四 曹 30 讀「什」。	 包山 270  上博八 有 3	 里耶 8-707 正	 里耶 8-570

1378			1379	1380	1381	1382
敎*			𢼄*	攸*	𢼊*	𣪠*
楚	齊		楚	楚	楚	楚
 包山 58  曾乙 68	 璽彙 3120	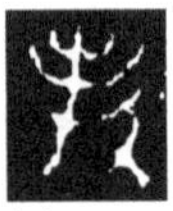 璽彙 3702	 上博二容 3  清華一程寤 2 讀「祓」。  清華一程寤 2	 清華四別卦 6 讀「央」。	 上博三周 10 讀「比」。	 上博五三 14 讀「滅」。

1389	1388	1387	1386	1385	1384	1383
⿰臣攴*	㲉*	⿰皮攴*	⿰礻攴*	⿰彳攴*	⿰方攴*	⿰去攴*
楚	楚	楚	楚	楚	楚	楚
 包山 101 讀「巨」。	 左塚漆梮  左塚漆梮 或讀「藏」，或隸作「㲉」，讀「疲」。	 九 A16  上博七 吴 6 讀「波」。	 酖祓想簠 新收 534	 新蔡甲三 356 讀「徵」。	 曾乙 211	 帛書丙  新蔡零 148 讀「去」。

1390 敁*		1391 敓*			1392 敝*	1393 敳*
楚	晉	楚	晉	齊	楚	楚
 郭店 語一 112 讀「疏」。	 温縣 T1K 1-3724	 璽彙 3749  清華五 封許 05 讀「路」。	 璽考 313	 陶録 2・173・2  陶録 2・173・3  陶録 2・660・4  陶録 2・173・2  陶録 2・173・4	 清華五 三壽 19 讀「屏」。  清華五 三壽 21	 包山 23 讀「旦」。

1394 ⿰向攴*	1395 ⿰豆攴*				1396 ⿰召攴*	
楚	楚		晉	齊	楚	齊
		敨				
 郭店 六德 32  郭店 六德 32  郭店 六德 32  郭店 六德 33 讀「暱」，或隸作「敨」。	 郭店 五行 35  郭店 五行 38  上博六 競 2 讀「誅」。  上博六 競 7  清華二 繫年 045 讀「屬」。	 清華三 祝辭 3  清華三 祝辭 4 讀「注」。	 璽彙 3090	 陶録 3・263・3 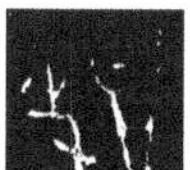 陶録 3・263・6	 新蔡乙四 134 讀「昭」。	 陳侯因資敦 集成 4649

1397	1398	1399	1400	1401	1402	1403
敎*	㪅*	敮*	敕*	敗*	敘*	散*
楚	楚	楚	楚	楚	楚	楚
 上博六 用 19 或讀「跪」。	 上博七 吴 6 讀「撫」。  清華三 説命上 6 讀「俘」。  帛書甲	 郭店 語一 50  郭店 語一 52  郭店 語一 51 讀「司」。	 清華三 琴舞 16 讀「動」。	 帛書甲 讀「蔽」。  清華二 繫年 006 讀「畀」。	 上博五 君 7 讀「搖」。	 上博五 三 6 讀「措」。

	1404 ⿰土敓*	1405 ⿰酉攴*	1406 ⿰員攴*		1407 鼔*	1408 ⿰坴攴*
齊	楚	楚	楚		楚	楚
				⿰員欠		
 璽考 49	 清華二繫年 116 讀「奪」。	 曾乙 2  曾乙 11 讀「酉」。	 新蔡乙二 3、4  新蔡乙三 47	 清華四別卦 2 或認爲「損」字異體。	 包山 170	 上博七鄭甲 5  上博七鄭乙 5 讀「掩」。

1409	1410		1411	1412	1413	1414
敍*	歏*		戯*	敽*	敹*	敽*
楚	楚		楚	楚	楚	楚
		戠				啟
 帛書丙	 包山 134 或讀「謹」，或讀「職」。  上博一緇 4 讀「謹」。  上博一緇 17	 包山 135 反 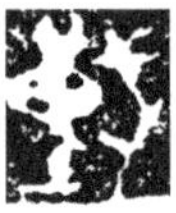 璽彙 0335  璽彙 0310 或讀「職」。	 上博四曹 32 讀「量」。	 信陽 1・24 「播」之異體。	 上博四曹 13  上博四曹 20 讀「沫」。	 章子國戈集成 11295  上博六用 18 讀「選」。

	1415	1416	1417	1418	1419	1420
	⿰睘攵*	⿰辠攵*	⿰會攵*	⿰齊攵*	⿰⿱享丸攵*	⿰壴支*
齊	楚	楚	楚	楚	楚	楚
⿱罒廾						
 陳肪簋蓋 集成 4190 讀「選」。	 清華二 繫年 012 讀「轘」。	 包山 4 讀「罪」。	 璽彙 5594  璽彙 1587  璽彙 5602  信陽 2・25 讀「合」。  包山 204 讀「會」。	 上博七 吴 5 讀「擠」。	 曾乙 63  曾乙 115  新蔡零 377	 曾侯𦣻鐘 江漢考古 2014.4  曾侯𦣻鐘 江漢考古 2014.4 讀「定」。

1421	1422	1423	1424	1425	1426	1427
䜭*	攻*	敀*	酘*	敊*	敁*	敪*
楚	晋	晋	晋	晋	晋	晋
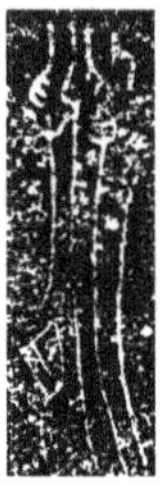 曾侯䜭鐘 江漢考古 2014.4	 珍戰 80	 璽考 211	 集粹 149	 四年令韓誁戈 集成 11316	 四年鄭令戈 集成 11384	 璽彙 3214

1428	1429	1430	1431	1432	1433	1434
敨*	敹*	觳*	斀*	敱*	敒*	敁*
晉	晉	晉	晉	齊	齊	齊
 八年陽 城令戈 古研 26	 二十五年戈 集成 11324	 璽彙 2451  璽彙 2664	 五年龏 令思戈 集成 11348	 陶録 3・391・1  陶録 3・391・2	 陶録 3・263・1  陶録 3・263・4	 陶録 2・409・2

1441	1440	1439	1438	1437	1436	1435
攰*	攷*	斁*	敡*	䏻*	敫*	敵*
燕	燕	齊	齊	齊	齊	齊
 璽彙 3863  璽彙 5576	 燕王詈戈 集成 11194  燕王職戈 集成 11189B  燕王戎人戈 集成 11238 讀「捶」。	 璽彙 0063 讀「卒」。	 璽彙 3697	 璽彙 3679	 齊陶 0918	 陶録 2・154・1  璽彙 0630 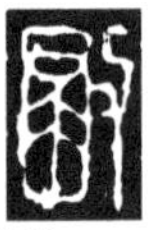 璽彙 0631

		1446	1445	1444	1443	1442
		教	⿰雚攴*	⿰金攴*	⿰咼攴*	⿰臣攴*
	楚	秦	燕	燕	燕	燕
⿱爻言						
 郭店 緇衣 18	 信陽 1・03	 十鐘 3.4 下	 璽彙 2814	 陶録 4・99・3	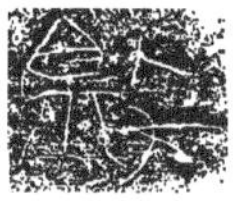 陶録 4・189・1	 璽彙 2831
 郭店 成之 4	 包山 99	 雲夢 爲吏 24	 璽彙 4108		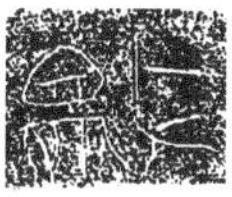 陶録 4・189・2	 璽彙 3955
 郭店 尊德 14	 清華二 繫年 083	 北大・算甲				 璽考 292
 上博一 緇 10	 清華五 命訓 12					
 上博一 緇 13	 郭店 語一 43					

	勬	殽	效	斈	詻	
 郭店 尊德 4  清華一 皇門 7	 信陽 1・32	 郭店 語一 43	 郭店 唐虞 4  郭店 唐虞 5  郭店 唐虞 5 《説文》古文。	 郭店 老甲 12  郭店 六德 21  郭店 尊德 20  上博八 有 1	 上博二 從甲 3	 上博五 季 3  上博二 從乙 1  上博四 曹 40  郭店 語一 11

1447

斆

		楚	秦	燕		晋
		⿱臼子	學		敎	
 郭店 語一 61	 郭店 老乙 3  郭店 性自 8	 郭店 老乙 4  郭店 六德 9  上博三 中 23  上博六 孔 16  上博六 孔 17	 雲夢 日乙 14  里耶 8-1146  嶽麓叁 230  北大・算甲	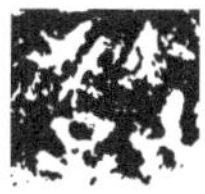 燕侯載簋 集成 10583	 八年陽 城令戈 古研 26	 王何戟 集成 11329

1449 卦 ｜ 1448 卜

秦	燕	齊	晉	楚	秦	晉
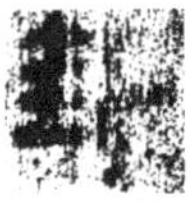 放馬灘日乙244	 先秦編573  聚珍009.2  聚珍076.4	 貨系2563  貨系2516  齊幣252  璽彙1265	 貨系462  陶彙6・98  珍戰18  璽彙5128	 郭店緇衣46  新蔡乙四98  上博四柬1  清華一楚居4  清華一金縢1	 陶録6・37・3  北大・九策  北大・九策  北大・祓除	 中山王鼎集成2840

1450

貞

		晋			楚	秦
卣	鼑		由	自	鼑	
 右冢子鼎 文物 2004.9	 中山王鼎 集成 2840	 集成 2701 公朱左自鼎	 郭店 老乙 16	 新蔡甲三 21	 壽春鼎 集成 2397	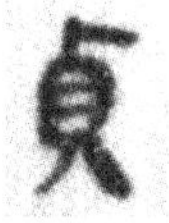 雲夢 秦律 125
 二十三年 襄城令矛 集成 11565	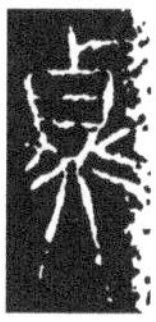 公賜鼎 文物 2001.12	 公廚右自鼎 集成 2361.1	 新蔡乙四 122	 上博三 周 22	 上博四 柬 1	
晋系文字多以「貞」爲「鼎」。		 公廚右自鼎 集成 2361.2	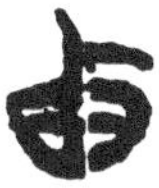 上博二 容 5	 璽彙 3745	 酓忎鼎 集成 2794	
				 包山 265	 酓忎鼎 集成 2794	
				 上博七 君甲 3	 包山 254	
					讀「鼎」。	

1451

占

燕	齊	楚	秦	燕	齊	
						盙
 燕明刀背文 天津 65	 陶録 2・81・3  陶録 2・81・4  齊陶 0779	 清華一 程寤 3  包山 247  新蔡零 100  清華四 筮法 63	 雲夢 雜抄 32  關沮 187  嶽麓叁 109  嶽麓一 占夢 34  北大・日乙	 璽彙 0363  璽彙 0367 讀「鼎」。	 陶録 2・130・1  陶録 2・167・3  齊陶 0978	 咢游子壺 集成 9516 或讀「鈃」。

1455 用	1454 忼*	1453 ⿰𠂤卜				1452 ⿰兆卜
秦	齊	楚	燕		楚	秦
			兆			兆
 雲夢 爲吏 21	 陶録 3・22・5	 包山 174	 先秦編 559	 新蔡零 100	 新蔡甲三 170	 雲夢 日乙 157
 里耶 8-2006 正			 貨系 3665		 上博六 天甲 11	 雲夢 日乙 171
			《説文》古文。		 上博六 天乙 10	 雲夢 日乙 161
					 新蔡乙三 1	

1456

甫

楚	燕	齊	晉			楚
 曾乙 171  上博六 天甲 6  上博六 天乙 5  清華一 耆夜 2  清華二 繫年 105	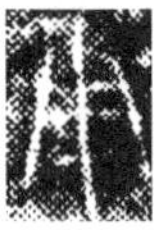 永用析涅壺 集成 9607  疋靡戈 集成 10899  庚寅戈 集成 11268	 子禾子釜 集成 10374  司馬楙編鎛 山東 104  陶録 3・319・3	 子孔戈 集成 11290 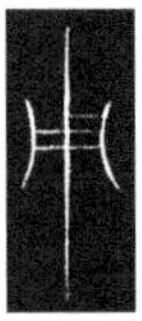 中山王方壺 集成 9735  周王叚戈 集成 11212	 清華二 繫年 058  清華二 繫年 106	 上博六 用 11  上博三 周 8  郭店 語三 55  上博六 用 17  清華一 皇門 1	 越王者旨矛 通考 74  曾侯乙戟 集成 11173  曾乙 68  清華一 皇門 4

1459 爻		1458 葡	1457 庸			
齊	晉	楚	晉	秦	燕	晉
 璽考 67	 貨系 2018  十七年 蓋弓冒 集成 12032	 望山 1・54 讀「珮」。  郭店 語三 39  源流圖版 六帛書殘片	 好盗壺 集成 9734  中山王鼎 集成 2840	 雲夢 封診 18  里耶 8-1245  嶽麓叁 55  嶽麓一 爲吏 86	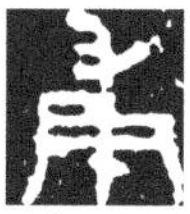 璽彙 0060  璽彙 0158	 貨系 1425  天幣 51  天幣 51

1461 爽

1460 爾

			秦	晋		楚
			 集粹  里耶 8-429  嶽麓一 質二 16	 吉大 49	 清華二 繫年 097	 郭店 老甲 30  新蔡甲三 65  新蔡乙四 30、32  清華二 繫年 011  清華二 繫年 089

目

燕	齊	晉	楚	秦		
 陶録 4·172·6	 齊魯 2	 璽彙 3135	 璽彙 2064	 秦風 135		
	 陶録 2·463·4	 錢典 640	 上博七君甲 5	 集粹 731		
	 陶彙 3·701	 貨系 430	 清華五三壽 21	 雲夢日乙 240		
		 程訓義 1-113	 郭店唐虞 26	 關沮 368		
		 璽彙 0378	 郭店五行 45	 里耶 8-112		

1468 䀘	1467 眊		1466 窅	1465 盼	1464 睅	1463 眥
秦	楚	齊	秦	秦	秦	秦
					睆	
 放馬灘日甲 30	 上博三彭 3	 畜窅敦年戟	 珍秦 356  里耶 8-2270	 文博 1986・4	 珍秦 146 《說文》或體。	 秦風 116

1471				1470		1469
睘				盱		眡
燕	晉	楚	秦	晉	秦	晉
 從睘小器 集成 10414	 春成侯盉 新收 1484	 望山 2・50	 雲夢 日甲 30 反	 璽彙 0954	 集粹 537	 三十五年鼎 集成 2611
 □氏睘小器 集成 10420	 中國古錢 譜 117	 上博六 孔 26		 程訓義 1-24		 信安君鼎 集成 2773
 □□睘小器 集成 10431A	 璽彙 1904	 新蔡乙四 102		 陶録 5・27・1		 璽彙 0350
 夾遄刻石	 錢典 832 頁	 清華二 繫年 019		 陶録 5・27・2		 璽彙 2946
	 玉環 中山 136 頁			 貨系 431		 兆域圖版 集成 10478

1478 睦	1477 睢	1476 瞥	1475 眛	1474 睽	1473 罘	1472 睹
秦	秦	秦	秦	楚	楚	楚
				嬰		覩
 湖南 96	 十鐘 3.36 上	 卌八年上郡守慶戈新收 986  秦風 130  關沮 368  璽彙 2721	 秦陶 633	 清華一楚居 10  清華一楚居 10	 清華三説命下 5  清華三芮良夫 8  清華一皇門 12  清華五三壽 18	 包山 19 《説文》古文。

		1482 相	1481 瞶	1480 瞀		1479 瞻
	楚	秦	秦	秦	楚	秦
梎					䁪	
 包山 149	 信陽 1·04	 二十一年相邦冉戈集成 11342	 里耶 8-1042	 里耶 8-458	 郭店緇衣 16	 秦印
 郭店窮達 6	 新蔡乙四 134	 珍秦 106			 上博六平 7	
 上博九陳 6	 上博七吴 5	 陶録 6·378·1				
 清華五啻門 10	 上博二昔 1	 雲夢答問 12				
	 郭店六德 49	 里耶 8-121				

1483

⿱相放*

楚	燕	齊		晉		
					⿱叒相	⿰木⿺乚目
 清華五 啻門 09 或讀「壯」。	 燕侯載豆 西清 29.42	 璽彙 3924  璽彙 0262	 七年相邦鈹 集成 11712  璽彙 0094  鑒印 22  集粹 158  集粹 169	 十七年 相邦鈹 珍吴 140  璽考 149  新鄭圖 403  中山王方壺 集成 9735  璽彙 4563	 璽彙 0164  新蔡甲三 357 「桑」「相」雙聲。	 上博六 天乙 5  清華三 説命中 3

1489	1488	1487	1486	1485		1484
矔	看	督	睗	瞋		旬
秦	燕	秦	楚	秦	晉	楚
 十鐘 3.51 下  澂秋 34  里耶 8-877	 璽彙 3946  陶録 4・2・2  集拓 2.3	 印典 709 頁	 越王者旨 於睗戈 新收 388  越王者旨 於睗劍 新收 1184	 集粹 786  集粹 532  雲夢 語書 11	 十一年閎 令趙狽矛 集成 11561  璽彙 2922  璽彙 2942	 新蔡零 407

		1491 眚		1490 瞑		
		楚	秦		楚	
				睍		瞫
 上博四 昭 3  上博四 曹 27  上博七 君甲 4  郭店 唐虞 11	 璽彙 2553  郭店 成之 26  上博二 昔 3  上博四 柬 12  上博一 性 4	 郭店 語二 8  上博一 緇 7  清華一 保訓 5  清華一 皇門 4  清華四 筮法 32	 雲夢 雜抄 22  里耶 8-145 正  里耶 8-145 正	 清華三 說命中 4	 上博二 容 37	 集粹 822

	1492	1493		1494	1495	1496
	眛	眯		眇	盲	睇
晉	楚	楚	晉	秦	晉	楚
		⿰貝米	粯			⿰貝弟
 中山王鼎 集成 2840  梁十九年亡智鼎 集成 2746  璽彙 0721  温縣 WT4K6：160	 上博六 用 19	 上博五 季 15  上博六 用 17 讀「迷」。	 中山王鼎 集成 2840	 集粹 656	 璽彙 1647  程訓義 1-32  璽彙 0751	 上博四 采 4

1501	1500	1499	1498	1497		
⿱止目*	⿱翏目*	⿱莫目*	⿰目兑*	眭		
楚	楚	秦	秦	秦		
					⿸尸目	⿰目巨
 上博一緇 2  上博一緇 19 讀「志」。	 秦風 129	 關沮 368 讀「瞙」。	 嶽麓一質一 26	 十鐘 3.38 下	 清華五三壽 21	 上博五君 6

1502	1503	1504		1505	1506	1507
瞙*	眫*	朁*		眐*	曐*	眮*
楚	晋	晋	齊	晋	晋	晋
瞳				盱		
 上博三周 48 讀「限」。	 璽彙 3265	 十四年戈雪二 113	 陶録 2・72・1  陶録 2・74・1  陶録 2・662・2	 杕氏壺集成 9715 讀「虞」。	 璽彙 2740	 靈壽 106 陶

1513 矏*	1512 眀	1511 矕*	1510 僧*	1509 睩*	1508 䁱*	
晉	晉	晉	晉	晉	晉	齊
 四年咎奴令戈 集成 11341	 王立事鈹 新收 1481  璽彙 3261	 二十四年 㠯令戈 商周 17229  六年鄭令戈 集成 11397  七年鄭令矛 集成 11554	 璽彙 0834	 璽考 226	 印典 713 頁	 陶彙 3・777

1514 𤳳*		1515 瞑	1516 眉	1517 盾		1518 瞂
齊		楚	秦	秦	楚	楚
	䀠		睂			戲
 陶録 2・211・2  後李 圖一 7  齊陶 0850 「畾」「于」雙聲。	 璽考 66	 清華二 繫年 91 讀「溟」。	 雲夢 日甲 60 反	 雲夢 效律 5  雲夢 效律 4  里耶 8-1600  嶽麓叁 30	 包山 277	 曾乙 10  曾乙 3

1519

自

秦	楚		晉	齊	燕
 陶彙 5・384	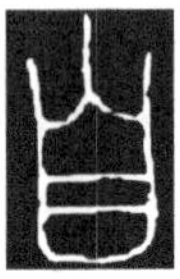 酓璋鎛 集成 85	 新造矛 通考 332	 珍戰 202	 鵙公劍 集成 11651A	 燕王詈戈 集成 11305B
 關沮 200	 郭店 老甲 32	《說文》古文。	 璽彙 4656		
 里耶 8-1471 背	 上博一 緇 20		 鑒印 58		
 北大・從軍	 上博二 從乙 1		 璽彙 4657		
 北大・從政	 清華一 尹至 5				

1520

臯

楚
 天策
 天策

1521

皆

晉				楚	秦	晉
⿸虍旦	⿸虍皆	⿸虍旨				
 中山王方壺 集成 9735	 郭店 唐虞 27	 郭店 語一 45	 包山 273	 信陽 1・06	 陶録 6・365・2	 珍戰 117
 中山王鼎 集成 2840	 郭店 唐虞 8	 上博二 子 9	 上博一 性 8	 上博二 容 10	 雲夢 日乙 236	 金薤・府
		 上博六 孔 17		 上博五 鮑 5	 關沮 347	 金薤・府
		 清華二 繫年 052		 清華一 皇門 13	 里耶 8-104	
				 清華一 祭公 20	 嶽麓叁 105	

魯

燕	齊	晉	楚	秦		
					[illegible]	[illegible]
 璽彙 5566	 陶録 3・277・4	 梁十九年 亡智鼎 集成 2746  璽彙 2392	 郭店 魯穆 1  上博二 魯 1  包山 176  清華三 良臣 8  清華五 厚父 05	 珍秦 225  里耶 8-258  北大・算甲	 温縣 T1K1：3724	 温縣 WT4K6：211  温縣 WT4K6：315

者

					楚	秦
 郭店 緇衣 23	 上博七 君甲 8	 璽考 179	 清華四 筮法 16	 上博三 中 21	 越王者旨矛 通考 74	 詛楚文 湫淵
 郭店 尊德 37	 郭店 尊德 1	 包山 250	 清華四 筮法 49	 清華二 繫年 86	 信陽 1・2	 陶録 6・472・4
 清華二 繫年 002	 上博二 容 5	 郭店 老甲 10	 清華五 厚父 05	 清華二 繫年 083	 郭店 老甲 33	 珍秦 165
 清華二 繫年 101	 九店 A43	 郭店 太一 4	 清華五 命訓 11	 上博八 顔 9	 郭店 尊德 10	 秦集一 二 59・11
 上博八 成 16	 上博四 曹 56	 郭店 緇衣 2	 郭店 老甲 6	 包山 227	 上博四 内 3	 北大・泰原

		齊		晉		
 陶録 3·482·1	 璽彙 0153	 十四年 陳侯午敦 集成 4647	 兆域圖版 集成 10478	 十二年少 曲令戈 集成 11355	 郭店 忠信 4	 上博一 孔 3
 陶録 3·482·2	 璽考 61	 陳純釜 集成 10371	 七苿扁壺 集成 9683	 中山王鼎 集成 2840	 郭店 緇衣 16	 上博一 性 38
	 陶録 2·15·2	 子禾子釜 集成 10374	 十苿燈座 集成 10402	 中山方壺 集成 9735	 郭店 語一 45	 郭店 五行 43
	 陶録 2·61·3	 銅柱 録遺 6·132	 温縣 T1K1：3780	 好盗壺 集成 9734	 郭店 語三 11	 郭店 五行 49
	 陶録 2·561·1			 守丘刻石	 郭店 語一 75	 郭店 唐虞 14
	 陶録 2·436·1					

1524

智

	晋			楚	秦	燕
 貨系 379	 智君子鑑 集成 10289	 清華五 命訓 14	 郭店 語一 63	 上博一 孔 28	 秦駰玉版	 燕王職劍 集成 11634
 璽考 243	 中山王鼎 集成 2840	 上博一 性 35	 郭店 老甲 31	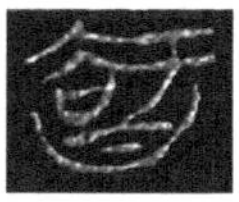 左塚漆梮	 珍展 42	 璽彙 3248
 珍戰 39	 魚顛匕 集成 980	 上博一 緇 19	 郭店 忠信 1	 郭店 老丙 1	 里耶 8-135 正	 燕王喜劍 新收 1987
 璽彙 3315	 梁十九年 亡智鼎 集成 2746	 郭店 五行 9	 郭店 語一 27	 郭店 成之 17	 里耶 8-190 正	 陶録 4・25・1
	 貨系 384	 郭店 五行 30	 包山 137	 上博六 莊 6	 嶽麓叁 154	

1525

百

燕	齊		晉	楚	秦	燕
 重金扁壺 集成 9617	 貨系 2651	 珍戰 200	 中山王鼎 集成 2840	 璽彙 3648	 珍秦 360	 璽彙 3497
 貨系 2939	 齊明刀背文 考古 1973.1	 璽彙 4743	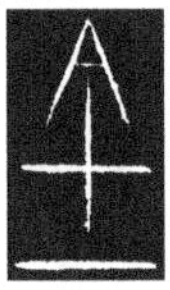 好蜜壺 集成 9734	 郭店 緇衣 5	 雲夢 日乙 116	
 璽彙 3279	 貨系 2652	 璽彙 4745	 七茉扁壺 集成 9683	 清華三 說命下 8	 里耶 8-2202	
	 齊幣 154	 璽彙 4920	 十三茉壺 集成 9686	 包山 137	 北大・田乙	
		 璽彙 3279	 先秦編 217	 上博一 孔 13		
				 清華三 良臣 8		

					1527 鼻	1526 [illegible]*
	齊		晉	楚	秦	楚
膞	肙	肙	腴			
 璽彙 3689	 陶録 2・292・1	 璽彙 2753	 程訓義 1-95	 璽彙 3624	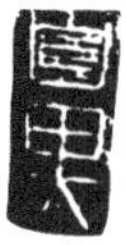 珍秦 340	 包山 273
 集粹 36	 陶録 2・292・2	 璽彙 2072	 璽彙 1051	 郭店 五行 45	 雲夢 日甲 72 反	
			 璽彙 2030	 璽彙 2555	 關沮 346	

1528 齅		1529 奭				
楚	齊	秦	楚		晉	齊
⿰口畀				奭	奭	
 郭店窮達 13	 陶録 3・656・4	 八年相邦呂不韋戈集成 11395  秦風 188	 璽彙 3656  郭店緇衣 36  郭店緇衣 36  清華三良臣 4	 郭店成之 29  上博一緇 18	 王三年馬雍令戈集成 11375 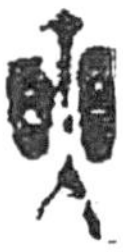 璽彙 2680	 陶録 3・295・5  陶録 2・160・1  齊陶 0575 《説文》古文。

			1531 羽			1530 習
晉		楚	秦	晉	楚	秦
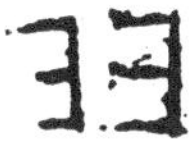 貨系 41	 包山牘 1	 上博八 鶹 1	 集粹	 璽彙 2181	 郭店 性自 1	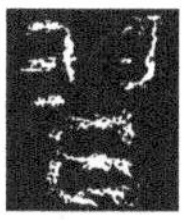 陶録 6・453・2
 先秦編 114		 上博四 采 4	 里 J1⑯5 背	 璽彙 2425	 上博一 性 7	 雲夢 爲吏 40
 聳肩空首布 中國錢幣 1997.2		 上博五 君 11	 里耶 8-1735		 郭店 語三 10	 里耶 8-355
		 清華三 良臣 10			 郭店 語三 13	
					 包山 223	

1532 翰	1533 翟		1534 翡	1535 翠		
秦	秦	楚	楚	楚		晉
			⿱羽巴	⿱羽睪	鷎	
 里耶 8-1259 正  里耶 8-1662	 珍秦 91  珍秦 214  里耶 8-1517 背	 望山 2・2  包山 110 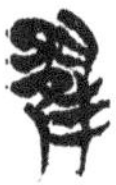 清華二繫年 019  清華二繫年 032	 望山 2・13	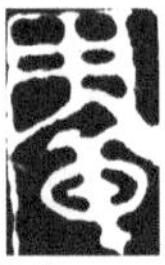 璽彙 3486  璽彙 5515  信陽 2・4  包山牘 1  望山 2・13	 曾乙 9  曾乙 89	 十二年少曲令戈 集成 11355

1540	1539	1538			1537	1536
翕	翥	翑			翁	翦
秦	秦	燕	晉	楚	秦	秦
			⿰月翁			
 集粹 844	 秦風 164  秦風 210  里耶 8-2036 背	 璽彙 2839	 十鐘 1.29 上	 越王戈 珍吴 52	 珍秦 194  集粹 520	 秦風 208  陝西 629  集粹 21  陶録 3·597·3

齊	晉			楚	秦	秦
	⿱羽二	⿱羽二	⿱羽⿱一氺			
 陶彙 3・787	 翏金戈 集成 11262  陶録 4・179・1  陶録 4・179・2	 包山 189  九 A40	 璽考 183  郭店 窮達 9 讀「戮」。	 包山 169  包山 193  上博一 孔 26  上博六 競 10	 雲夢 日乙 157  雲夢 日乙 159	 秦印 書馨集 318 頁  秦印 書馨集 318 頁

1542 翏; 1541 翩

1548 ⿱羽介*	1547 ⿱羽丂*	1546 ⿱羽工		1545 ⿱羽要	1544 翇	1543 ⿱羽咼
楚	楚	齊	晉	楚	楚	楚
					[illegible]	
 上博四柬 15 讀「蓋」。	 天策	 璽彙 0259  山璽 016	 六年相室趙𦐎鼎 考文 2008.5  璽彙 2228	 望山 2・47  信陽 2・19	 信陽 2・3	 上博五姑 9  上博五姑 10  上博五姑 9

1553 ⿱羽占*	1552 ⿰各羽*		1551 ⿱羽吕*	1550 ⿱羽矛*	1549 ⿱羽大*	
楚	楚		楚	楚	楚	晉
 上博七凡甲 10 讀「燿」，或讀「炎」。	 包山 269	 包山 269 讀「就」。	 包山 273 讀「就」。	 望山 2・9  包山 277 讀「旇」。	 包山 150  包山 138	 璽彙 3040  璽彙 3041

1554	1555	1556	1557	1558	1559	1560
⿱羽辛*	⿱羽巠*	⿱羽登*	⿱羽兄*	⿱羽甚*	⿱羽剌*	⿱羽能*
楚	楚	楚	楚	楚	楚	楚
 包山 277 讀「辩」。	 包山 141  包山 187	 信陽 2・19	 包山 184	 天策	 天策  天策	 郭店 五行 16  郭店 五行 16  郭店 太一 7  郭店 成之 18  包山 206

1565	1564	1563		1562	1561	
翽*	翯*	翪*		翻*	翾*	
楚	楚	楚	楚	楚	楚	
			[illegible]			
 包山 99	 天策  上博八鶹 1 讀「翩」。	 天策  天策	 曾乙 79	 曾乙 3	 天策  天策	 清華五啻門 06  上博五季 1  新蔡甲三 136  包山 200 多讀「一」，或讀「能」。

1566	1567	1568	1569	1570		
⿱羽融*	習*	翬*	翣*	隹		
楚	晉	晉	晉	楚		
 天策	 集粹 101	 璽彙 1487	 珍戰 79	 曾姬無卹壺 集成 9711	 清華一 尹至 3	 上博七 武 10
		 璽彙 2972		 蔿子受鎛 通考 289	 清華一 保訓 6	
				 郭店 緇衣 9	 上博一 緇 5	
				 郭店 語三 53	 上博六 用 9	
				 上博一 緇 14	 上博七 吴 9	

1573 閵	1572 雒	1571 雅				
秦	秦	秦	燕	齊		晉
					售	
 雲夢 爲吏 23	 傳 1343	 雲夢 答問 12	 璽彙 3846	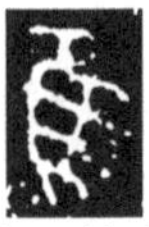 陳眆簋蓋 集成 4190	 二十二年 屯留戟 珍吴 244	 中山王鼎 集成 2840
 雲夢 日甲 2	 里耶 8-232		 陶録 4・24・3	 禾簋 集成 3939  璽彙 3693	 璽彙 0863	 哀成叔鼎 集成 2782

1574	1575				1576	1577
巂	雀				雉	雞
秦	楚				楚	秦
			鳨	鶴	鴺	
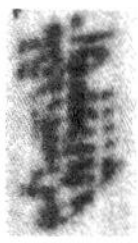 雲夢日甲 56  關沮 225	 包山 202  郭店尊德 2  上博一孔 20  郭店太一 9  上博一孔 27	 郭店魯穆 6	 包山 255  包山 2:163-2 號簽牌	 清華三說命下 3 增「鳥」旁。	 上博五競 2  上博五競 2  天策 从「夷」聲。	 雲夢日乙 76  關沮 367  里耶 8-950

1581 雁		1580 雕	1579 離	1578 雛		
楚	楚	秦	秦	秦	齊	楚
	敝					
 新蔡甲一3	 包山253	 雕陰鼎 商周706	 陝西633	 湖南225	 陶彙 3·306	 包山257
 包山122	 包山254	 秦印	 地理28			 包山258
 上博七 凡甲11	 包山270		 雲夢 效律28			 清華二 繫年081
 清華五 封許02	 清華五 湯丘16		 關沮54			 清華二 繫年082
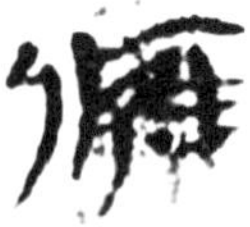 包山165			 青川木牘			

1583 雝		1582 雓				
楚	秦	楚	秦	齊	晉	
						䧹
 上博五三 10  上博六木 3	 二十一年相邦冉戈商周 17246  秦風 124  陶録 6・327・1  秦集二一 9・1	 上博五鬼 3	 陝西 782	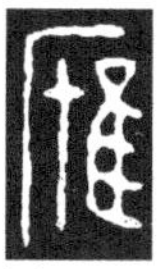 璽彙 0580	 璽彙 1192	 清華三說命下 4

燕	齊				晉	
	雎	雇	舊	售	雋	
 雍王戈 集成 11093  璽彙 1508  璽彙 3188  璽彙 3189	 璽考 53	 璽彙 5673	 四年武 雎令矛 集成 11564	 王三年 馬雎令 集成 11375  雍鋪首 集成 10409	 雎氏戈 古研 27  璽彙 1517  聚珍 282.5  三晉 121  貨系 1699	 璽彙 5665  上博三 中 26  上博八 成 4

	1587 雌		1586 雄		1585 隹	1584 翟
楚	秦	楚	秦	晉	楚	晉
				䲨		
 郭店 語四 26	 里耶 8-1495 正  里耶 8-1562 正	 包山 70  郭店 語四 26  郭店 語四 16	 里耶 8-1363	 璽彙 1017	 清華五 厚父 07	 璽彙 4052

1593 奮	1592 奪	1591 ⿰高隹*	1590 ⿰牜隹*	1589 ⿰匕隹*		1588 雋
秦	秦	齊	楚	秦	齊	秦
 詛楚文 巫咸  集粹  秦風 88  雲夢 日甲 32 反	 雲夢 日乙 17  雲夢 雜抄 37  嶽麓叁 68  北大・泰原	 璽彙 1933	 上博四 采 2	 里耶 8-78 背	 璽考 68	 陶録 6・400・1  陶録 6・400・3  里耶 8-1578  嶽麓一 質一 33

1596 藋　1595 蒦　1594 萑

楚	晉	晉	晉			楚
		舊	歡			奞
 璽彙 0230	 温縣 WT4K5：12	 璽彙 1852	 中山王鼎 集成 2840	 郭店 性自 34	 清華五 啻門 08	 包山 145
 郭店 六德 24	 中山王鼎 集成 2840					 郭店 性自 24
 上博五 季 7	 陶文 文物春秋 創刊號					 清華一 耆夜 5
 清華一 皇門 5						 上博一 性 38
 郭店 性自 25						 上博五 三 1

1597

舊

晋		楚	齊	晋		
鵃				舊	舊	
 璽彙 1018  璽彙 4003  璽彙 5599	 上博三 周 44  上博六 孔 22  清華一 保訓 4  郭店 老乙 3  新蔡甲三 398	 九 A33  包山 247  郭店 老甲 37  郭店 忠信 3  上博三 中 8	 㰚雚戈 新收 1028	 璽彙 0431  璽彙 0432  璽彙 3035	 上博五 季 5	 郭店 六德 25  郭店 性自 17

		1599	1598			
		蔑	瞢			
		楚	秦	秦	齊	
⿱艹⿱罒丰						
 清華三 良臣 10 加注「丯」聲。	 郭店 六德 36  上博八 蘭 4	 上博四 曹 2 背  上博五 鬼 6  上博六 競 7  清華二 繫年 131	 詛楚文 巫咸	 雲夢 日甲 13 反  雲夢 日甲 40 反	 陶録 2・114・1  齊陶 0897	 中山方壺 集成 9735

1600 蓟*

晉		楚
	蕆	
 五年邦司寇鈹 集成 11686	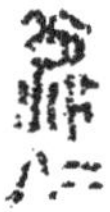 程訓義 1-47	 郭店 六德 31
 璽彙 1515		 郭店 六德 32
 程訓義 1-37		或讀「柔」。

1601 羊

秦	楚	晉	齊
 雲夢 雜抄 31	 璽彙 5548	 中山王方壺 集成 9735	 羊角戈 集成 11210
 里耶 8-111	 包山 275	或釋「羕」，讀「祥」。	 陶録 3・22・3
	 郭店 窮達 7	 璽彙 4463	
	 上博五 季 10	 璽彙 4462	
	 清華一 楚居 2	 璽彙 3309	
		 璽彙 4910	

	1604 羝	1603 羍			1602 羔	
燕	晉	晉	晉	楚	秦	燕
 璽彙 0885	 貨系 549  璽彙 0394  璽彙 1325	 啬夫戈 集成 11284	 先秦編 145  貨系 323  璽彙 3091  璽彙 5319	 上博二 子 8  上博二 子 9	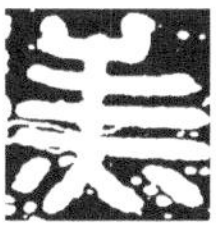 珍展 81	 陶録 4・59・4 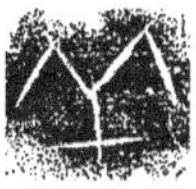 陶録 4・193・3

1608 羥	1607 羖				1606 羘	1605 羒
秦	楚	晉		楚	秦	晉
 珍展 120	 望山 1·125	 珍戰 76	 新蔡甲二 7	 包山 217	 集粹	 璽彙 2277
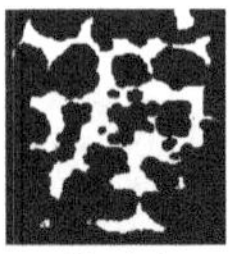 陶録 6·269·1	 新蔡甲二 29			 郭店語一 33		 璽彙 2856
 陶録 6·269·2	 新蔡乙一 28			 新蔡乙四 62		 璽彙 3238
				 包山 237		

1610 群　　1609 羸

齊		晉		楚	秦	秦
			羣			
 十四年 陳侯午敦 集成 4646	 温縣 WT4K6：212	 中山王鼎 集成 2840	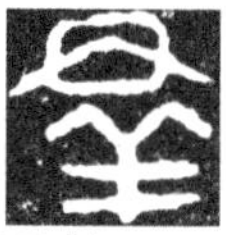 璽彙 0160	 上博五 競 10	 雲夢 效律 34	 詛楚文 亞駝
		 貨系 325	 郭店 老甲 38	 清華一 金縢 7	 龍崗 90	 集粹
			 上博四 曹 21		 里耶 8-132	 雲夢 效律 1
			 清華二 繫年 043		 嶽麓叁 36	 里耶 8-143 正
			 上博八 李 1 背			 嶽麓叁 103

1611 ⿰羊垔	1612 ⿱此羊	1613 美				
秦	秦	秦	楚			
			頫	媄	敚	
 鑒印 86	 十鐘 3.14 下  雲夢 雜抄 29  嶽麓一 爲吏 23	 秦駰玉版  陶録 6・382・1  傅 1315  里耶 8-771 正  北大・祓除	 上博一 緇 18  郭店 六德 26  郭店 語一 15	 郭店 緇衣 35  郭店 性自 20  清華一 楚居 13  清華二 繫年 027  清華五 啻門 12	 郭店 老丙 7  上博六 競 9	 郭店 老丙 7 左旁訛形。

羌

	晋		楚	秦	晋	
						⿰女⿱山心
 陶録 5・109・1  吉林 187	 𠫑羌鐘 集成 157  璽彙 0413  璽彙 3409 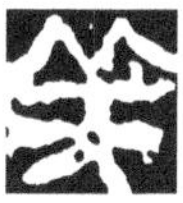 陶録 5・109・2	 新蔡甲三 343－2	 璽彙 5424  璽彙 5425	 湖南 88 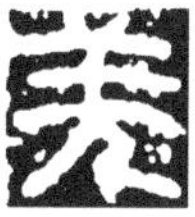 秦風 182	 中山王方壺 集成 9735  璽彙 5320	 清華三 芮良夫 25

1615	1616	1617	1618	1619	1620	1621
羴	羙*	羖*	羘*	羣*	羛*	羣*
楚	秦	楚	楚	楚	晋	齊
 郭店 性自 24  上博一 性 14  清華二 繫年 124 讀「鮮」。	 雲夢 日甲 32 反 或讀「誘」，或讀「攸」。	 包山 202  包山 233  包山 237 讀「羖」。	 璽彙 3522	 天卜	 璽彙 3434	 陶録 2・200・1 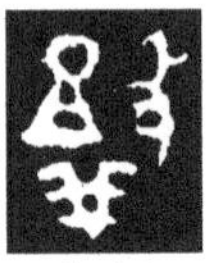 陶録 2・200・4  齊陶 0816

1626 鼺	1625 雙	1624 靃	1623 矍			1622 瞿
楚	楚	秦		楚	楚	秦
			臒			
 包山 182	 望山 2·50	 珍秦 215  陝西 817	 包山 58  包山 191  新蔡乙二 45  新蔡甲三 15 讀「懼」。	 九 A15 讀「钁」。	 郭店語二 32  郭店語二 32  新蔡零 198	 集粹 454

1628 鳥			1627 雧			
楚	秦	晉				楚
				⿱宀集		集
 郭店 老甲 33	 秦風 53	 玉飾 中山 140 頁	 新蔡甲三 325-1	 酓忓鼎 集成 2794	 郭店 尊德 39	 上博一 緇 19
 上博二 容 21	 里耶 8-1562 正	 玉飾 中山 140 頁	 上博八 李 1	 鑄客鼎 集成 2298		 上博四 逸・交 3
 上博三 周 56	 北大・從軍		 璽考 164	 集脰鼎 集成 2297		 包山 234
 上博六 用 5	 雲夢 日甲 31 反		 包山 194	 包山 10		 清華四 筮法 39
 上博八 李 1 背				 郭店 五行 42		

1634	1633	1632	1631	1630	1629	
難	鴂	鴅	鴞	雔	鳳	
秦	楚	楚	楚	燕	楚	
	鴃	鵅		隼		
 珍秦 291  秦風 227  關沮 204  里耶 8-1585	 曾侯乙鐘  曾侯乙鐘  曾乙石磬	 上博一 孔 21  上博一 孔 22	 清華一 金縢 9	 璽考 311	 鳳戈 集成 11026	 上博四 采 4  清華四 筮法 52

1637 鴻　　1636 鴿　　1635 ⿰兑鳥

楚	楚	楚	晉			楚
䲨						難
 上博三 周 50  上博三 周 50  上博三 周 50	 上博四 采 4  上博九 陳 3  新蔡甲三 322	 清華三 良臣 2 讀「說」。	 中山王鼎 集成 2840  中山王鼎 集成 2840	 郭店 老甲 14  郭店 語三 45 《說文》古文。	 郭店 老甲 15  上博六 用 1  上博五 弟 10  上博六 用 14  包山 236	 郭店 老甲 12  信陽 1・08  上博一 孔 27  上博六 用 2  清華五 厚父 09

1638 ⿱夸鳥	1639 鴈			1640 鷗	1641 鴿	1642 鳶
晉	秦	楚	晉	晉	楚	秦
	雁	鳫	鳫	⿰鳥⿷匚口		
 璽彙 0533	 里耶 8-444	 包山 145	 貨系 2476	 璽彙 2523	 新蔡甲三 404	 雲夢日甲 30 反
 璽考 288		 郭店性自 7				 雲夢日甲 24 反
		 上博九陳 19				

		1646 鳴	1645 鷇	1644 鴿	1643 鵙	
	楚	秦	秦	楚	楚	楚
				雒	雎	
 上博一孔 23  上博三周 12  上博三周 13  上博七凡甲 13	 包山 95  包山 194  新蔡甲三 263  上博五鬼 5  上博七凡乙 1	 關沮 173  北大・日乙	 雲夢秦律 4	 郭店老甲 13	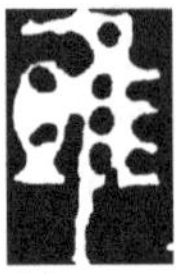 璽彙 0617	 上博五競 4  帛書丙

	1652	1651	1650	1649	1648	1647
	⿰鳥亘*	⿰鳥公*	⿰鳥卩*	⿰鳥匕*	⿹𢦏鳥*	鶾
	楚	楚	楚	楚	秦	楚
鵍						
 璽彙 3644	 清華一祭公 9 讀「桓」。	 天卜	 天策  天策	 包山 80	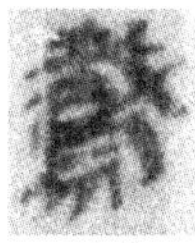 雲夢日甲 51 反 讀「鳶」。	 清華二繫年 71

1653 鵑*					1654 鵅*	1655 鷞*
楚	晉			齊	楚	楚
		雒	鳴			
 清華三 說命上 2	 十一年令少曲慎彔戈 雪二 116  璽彙 3292  璽彙 5608	 璽彙 3877  陶録 5·7·3	 璽彙 0404  璽彙 1976	 閭丘爲鵑造戈 集成 11073	 清華三 赤鵅 1  清華三 赤鵅 15 背 讀「鵅」。	  帛書乙

1656	1657	1658	1659	1660	1661	1662
鴺*	鸜*	鷎*	鸐*	髦*	鵨*	鶮*
楚	楚	楚	楚	晉	晉	晉
 包山 183  曾乙 89  新蔡乙四 76	 清華一楚居 12 讀「鄂」。	  曾乙 138	 包山 273 讀「鯈」。	 璽彙 2005	 璽彙 1125	 集粹 74

			1666	1665	1664	1663
			烏	[illegible]*	[illegible]*	鵮*
	楚		秦	燕	齊	晉
			於			
 郭店 語一 33	 越王者旨於賜矛 通考 74	 北大・泰原	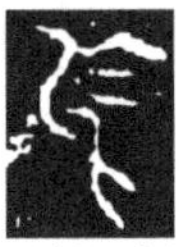 二世詔版 4	 重金扁壺 集成 09617	 鵑公劍 集成 11651	 三十年鼎 集成 2527
 郭店 語一 105	 曾侯𦚉鐘 江漢考古 2014.4	 北大・從政	 珍秦 179	 丙辰方壺 西清 19.3	 鵑戈 集成 10818	 十六年喜令戈 集成 11351
 郭店 語三 50	 曾侯乙鐘	 北大・九策	 陶録 6・319・2	 王后左相室鼎 集成 02360.2		
 上博一 緇 2	 曾侯乙鐘	 北大・祓除	 雲夢 語書 1	 歷博 燕 24		
 清華五 厚父 09	 鄂君啟舟節 集成 12113		 雲夢 日乙 185	讀「掬」。		

	晋					
		䮑				
 三晋 78	 中山王鼎 集成 2840	 璽考 174	 清華一 皇門 1	 上博一 孔 12	 郭店 唐虞 16	 郭店 語二 42
	 珍戰 1	 上博四 逸・交 3	 望山 M2 棺木烙印	 上博二 民 1	 郭店 成之 4	 郭店 語三 3
	 璽彙 2346	 清華三 赤鵠 6	 上博五 弟 4	 上博四 相 3	 郭店 老乙 9	 上博二 子 11
	 貨系 1950	 清華三 赤鵠 6	 璽彙 3525	 上博六 用 3	 包山 233	 上博一 緇 17
	 貨系 1951	 清華三 赤鵠 9	 璽考 178	 上博七 君甲 9	 清華四 筮法 39	 新蔡甲三 93

1668 焉 | 1667 舄

	晉	秦	齊	楚	秦	齊
騠				鵲	䧿	
 温縣 T1K1：2279	 中山王方壺 集成 9735  温縣 WT1K1：3417  温縣 WT1K1：3690  温縣 T1K1：4585	 詛楚文 亞駝  陶録 6・309・3  雲夢 日乙 113  里耶 8-228  嶽麓叁 244	 璽彙 0260	 上博一 孔 10  上博一 孔 11  上博一 孔 13  信陽 2・07  信陽 2・04	 雲夢 日甲 119  珍秦 269	 陳純釜 集成 10371  陶録 2・35・3

1670 糞

1669 畢

燕	秦	齊	晉		楚	秦
	糞				罼	
 璽彙 5290	 雲夢 秦律 87  雲夢 日甲 69 反  里耶 8-329	 陳貺簋蓋 集成 4190  陶録 2・48・1  陶録 2・48・3	 邵黛鐘 集成 226	 包山 158  包山 159	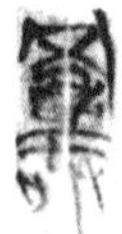 曾乙 95  璽彙 3523  包山 173  包山 140  包山 140 反	 珍展 82  秦風 139  關沮 149  嶽麓一 爲吏 33

棄

燕		齊	晉		楚	秦
	⿺辶棄			云		
 璽彙 0872  璽彙 1485	 陶録 2・100・1  陶録 2・101・1  陶録 2・101・2  後李圖二 2  陶録 2・406・4	 陶録 2・438・1  陶録 2・674・4  陶録 2・439・3	 中山王鼎集成 2840  璽彙 1428  貨系 507 《説文》古文。	 清華二繫年 135  清華二繫年 117	 上博六用 4  清華二繫年 004  郭店老甲 1  上博五季 19  上博六莊 7	 珍秦 28  秦風 44  雲夢日乙 17  雲夢答問 71  嶽麓一爲吏 48  嶽麓叁 142

1673 爯		1672 再				
楚	秦		齊	晉	楚	秦
		𠕋				
 郭店 魯穆 3  郭店 成之 22  上博四 曹 9  上博四 曹 10	 嶽麓一 爲吏 40	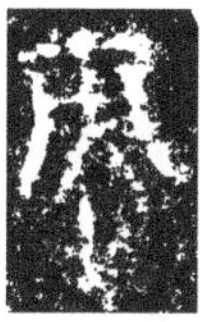 陳喜壺 集成 9700. A  陶録 2・10・3  齊陶 0199  齊陶 0200  齊陶 0201	 陳璋方壺 集成 9703. 1A	 屭羌鐘 集成 158	 郭店 窮達 15  郭店 語二 49  新蔡甲三 264  清華三 芮良夫 28	 雲夢 爲吏 22  里耶 8-472  里耶 8-2088

1674

幼

	楚	秦	齊	晉		
學						⿱幺女
 郭店 成之 34	 包山 3	 雲夢 日甲 50 反	 陶録 2・326・2	 信安君鼎 集成 2773	 清華五 三壽 22	 貨系 4253
 郭店 窮達 15	 上博二 子 4		 陶録 2・326・3	 信安君鼎 集成 2773	 上博八 命 4	 貨系 4200
 上博八 顔 11	 清華二 繫年 050		 陶録 2・326・4	 金村銅鼎 商周 1921	 上博八 志 6	 包山 244
 清華三 芮良夫 15	 清華二 繫年 050		 齊陶 0683	 集粹 138		 上博六 用 2
 上博九 靈 3	 上博三 中 8					 清華一 祭公 7

1678 幾			1677 幽	1676 陊*	1675 㓜*	
楚	秦	楚	秦	晉	齊	晉
						學
 上博四 曹 40  上博八 李 1 背  清華五 啻門 03  曾乙 93	 詛楚文 巫咸  陝西 878  雲夢 答問 152  北大・算甲  北大・九策	 九 A45  上博五 三 3  上博七 君甲 9  清華二 繫年 005  上博八 蘭 2	 詛楚文 湫淵	 璽彙 1493  璽彙 2911	 陶録 3・613・4  陶録 3・274・2	 中山王鼎 集成 2840 「幼子」之「幼」的專字。

1680 惠　　1679 叀

	楚	秦	晉	楚	燕	
						幾
 郭店 尊德 32	 上博一 緇 21	 雲夢 爲吏 2	 哀成叔鼎 集成 2782	 郭店 忠信 5 讀「惠」。	 燕王職壺 新收 1483	 上博二 民 1
 上博六 用 16	 清華一 楚居 13					 左塚漆梮
 郭店 緇衣 41	 清華二 繫年 035					 郭店 老甲 25
 上博六 平 7	 清華二 繫年 038					 上博四 曹 21
 新蔡乙一 21	 清華五 三壽 17					 上博七 吴 5

	1682 玄		1681 疐			
	楚	秦	楚	秦	晉	
 上博二子12  包山97  新蔡甲三314	 曾乙122  郭店老甲8  郭店老甲28  上博五季21  包山66	 雲夢日甲58 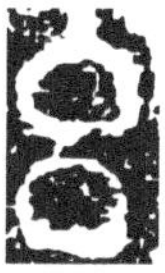 陶録6·85·6  傅1470  嶽麓一占夢13	 包山194  上博六慎1  清華三琴舞10  上博六莊9  包山25	 陶録6·11·1  雲夢封診53	 中山王方壺集成9735	 新蔡甲三213  新蔡乙四12  上博八有1  上博八有1 或釋「助」。

茲

晉	齊	秦	楚			晉
				⿱𢆶才	⿱才𢆶	
 少虡劍 集成 11696  郘黛鐘 集成 226  貨系 318  貨系 711  璽彙 0748	 齊幣 442	 雲夢 爲吏 51 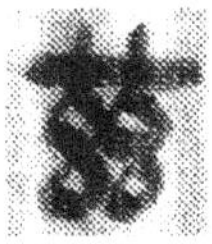 嶽麓一 爲吏 83	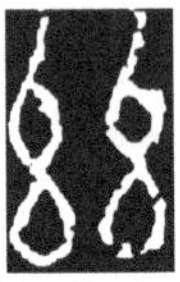 曾姬無卹壺 集成 9710  新蔡甲三 11  郭店 唐虞 23  清華五 厚父 08  上博四 采 5	 郪陵君豆 集成 4695  郭店 老甲 21  清華一 尹至 4  清華一 祭公 3  清華三 説命中 5	 上博五 鬼 6 加注「才」聲。	 梁十九年 亡智鼎 集成 2746  中山侯鉞 集成 11758  三晉 46

予

燕	齊	晉	楚	秦	齊	

 右昜宮弩牙 集成 11930	 陶録 3・614・1	 六年格氏 令戈 集成 11327  璽彙 0112  新鄭圖 403	 清華三 祝辭 1	 珍秦 222  里 J1⑨ 981 正  里耶 8－583  里耶 8－965  北大・泰原	 陳純釜 集成 10371  陳逆簠 新收 1781  分域 691 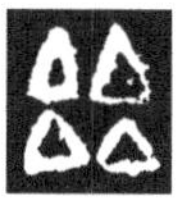 陶録 2・408・2  齊陶 0578	 中山王鼎 集成 2840  十一年庫 嗇夫鼎 集成 2608  聚珍 196  貨系 774  璽彙 3353 加注「才」聲。

1685 舒			1686 幻	1687 放		1688 敖
楚			晉	秦	晉	秦
余						
 璽彙 0218	 包山 193	 十一年 皋落戈 考古 1991.5	 璽彙 0391	 里耶8-768正	 中山王方壺 集成 9735	 陶録 6·56·1
 璽彙 5634	 清華一 耆夜 13	 十八年 冢子戈 集成 11376	 璽彙 2289			 珍秦 150
 包山 138	 包山 121	 璽彙 3694	 陶録 5·18·4 或釋「弦」。			 珍秦 351
 上博三 周 49	 包山 121					 雲夢 答問 165
 包山 136						

1691 𤔲				1690 爰	1689 敫	
秦	齊	晉	楚	秦	秦	齊
 雲夢 日甲 78 反	 陶録 3·218·1  陶録 3·218·2	 璽彙 3769	 鄂君啟舟節 集成 12113  郭店 尊德 23  清華一 楚居 1  清華一 楚居 2  上博六 孔 9  清華三 芮良夫 24	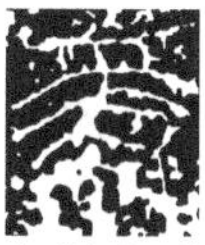 商鞅方升 集成 10372 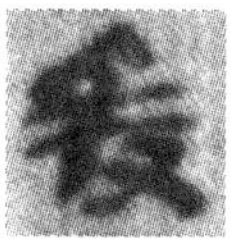 雲夢 日甲 50 反  里耶 8-2127	 雲夢 日乙 36  雲夢 日乙 101	 璽彙 0643  璽彙 3725

受

齊	晉				楚	秦
 西辛銀豆	 令狐君壺 集成 9719	 上博六 用 5	 清華一 皇門 11	 上博三 周 45	 蔿子受鎛 通考 289.4	 雲夢 日乙 216
 璽彙 3937	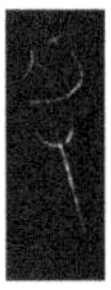 中山王方壺 集成 9735	 清華二 繫年 078	 上博八 命 6	 上博五 姑 3	 包山 277	 雲夢 日乙 215
	 三十二年 坪安君鼎 集成 2764	 清華五 封許 02	 郭店 唐虞 20	 上博二 子 1	 包山 63	 里 J1⑨5 正
	 坪安君鼎 集成 2793	 清華五 封許 03	 郭店 語三 5	 清華一 程寤 3	 上博一 孔 2	 里耶 8-63 正
	 璽彙 2141	 清華五 三壽 20	 上博二 子 7	 清華一 保訓 9	 上博二 容 52	
		 郭店 成之 34				

1694 寽					1693 爭	
齊				楚	秦	燕
	勫					
 陶録 3・561・1  陶録 3・561・4	 郭店 成之 35	 郭店 緇衣 11	 清華四 筮法 34	 曾侯瓓鐘 江漢考古 2014.4  上博六 莊 5  清華二 繫年 078	 雲夢 語書 11  嶽麓一 爲吏 85  嶽麓叁 70  嶽麓叁 69	 永用析涅壺 集成 09607  重金扁壺 集成 09617  璽彙 1231  璽彙 2799  璽彙 3274

1695

敢

	晉			楚	秦	晉
 温縣 T1K1：137	 好盗壺 集成 9734	 上博四 昭 2	 上博八 顔 10	 包山 224	 詛楚文 湫淵	 四斗司 客方壺 集成 9648
	 好盗壺 集成 9734	 上博四 柬 7	 清華一 程寤 2	 郭店 老甲 9	 珍秦 172	 金村銅鼎
	 守丘刻石	 上博六 競 13	 清華二 繫年 054	 上博三 彭 3	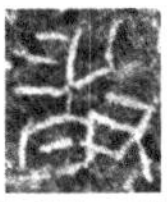 秦駰玉版	 先秦編 216
	 集粹 70		 清華三 芮良夫 12	 上博七 吴 7	 陶録 6・316・2	 先秦編 218
			 清華五 三壽 12	 郭店 六德 17	 嶽麓叁 241	

1697 ⿰𣦼爰*

1696 叡

楚	晋		楚	燕	齊	
		⿰𣦼見	⿰𣦼攴			耳
 上博三周54	 中山王鼎集成2840	 包山82	 包山165	 璽彙3294	 齊陳曼簠集成4596	 温縣T1K1：1845
 上博三周54		 包山167	 包山170	 璽考345	 璽彙3715	
 上博三周55		 包山173	 上博六用18	 陶録4・185・2	 陶録2・429・4	
		 清華三説命上5	 上博三周28	 陶録4・1・1	 陶録3・32・6	
		 清華五三壽22	 上博三周29	 陶録4・7・1	 陶録3・32・1	

1702 歾	1701 殂		1700 殤	1699 殊	1698 歹	
秦	楚	楚	秦	秦	晉	
	殜					⿱⿰睿爰廾
 雲夢 效律 22	 九 A51	 曾乙 172  包山 222  新蔡乙四 109  清華四 筮法 48  包山 225	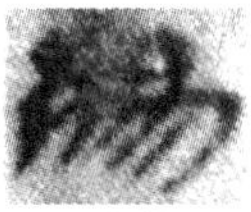 雲夢 日甲 50 反	 里耶 8-1028	 錢典 84	 上博三 周 54 「睿」「爰」雙聲符，讀「渙」。

1704 殅

1703 殆

晉		楚	秦	晉	楚	秦
⿰死古	⿰死古				肪	
 好蚉壺 集成 9734	 包山 248	 包山 217  清華四 筮法 48	 北大・九策	 璽彙 2144	  曾乙 16  曾乙 39	 嶽麓一 爲吏 53

			1707 死		1706 ⿰歹聿*	1705 殀*
晉			楚	秦	楚	楚
 中山王方壺 集成 9735	 上博一 緇 19	 清華二 繫年 128	 郭店 窮達 9	 珍秦 254	 曾侯乙鐘	 清華一 祭公 19
 哀成叔鼎 集成 2782	 清華四 筮法 62	 上博八 志 3	 郭店 六德 5	 雲夢 日乙 150	 清華三 芮良夫 24	从「大」聲，讀爲「世」。
 行氣玉銘	 清華三 祝辭 3	 望山 1·59	 上博三 周 15	 里耶 8-132		
 兆域圖版 集成 10478	 清華五 湯丘 19	 上博六 競 11	 上博五 姑 7	 嶽麓叁 132		
	 清華五 命訓 04	 郭店 忠信 3	 上博四 曹 58	 北大·泰原		

				1710	1709	1708
				骨	別	氛*
燕	晉		楚	秦	秦	晉
		膭				
 璽彙 1672	 璽彙 3432	 新蔡甲三 189	 仰天湖 35	 雲夢 答問 75	 秦風 212	 璽彙 1701
	 程訓義 1-3		 上博二 容 21	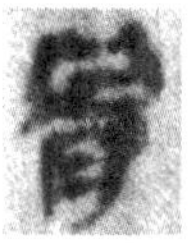 雲夢 日甲 55 反	 雲夢 答問 116	
			 上博四 昭 4	 里耶 8-822	 雲夢 秦律 34	
			 郭店 老甲 33		 里耶 8-1047	

			1713 體		1712 髀	1711 髆
			楚	秦	楚	楚
⿰⿱骨骨豊	僼	⿰月豊		⿰月豊		⿰骨膚
 新蔡甲三 189	 上博一 緇 5  上博一 緇 5	 郭店 窮達 10  上博二 民 11  上博二 民 11	 郭店 緇衣 8  上博八 王 3  清華三 赤鵠 9  清華五 湯丘 02	 雲夢 日乙 246  雲夢 爲吏 7	 新蔡甲三 54  新蔡甲三 301-2	 新蔡甲三 266

	1714 髍	1715 𩪘	1716 骼	1717 骫*	1718 䯊*	1719 䯁*
晉	楚	秦	楚	楚	楚	楚
軆	䯢					
 中山王方壺 集成 9735	 新蔡零 115	 雲夢 日乙 251  璽彙 5489	 清華二 繫年 071	 清華三 祝辭 5	 包山 277 或讀「決」。	 新蔡乙三 5

1720	1721	1722	1723		1724	
⿰骨乎*	⿰骨龍*	⿰骨舌*	肉		胎	
楚	楚	晉	秦	楚	楚	齊
					⿰月司	
 信陽 2・23	 新蔡乙一31、25	 新鄭圖 403  新鄭圖 403	 雲夢日乙 164  關沮 317  里耶 8-2524	 包山 255  上博二魯 6  上博五弟 8  清華三祝辭 4  清華五啻門 07	 郭店窮達 3 「台」「司」雙聲符。	 陳胎戈集成 11127

1727 朊	1726 臚					1725 肌
楚	齊	晉		楚	秦	晉
			肤		膚	
 曾侯𦚛鐘  曾侯𦚛鐘 江漢考古 2014.4	 璽彙 0656	 貨系 991  貨系 997  聚珍 213.2  中國古錢 譜 103	 上博三 周 4  上博三 周 33  上博三 周 41	 羕陵公戈 集成 11358  上博二 魯 4  望山 2・12  包山 84  郭店 五行 43	 雲夢 雜抄 29  雲夢 雜抄 29 《説文》籒文。	 璽考 288  璽彙 2454  璽彙 2471

1728		1729	1730	1731	1732	1733
脣		脰	腎	肝	肺	膽
秦	楚	燕	秦	秦	秦	秦
 雲夢答問 87	 九 A53	 璽彙 5691	 雲夢答問 25	 嶽麓一占夢 23	 嶽麓一占夢 23	 關沮 309
 雲夢答問 83			 雲夢答問 25			

	1736 腸	1735 脬				1734 胃
楚	秦	齊	晉		楚	秦
	 關沮 310	 陶録 2・538・1	 少虡劍 集成 11696	 上博八 志 6	 包山 89	 雲夢 日乙 237
 曾乙 166	 嶽麓一 占夢 23	 陶録 2・538・2	 玉飾 中山 140 頁	 包山 121	 清華四 筮法 55	 關沮 147
 上博一 孔 25	 嶽麓一 占夢 26	 陶録 2・66・4		 郭店 魯穆 1	 上博二 民 3	 北大・祓除
	 北大・醫方	 齊陶 1195		 郭店 五行 2	 清華五 啻門 17	
				 上博一 孔 7	 上博四 柬 14	

1740 脅		1739 背			1738 膺	1737 膏
楚	秦		楚		楚	齊
[骨巤]		肧	[骨不]	[骨雁]		
 清華一楚居 3	 秦風 208	 新蔡甲三 100	 新蔡零 210—2	 新蔡甲三 100	 新蔡甲三 210	 陶録 2・212・1
 清華一楚居 3			 新蔡乙四 8	 新蔡乙四 8	 新蔡乙二 19	 陶録 2・212・2
						 陶録 2・212・3
						 陶録 2・212・4

1742			1741			
胠			肩			
秦	晉		楚	秦	晉	
	胥		啟		肖	膉
 秦風 153	 璽彙 1411	 上博六 天乙 6	 析君戟 集成 11214	 秦風 199	 璽彙 1566	 新蔡甲三 131
 里耶 8-2246		 清華三 說命上 3	 璽彙 3217	 珍展 45		
		 清華三 琴舞 3	 新蔡乙四 61	 雲夢 日甲 75 反		
			 上博五 君 7			
			 上博六 天甲 7			

1747 臑	1746 胯		1745 臂	1744 胳	1743 肊	
秦	秦	晉	秦	楚	秦	
						腳
 雲夢 日甲 70 反	 里耶 8-1327	 妤盗壺 集成 9734  盛世 112  温縣 T1K1∶3724	 塔圖 141  雲夢 日乙 81  里耶 8-151  里耶 8-1224	 清華三 説命中 5	 里耶 8-720 正	  雲夢 日甲 159 反

1750 腹			1749 齎			1748 肘
秦	燕	晉	楚	晉	楚	秦
 雲夢 日甲 159 反  關沮 368  里耶 8-1718	 璽彙 2829	 璽彙 1336	 上博一 性 29	 侯興權 集成 10382	 郭店 成之 3	 雲夢 封診 53

1751

脽

燕	齊	晉	燕		晉	楚
					[illegible]	
 柭里瘟戈 集成 11402.1A 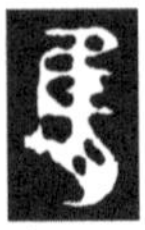 璽彙 4128	 陶録 3・310・1  陶録 3・310・2  陶録 3・310・3	 璽彙 1165  璽彙 1745  程訓義 1-141  新鄭圖 403	 璽彙 1505  璽彙 3174  璽彙 3894  珍戰 30  珍戰 44	 包山 207	 新蔡乙一 31  上博四 内 7	 包山 236  璽考 187

	1756	1755	1754		1753	1752
	肖	腓	胻		脛	股
楚	秦	楚	秦		楚	楚
		䏢		峾	脛	胬
 清華二 繫年117	 雲夢 爲吏2  里耶 8-1478背	 上博三 周26 从「弼」聲。	 雲夢 日甲75反	 上博二 容24	 信陽2・26  信陽2・27	 清華三 良臣7

1757

胤

晉	楚		燕			晉
	衜					
 好蚉壺 集成 9734	 上博三 周 49	 璽彙 1339  璽彙 4130  璽彙 4131  璽彙 4132	 璽彙 0965	 璽考 241  陶録 5・22・2  卓資趙國陶文  璽彙 0895	 二十八年陽邑戈 珍吳 206  沁陽 1	 二十七年大梁司寇鼎 集成 2610  十五年鄭令戈 集成 11388  璽彙 1053

	1763	1762	1761	1760	1759	1758
	膌	臠	脫	臞	臇	膻
楚	秦	晉	秦	秦	楚	秦
		脔				
 帛書丙	 璽彙 5569  秦風 60  雲夢答問 75	 璽彙 0415  璽彙 1983	 秦風 91  雲夢效律 58  里 J1⑯5 背  里 J1⑯6 背	 里耶 8-477	 上博三彭 7  上博三彭 8	 里耶 8-656 正  里耶 8-1563 正

1766 脪	1765 肤			1764 腫		
晉	秦	齊		楚	晉	
		膧	瘇		[illegible]	㾔
 璽彙 2778	 雲夢答問 79	 璽彙 0623	 清華四筮法 53	 清華四筮法 59	 璽彙 1730  璽彙 2659  璽彙 5622  盛世 104 或釋「脽」。	 包山 168 《説文》古文。

1768 胙				1767 臘		
晉		楚	秦	晉	楚	秦
	⿱亻乍月	⿰月⿱乍又				
 璽彙 0896  璽彙 2564	 包山 205	 包山 224	 關沮 347	 璽彙 2588	 望山 1・37	 珍展 47  集粹 606  關沮 347  關沮 353

	1772	1771	1770			1769
	胡	肴	膳			隋
楚	秦	楚	楚	齊	晉	秦
胋				脩	陏	
 上博六 競 10	 珍展 101	 上博六 競 9	 郭店 語一 15	 陶録 3・484・6	 璽彙 0831	 珍展 100
 清華五 啻門 07	 陶録 6・70・3	 清華四 筮法 43	 郭店 語一 92	 陶録 3・484・5	 璽彙 2772	 雲夢 日乙 249
	 關沮 368	 清華四 筮法 52	 郭店 語三 52		 璽彙 2937	 里耶 8-687 正
	 里耶 8-1554 正		 郭店 語三 25			 嶽麓一 爲吏 21

1775 脩		1774 脯		1773 曾		
楚	秦	楚	秦	燕	齊	晉
		胥		膟		
 包山 255	 脩武府杯 集成 9939	 包山 258	 雲夢 日乙 187	 璽彙 2581	 璽彙 3691	 七年相邦鈹 集成 11712
 包山 258	 珍秦 68	 包山 255	 里耶 8-1579			 十七年彘令戈 集成 11382
	 珍秦 252					 璽彙 1301
	 雲夢 日乙 187					 璽彙 3282
	 關沮 368					

1776 胸

晉

璽彙 0302

齊

陶録 3・604・1

燕

璽彙 3980

秦

里耶 8-1579

1777 胥

楚

望山 2・13

清華三 赤鵠 9

上博九 成乙 2

齊

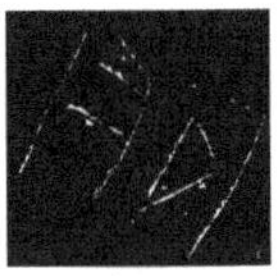
陶録 2・648・1

陶録 2・649・1

秦

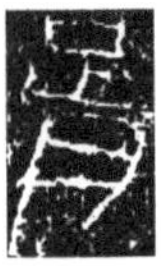
陶録 6・168・1

秦風 49

里耶 8-60 正

1781 脂　　1780 䐓　　1779 腤　　1778 脡

楚	秦	齊	秦		楚	齊
		骨		脠		
 郭店 唐虞 11  上博七 武 9  清華三 赤鵠 1	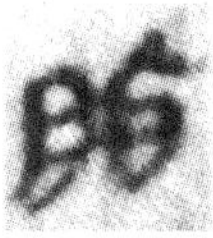 雲夢 秦律 128  關沮 324	 齊城左戟 新收 1983  郙左戈 新收 1097	 雲夢 日乙 160	 新蔡甲三 136  新蔡乙一 29、30	 新蔡甲三 212、199-3  新蔡甲三 201  清華三 説命下 3  包山 145  上博五 弟 2	 璽彙 3554  璽彙 2177  璽彙 3587

1784 脆			1783 胾		1782 膩	
楚	齊	晉	楚	晉	楚	晉
⿱雨毛		財			貳	
 郭店 成之 39	 璽彙 3698  璽彙 0248  山璽 005	 六年鼎  二年寍鼎 集成 2481  三年垣上官鼎 文物 2005.8	 清華一 尹至 2  清華三 説命中 7	 中山王方壺 集成 9735	 上博四 曹 11	 璽彙 1273  璽彙 3972

1788 肰	1787 脂		1786 腏			1785 散
楚	晋	晋	秦	齊	楚	秦
				筬	朁	
 信陽 1・1  郭店 老甲 30  郭店 語一 76  郭店 老甲 12  上博八 志 7	 珍戰 102  璽彙 2972  璽彙 2970  程訓義 1-57	 璽彙 3144	 關沮 348  關沮 354  雲夢 日甲 156 反	 陳窒散戈 集成 11036  陳散戈 集成 10963  羊角戈 集成 11210  平阿右造戈 集成 11101	 上博六 用 19	 雲夢 秦律 117  龍崗 119

1792	1791	1790		1789		
肓	肙	羸		膠		
秦	楚	楚	楚	秦		
肯	肙				膚	
 雲夢 封診 93	 清華二 繫年 118	 曾侯乙鐘	 上博八 有 6	 雲夢 秦律 130	 郭店 語一 28	 清華三 説命 4
 里耶 8-1454 正	 清華三 芮良夫 13		 上博八 有 6	 雲夢 秦律 128	 郭店 語一 30	
 嶽麓叁 184	 上博二 容 36				 郭店 語一 61	

1793

肥

齊	晉		楚	秦	晉	楚
 陶録 3・486・1	 温縣 T1K1-3815	 新蔡甲三 175	 璽彙 3536	 雲夢 日乙 185	 璽彙 3963	 清華一 皇門 8
	 璽彙 1833	 清華一 楚居 16	 包山 250	 關沮 373		 清華三 琴舞 6
	 璽彙 3259	 清華三 良臣 10	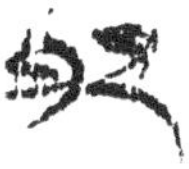 新蔡乙四 80	 里耶 8-1619		 清華三 芮良夫 22
	 璽彙 1744		 上博二 容 49			 清華一 皇門 7
			 上博五 季 11			 上博六 用 17

1798 時*	1797 肓*	1796 朐*		1795 肮*	1794 腔	
秦	秦	秦	齊	秦	秦	燕
 里耶 8-1243 讀「時」。	 雲夢 答問 74 讀「辜」。	 里耶 8-703 正	 陶録 3・269・6  陶録 3・270・1	 雲夢 語書 12 讀「伉」。	 雲夢 封診 53	 璽彙 2507

	1803 䏠*	1802 腞*	1801 胄*	1800 䏼*	1799 腊*	
晋	楚	秦	秦	秦	秦	齊
 璽彙 2711	 上博九 成甲 4  上博九 成甲 3	 嶽麓 占夢 16 讀「豚」。	 里耶 8-1517 背	 雲夢 封診 36 讀「殘」。	 雲夢 日甲 113 又見「昔」字。	 齊陶 0873

1804 胉*	1805 胛*		1806 胼*	1807 脊*		
楚	楚	齊	楚	楚	齊	
	骨虢	膟				脊
 上博四 曹 6	 新蔡甲三 100  新蔡乙四 8	 璽彙 0344  璽彙 3931	 包山 85	 清華二 繫年 031  清華二 繫年 032  清華二 繫年 032 讀「齊」。	 陳侯因脊戈 集成 11129  陳侯因脊敦 集成 4649 讀「齊」。	 陶録 3・594・2  陶録 3・594・3

1811 胢*	1810 腈*		1809 ⿰月兟*			1808 脹*
楚	楚	晋	楚			楚
			⿱䒑兟	⿸疒兟	痮	
 曾侯乙鐘 集成 330	 上博六 天甲 3	 七年邦 司寇矛 集成 11545	 璽彙 2258	 新蔡甲三 219	 新蔡甲三 291-1	 清華四 筮法 53
讀「亂」。	 上博六 天甲 3		 包山 221	 新蔡甲三 210	 新蔡零 306	
	 上博六 天乙 3		 包山 223			
	 上博八 有 6					
	讀「精」。					

1814 腋*	1813 脞*					1812 脖*
楚	楚	齊		楚		楚
⿱亦月				⿱⿰戜戜月	⿱戜月	
 鑄客鼎 集成 2480  包山 194	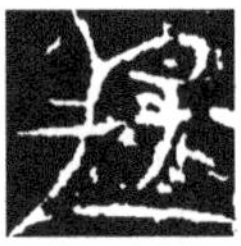 集脞爐 集成 10577	 陶録 3・489・4  陶録 3・489・5	 上博一 性 19 讀「鬱」。	 包山 80  包山 135	 郭店 性自 31  郭店 性自 44 讀「鬱」。	 璽彙 3562  信陽 1・1

	1815 ⿰月爰*	1816 ⿰月差*	1817 ⿰月㒸*	1818 ⿰月羞*		
晋	楚	楚	楚	楚	晋	齊
 璽考 293  璽彙 0752	 包山 45	 上博五 季 18  上博五 君 3  上博五 君 3	 上博三 周 30  上博三 周 30  上博三 周 30 讀「遯」。  清華五 封許 07	 清華一 皇門 3 讀「羞」。	 璽彙 1020	 陶録 3・533・6

1819	膉*	楚		 郭店唐虞 10	讀「益」。
1820	雋*	楚		 清華一尹至 5	「凫」聲，或讀「附」。
1821	膰*	楚		 上博八有 6	
1822	⿰月幾*	楚		 清華五啻門 07	讀「肌」。
1823	⿰月章*	楚		 上博五弟 19	讀「淳」。
1824	⿰子月*	燕		 璽彙 1405  璽彙 2298  璽彙 2401	或釋爲「育」。
		晉		 璽彙 5635	

	1830	1829	1828	1827	1826	1825
	⿰月羊*	⿰月多*	⿰月皮*	胴*	⿰月石*	⿰月丰*
晋	晋	晋	晋	晋	晋	晋
⿰月𦍌						
 璽考 212	 璽彙 2524  璽彙 3420	 璽彙 1580	 璽彙 0529	 璽彙 2055	 璽彙 3206	 璽彙 2543

1837 ⿰月乏*	1836 ⿱弱月*	1835 膗*	1834 ⿱䒑肎*	1833 崩*	1832 ⿸广⿱𠔁月*	1831 ⿰彳⿱𠔁月*
齊	晋	晋	晋	晋	晋	晋
 陶録 2・26・5  陶録 2・26・6	 陶文 考古學集刊 5 「弱」字繁體。	 璽彙 2176  璽彙 1079	 元年埒令戈 集成 11360  璽彙 1166	 璽彙 2146  璽彙 2646	 二十七年 大梁司寇鼎 集成 2610  梁上官鼎 集成 2451  湏朱鼎器 新收 1488 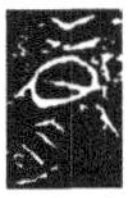 右冢子鼎 新收 380  虒令鼎 集成 2611 讀「容」。	 璽彙 1282  璽彙 2623

1844	1843	1842	1841	1840	1839	1838
膴*	腸*	膱*	肻*	肯*	胘*	肻*
齊	齊	齊	齊	齊	齊	齊
 璽彙 3935	 陶録 3·498·1  陶録 3·498·2  陶録 3·498·4	 陶録 2·54·2 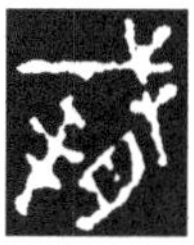 陶録 2·50·2	 璽彙 3225	 璽彙 4013  陶録 3·216·3  陶録 3·216·6  齊陶 0788	 齊陶 0927	 陶録 2·230·3  陶録 2·231·1

1851	1850	1849	1848	1847	1846	1845
⿰月反*	⿰月衡*	⿰月畾*	⿰月蒼*	⿰月皋*	臅*	⿰月巽*
燕	齊	齊	齊	齊	齊	齊
 璽彙 2513	 齊陶 0583	 陶録 2・414・1  陶録 2・416・1 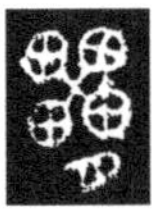 陶録 2・670・1  齊陶 0987	 陶録 2・262・1  陶録 2・262・2  齊陶 0292	 陶録 2・588・4	 陶録 3・595・1  陶録 3・595・2  陶録 3・595・4	 璽彙 0575

<table>
<tr><td colspan="4">1855
刀</td><td>1854
筋</td><td>1853
脧*</td><td>1852
⿰月余*</td></tr>
<tr><td>齊</td><td>晉</td><td>楚</td><td>秦</td><td>秦</td><td>燕</td><td>燕</td></tr>
<tr><td></td><td></td><td></td><td></td><td></td><td></td><td></td></tr>
<tr>
<td>
齊幣 242

考古 1973.1

考古 1973.1</td>
<td>
七茉扁壺
集成 9683

右使車
嗇夫鼎
集成 2707

十三茉壺
集成 9686

貨系 947

直刀
靈壽 116</td>
<td>
信陽 2・27

包山 254

上博五
鮑 6
讀「刁」。</td>
<td>
里耶 8-834

雲夢
日甲 25 反</td>
<td>
雲夢
秦律 18

雲夢
日甲 39 反

里耶
8-102

里耶
8-1913</td>
<td>
璽彙 5571

陶録
4・2・1</td>
<td>
璽彙 2815</td>
</tr>
</table>

1858	1857		1856			
利	剴		削			
秦	楚	楚	秦	燕		
						厇
 珍展 102	 郭店緇衣 42	 曾乙 61	 秦風 43	 貨系 3358	 齊幣 034	 齊幣 120
 陶録 6・329・4	 上博二魯 6	 曾乙 3	 雲夢雜抄 5	 貨系 3638	 貨系 2532	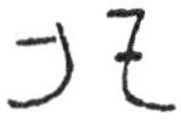 齊幣 258
 關沮 368	 清華五湯丘 11	 曾乙 98	 雲夢答問 17	 聚珍 120.2	 貨系 2586	 齊幣 121
 里耶 8-90	 上博六孔 14		 里耶 8-70 背		 齊幣 057	 齊幣 010
 北大・道里	 上博四内 8				 齊幣 414	 貨系 4016
					加注「乇」聲。	

1859

初

楚	秦	燕	齊	晉		楚
 上博一 孔 16	 陶彙 5・384	 燕王喜矛 集成 11528A	 利戈 集成 10812	 璽彙 2710	 璽彙 2558	 包山 143
 清華一 楚居 1	 珍秦 255	 燕王喜矛 集成 11529	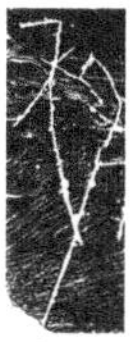 陶録 2・647・1	 璽彙 2711	 郭店 老甲 28	 上博三 周 11
 上博六 用 1	 雲夢 日乙 130				 郭店 老甲 30	 上博五 三 5
 上博一 孔 10	 里耶 8-648 正				 清華四 筮法 31	 清華一 皇門 10
 郭店 窮達 9					 清華三 良臣 11	 清華五 三壽 13
 上博五 姑 4						

1860

則

			楚	秦	齊	晉
 郭店 忠信 1	 郭店 老丙 10	 上博七 武 12	 上博一 緇 6	 陶録 6・372・1	 陳逆簠 集成 4630	 郘黛鐘 集成 226
 郭店 緇衣 5	 上博四 曹 33	 上博八 顏 14	 上博一 緇 7	 雲夢 日乙 195		 長子口臣簠 集成 4625
 上博一 性 15	 郭店 語一 35	 清華五 命訓 14	 上博一 緇 11	 嶽麓一 爲吏 49		
 上博一 性 38	 清華一 皇門 2	 上博七 武 14	 璽考 179	 北大・從政		
	 上博六 用 12		 郭店 語三 63			

1861

剛

燕	楚	秦	齊		晉	
				⿰鼎刀		
 陶録 4・190・3	 左塚漆梮  郭店 性自 8  上博三 亙 9	 珍秦 330  雲夢 日乙 126  嶽麓一 爲吏 50	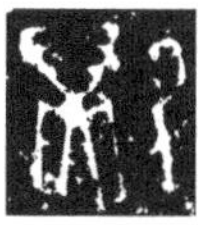 子禾子釜 集成 10374  陶録 3・613・2	 温縣 T1K1：1845	 中山王方壺 集成 9735  中山王方壺 集成 9735  行氣玉銘	 上博二 從乙 3  上博八 成 12  上博四 曹 48  郭店 老甲 35  郭店 老乙 2

1862	1863	1864		1865	1866	1867
刉	刻	副		辨	列	刊
楚	秦	秦	楚	秦	秦	秦
[皀刂]						
 新蔡甲三 312  新蔡甲三 313  新蔡乙三 37	 二世詔版 3  秦風 212  雲夢 效律 40  里 J1⑨984 背  里耶 8-657 背	 里 J1⑨981 正  里耶 8-454	 清華一 程寤 4	 雲夢 秦律 80  里耶 8-682 正	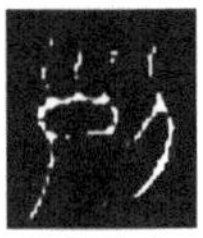 詛楚文 湫淵  秦風 193  雲夢 秦律 68  里耶 8-70 背  嶽麓叁 65  嶽麓叁 65	 雲夢 日甲 66 反

1870	1869					1868
劃	勢					割
楚	秦				楚	秦
	勢	割	㓷			
 信陽 2・3  信陽 2・18	 北大・泰原	 郭店 語四 18  上博六 競 13	 包山 121  上博六 競 1  上博二 昔 3  郭店 緇衣 37  清華五 命訓 14	 曾侯乙鐘  曾侯乙鐘 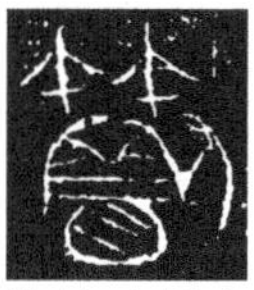 曾侯乙鐘架	 曾侯乙鐘 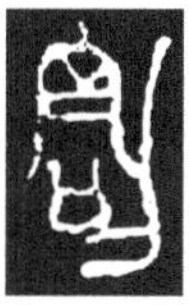 曾侯乙鐘  曾侯乙鐘	 雲夢 爲吏 29

1875 刖	1874 剉	1873 封	1872 剽	1871 劑		
秦	楚	楚	秦	秦		晉
					斲	
 雲夢爲吏 9  雲夢爲吏 29	 九 A35 讀「侳」。	 清華四筮法 10  清華四筮法 19  清華四筮法 41  清華四筮法 63	 雲夢日乙 36  雲夢日乙 37	 詛楚文巫咸	 富奠劍集成 11589	 璽彙 2865  璽考 210

1879 罰				1878 制	1877 釗	1876 剹
楚	秦	齊	晋	秦	秦	秦
			⿰出阝			
 郭店 成之 5	 雲夢 爲吏 4	 子禾子釜 集成 10374	 制戈 中原文物 1999.3	 二世詔版 3	 里耶 8-1435 背	 里耶 8-490
 上博一 緇 15	 里耶 8-761		 璽彙 2227	 龍崗 8		 關沮 317
 上博四 曹 21			 陶彙 6・147	 里耶 8-528 正		或釋「剝」。
 清華一 祭公 19			 陶彙 6・148			
 清華五 三壽 26						

1882 券	1881 刑	1880 劓				
秦	秦	齊	楚		秦	晉
		劓	⿰臬刃	⿰自刂		
 雲夢 答問 179  里 J1⑨5 正  里 J1⑨7 正  里耶 8-63 正  嶽麓叁 109	 嶽麓叁 163	 陶録 3・325・2  陶録 3・325・5  陶録 3・489・2	 上博三 周 43  清華一 耆夜 9	 嶽麓一 占夢 33	 雲夢 答問 120	 好盗壺 集成 9734

1883	1884	1885	1886	1887	1888	1889
剌	剔	刑*	剋*	剗*	刹*	劉*
秦	燕	秦	秦	秦	秦	秦
 雲夢 封診 53 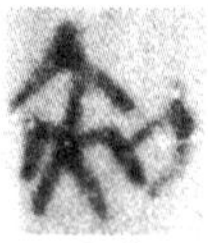 雲夢 日甲 124 反	 璽彙 3956  璽彙 4098	 里耶 8-1435 背	 龍崗 203 讀「克」。	 詛楚文 巫咸	 雲夢 封診 61 讀「掩」。	 秦風 215

（續）	1890 ⿰弋刂*	1891 ⿰乂刀*	1892 ⿰丵刂*	1893 ⿰畄刂*	1894 ⿰王刂*	1895 ⿰亻⿰叀刂*
晉	楚	楚	楚	楚	晉	晉
劉						
 璽彙 1853  璽彙 3284	 上博一 緇 1 或認爲从「弋」訛，讀「式」。	 包山 2  包山 5  包山 168	 上博二 容 18  包山 36  上博五 三 10 讀「蔡」。	 郭店 老甲 27 讀「挫」。	 陶録 5・103・5	 温縣 WT4K5：11  温縣 WT4K5：12

1900 刅			1899 刃	1898 刲*	1897 㓧*	1896 蒯*
晉	晉	楚	秦	齊	齊	晉
創						
 中山王方壺 集成 9735	 三十三年 大梁戈 集成 11330	 郭店 成之 35	 雲夢 答問 90	 陶録 3・533・1	 陶録 3・496・4	 璽彙 0539
		 清華二 繫年 002	 嶽麓一 爲吏 72	 陶録 3・533・2	 陶録 3・496・5	

1902 ⿰馬刃*

1901 劍

晉	燕	齊	晉	楚	秦	齊
				鐱		
 六年相邦 司空馬鈹 新收 1632	 燕王職劍 集成 11634  燕王職劍 集成 11643  燕王職劍 新收 1170	 陳口散劍 集成 11591  鵙公劍 集成 11651A	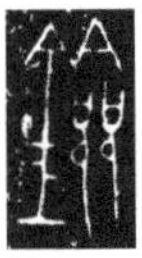 富奠劍 集成 11589  韓鍾劍 集成 11588  耳公劍 新收 1981	 仰天湖 23  包山 18  新蔡乙四 56  新蔡零 480  清華四 筮法 47	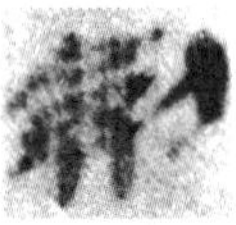 雲夢 答問 84  里耶 8-519	 陶録 3・349・2  陶録 3・348・1  陶録 3・346・6  陶録 3・346・1

1903	1904	1905		1906	1907	
[艹觔]	㓞	丯		耒	耕	
晋	晋	晋	燕	秦	楚	
					[田爭]	[田⿱爭口]
 璽彙 1755  珍戰 74	  八年首垣令戈 商周 17159	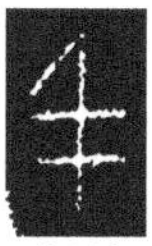 右卜脒鼎 集成 2232	 雁節 集成 12104A  鷹節 集成 12105A  鷹節 集成 12106A	 二十六年蜀守武戈 集成 11368	 郭店 窮達 2  上博六 用 4	 郭店 成之 13

刃部 㓞部 丯部 耒部

1910 角	1909 耤		1908 耦			
秦	秦	楚	秦			
					⿰丰爭	⿰⿱丰田力
 珍秦 48  陶録 6·66·4  雲夢 封診 57  里耶 8-414	 秦風 229  雲夢 爲吏 2  里耶 8-782	 包山 174	 雲夢 日甲 9	 清華五 命訓 13  清華五 命訓 14	 上博三 周 20  上博四 柬 23	 清華一 保訓 4

1913 ⿰角虒	1912 觠	1911 ⿰角雚				
楚	楚	晉	燕	齊	晉	楚
		⿱雚角				
 仰天湖 31	 新蔡零 193	 璽彙 0957	 璽彙 4116	 羊角戈 集成 11210	 十一茉壺 集成 9684	 璽彙 3520
 望山 2·58			 璽彙 3306	 陶録 3·393·4	 貨系 338	 曾乙鐘架
 信阳 2·19				 陶録 3·393·1	 珍戰 36	 上博一孔 29
 包山 254				 陶録 3·33·6	 璽彙 0893	 包山 18
或讀「卮」。					 璽考 217	 新蔡甲三 351
					 陶録 7·9·3	 曾乙石磬

1916 觸			1915 ⿰爿角	1914 觭		
晋	楚	秦	楚	晋	秦	晋
				⿰角可		
 十一茉盉 集成 9448	 上博一 孔 20	 丞相觸戈 集成 11294	 新蔡甲三 395	 璽彙 1496	 善齋	 璽彙 3123
 璽彙 0664		 嶽麓叁 154		 璽彙 4073	 秦風 193	
 璽彙 2849					 北大・白囊	
 陶録 5・23・3						

1919		1918			1917	
解		鮭			衡	
秦	楚	秦		楚	秦	齊
			奐	衡		
 璽彙 5511	 望山 2・62	 集粹 631	 上博七 君甲 3	 曾乙 64	 雲夢 效律 3	 陶録 3・559・5
 秦風 206	讀「獬」。		 上博七 凡甲 4	 曾侯 115	 雲夢 答問 146	 陶録 3・559・6
 闢沮 191			 上博七 凡乙 3	 清華二 繫年 044	 里耶 8-1234	
 嶽麓叁 102			 清華五 三壽 16		 嶽麓一 爲吏 84	
 北大・泰原			 清華三 良臣 2		 嶽麓叁 13	

1921 觚　　1920 ⿱角絲*

秦	楚	晉				楚
			⿰缶卩	觔		
 里耶 8-205背	 清華五 啻門08 讀「顯」。	 中山王鼎 集成2840	 郭店 五行36	 左塚漆梮	 包山241	 包山144
					 包山157	 新蔡甲三61
					 清華五 啻門17	 清華一 保訓10
					 上博八 王3	 郭店 老甲27
					 清華一 保訓7	 新蔡甲三 239

1922	1923	1924		1925	1926	1927
觿	觴	⿱戠角		⿰角扁*	⿰角亢*	⿰阝角*
秦	楚	秦		秦	楚	楚
 珍秦 135  里 J1⑨7 背  關沮 150	 包山 259	  雲夢秦律 183  雲夢秦律 87	 璽彙 0484  璽彙 1760	 珍秦 200	 仰天湖 23 讀「璣」。	 新蔡甲三 313

	1933 鯜*	1932 觟*	1931 觤*	1930 觝*	1929 鸁*	1928 觲*
	燕	燕	晉	晉	楚	楚
	 璽彙 2727	 璽彙 4136	 二十一年 鄭令戈 集成 11373	 二十年 冢子戈 古研 27	 曾侯乙鐘  曾乙鐘架  曾乙鐘架  上博三 周 53  清華三 芮良夫 15 讀「嬴」。	 包山 24

1934 竹

秦	楚
 雲夢日甲5反  里耶8-292  北大·算甲	 包山150  望山2·48

1935 箭

晉	秦	楚
 十七年蓋弓冒 集成12032  貨系317	 里耶8-454	 鄂君啓車節 集成12112

1939 箬			1938 筍	1937 簜	1936 筱	
秦	晋	楚	秦	秦	楚	
		笄				幵
 嶽麓一質三 4	 盛世 105	 包山 180	 集粹 688  集粹 536	 集粹 655  陝西 660  鑒印 99  北大・道里	 上博六慎 5	 上博一緇 12  上博七凡甲 5  上博七凡乙 4

1941 箓　　　　1940 節

晉	秦	齊	晉	楚	秦	楚
 箓鼎 集成 2306	 集粹 709	 陳純釜 集成 10371	 中山王方壺 集成 9735	 鄂君啓舟節 集成 12113	 雲夢 日乙 134	 清華一 楚居 7
 七年相邦鈹 集成 11712		 𤢹節 集成 12089		 郭店 成之 26	 雲夢 答問 203	 清華一 楚居 9
 璽彙 2116		 辟大夫虎符 集成 12107		 上博四 曹 44	 里耶 8-1221	 清華一 楚居 9
 璽彙 0757		 齊幣 036		 上博六 用 1	 嶽麓叁 230	
 璽考 299		 齊幣 061		 上博八 志 4		

		1945	1944	1943	1942	
		籥	篁	籍	篸	
晉	楚	秦	楚	秦	楚	
					篙	
 十八年莆反令戈 考古 1989.1	 郭店 老甲 23	 雲夢 答問 30	 包山 190	 秦風 190	 九 A4	 輝縣 4
		 雲夢 答問 30		 秦印	 九 A6	 璽考 284
		 里耶 8-1900		 雲夢 效律 27	 九 A7	
		 嶽麓一 爲吏 67		 里耶 8-1624 正		
				 嶽麓叁 126		

1948 笵		1947 等			1946 簡	
秦		楚	秦	晋	楚	秦
	[竹/時]			笲		
 珍秦 66	 包山 13	 包山 132 反	 珍秦 348	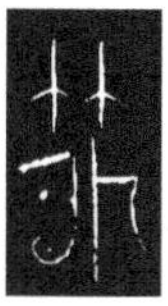 中山王方壺 集成 9735	 新蔡乙四 6	 雲夢 爲吏 9
 珍秦 122	 郭店 緇衣 4	 上博四 曹 41	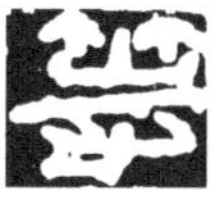 秦風 47			 北大・醫方
 珍秦 250	 上博五 季 7	 上博五 季 14	 雲夢 效律 60			
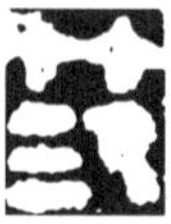 陶録 6・442・2	讀「志」。		 里耶 8-757			
 秦風 138			 嶽麓叁 54			

1950　　1949

箙　　符

		楚	秦	秦	齊	
笲		箁			笣	笣
 新蔡甲三114	 郭店緇衣46  上博四曹52  新蔡甲三72	 清華四筮法38  清華五三壽11	 雲夢日乙126	 新郪虎符集成12108 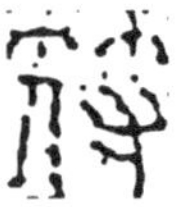 地理28  雲夢答問146  龍崗4  嶽麓叁240	 璽彙3105	 秦風158  陝西828  珍秦249

1954 筵	1953 筰	1952 筦	1951 笄			
楚	楚	楚	楚	秦	齊	
⿱竹宴	⿱竹晋	⿱竹关				⿱⺊业
 信陽 2・23  包山 262	 包山 277	 包山 190  包山 133  上博五 季 4  清華二 繫年 045  清華二 繫年 046	 清華五 封許 06  天策	 龍崗 140	 陶録 3・541・3	 郭店 緇衣 46

			1958	1957	1956	1955
			筥	筭	籓	簟
	齊	楚	秦	晉	秦	楚
𨞪		簷			䉒	籔
 莒公孫潮子鎛 山東 103  貨系 3792  貨系 3790  貨系 3789  貨系 3793	 簷□戈 山東 869  莒造戈 山東 860	 上博二 容 25	 里耶 8-932	 公朱右自鼎 集成 2361	 六年上郡守戈 新收 568	 郭店 成之 34

1962 簍			1961 箸	1960 箄		1959 笥
秦		楚	秦	楚	楚	秦
					同	
 嶽麓一 爲吏 86	 上博一 性 8  上博七 武 2  上博七 武 13  上博七 武 3 讀「書」。	 上博八 志 1  清華一 金縢 11  清華一 保訓 3  包山 14  郭店 六德 24	 詛楚文  里耶 5-10	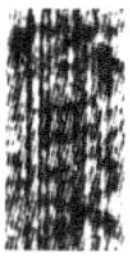 五里牌 1・6  望山 1・146	 望山 2・48	 陝西 888  里耶 8-1200 正 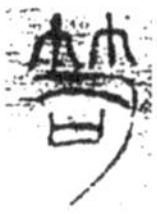 里耶 8-1201

1965 簋				1964 笿		1963 籃
晉		楚	秦	楚	齊	楚
飤	盤				笡	笡
 珍戰 48	 清華五封許 07	 慎虎簋	 秦公簋集成 4315	 包山 223  新蔡乙一 5  新蔡乙二 8	 璽考 61  璽彙 0156  璽彙 0314	 曾乙 54

	1968 竿	1967 箭			1966 簠	
	楚	楚	晉	齊	楚	齊
⿱竹早				笑	笑	
 上博六 用 11	 上博五 三 21	 包山 103 反	 璽彙 3109	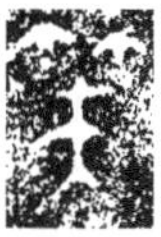 陳逆簠 集成 4630  陳逆簠 新收 1781	 信陽 2・6  信陽 2・6  包山 124	 陳昉簋蓋 集成 4190  陳逆簋 集成 4096

1973 策		1972 笭	1971 篚	1970 簦		1969 箑
楚	秦	齊	晉	楚	秦	楚
		⿱竹命				䈉
 包山 260  清華一 耆夜 2  上博九 靈 3  上博九 靈 3  上博九 靈 4	 北大・九策  北大・祓除	 ⿱竹命戈 集成 10820	 中山王方壺 集成 9735	 信陽 2・14	 嶽麓一 占夢 12	 望山 2・47  包山 260 《説文》或體。

1976 箙	1975 籣	1974 箠				
楚	秦	秦		晉		
			⿱竹斥		芹	⿱竹斤
 曾乙 19  新蔡甲三 324	 里耶 8-752 正	 雲夢日甲 50 反	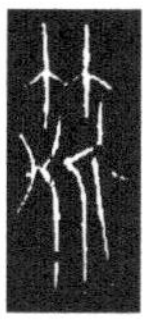 中山王方壺 集成 9735	 璽彙 2409  陶録 5・12・4	 望山 2・48	 仰天湖 18

1980	1979				1978	1977
竽	箾				箴	笴
楚	秦	燕		楚	秦	秦
			[⿱竹織]	戠		
 璽彙 0283  璽彙 0346  信陽 2・3  新蔡甲三 179  上博七 君甲 3	 雲夢 秦律 132	 廿四年 錐形器 集成 10453  右佐箴 錐形器 集成 10452	 上博五 君 10	 清華三 芮良夫 18  左塚漆梮	 雲夢 答問 86	 里耶 8-1379

1985 箅	1984 筑			1983 管	1982 簧	1981 笙
秦	秦		楚	秦	秦	楚
		鲞	笶			
 雲夢 日乙 191	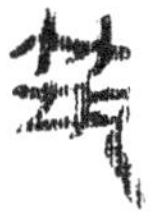 雲夢 日乙 125	 清華三 芮良夫 20	 清華二 繫年 45	 陝西 787	 集證 226・1	 信陽 2・3
 北大・算甲			 清華二 繫年 46			
 北大・算甲						

	1989 策*	1988 笱*		1987 笑		1986 算
楚	秦	秦	楚	秦	楚	秦
簻			芺	芺		
 信陽 2·11	 里耶 8-2254	 陶録 6·138·3	 上博三周 42  上博四柬 19  上博五三 11  上博五鬼 2	 秦風 79	 新蔡甲三 352	 篁齋 77

1990	1991	1992	1993	1994	1995	1996
箭*	篟*	箮*	篷*	篋*	竽*	笁*
秦	秦	秦	秦	秦	楚	楚
 里耶 8-1913	 集粹 689	 里耶 8-1237	 里耶 8-2283	 秦風 158	 包山 80  包山 125 反  包山 85 反 讀「札」。	 曾乙 10

1997		1998	1999	2000		2001
𥫨*		𥬇*	笫*	笲*		𥬝*
楚	齊	楚	楚	楚		楚
			笶			
 郢太府銅量 集成 10370	 鑄大□壺 集成 9580	 信陽 1・4	 仰天湖 22	 望山 2・48	 信陽 2・13	 郭店 窮達 2
 清華二 繫年 071		 上博四 柬 2	或讀「簍」。	 包山 258	 包山 256	讀「拍」。
或讀「謷」，或讀「璆」。		讀「蓋」。		 包山 258		

2008	2007	2006	2005	2004	2003	2002
篋*	篳*	箇*	篃*	箊*	管*	笄*
楚	楚	楚	楚	楚	楚	楚
 曾侯䳿鐘 江漢考古 2014.4	 新蔡甲一 7  新蔡甲一 21  新蔡乙四 55	 九 A53	 望山 1・3	 信陽 2・11	 包山 201	 仰天湖 13  包山 257  信陽 2・6  信陽 2・20

			2012 ⿱竹害*	2011 篙*	2010 箪*	2009 篠*
			楚	楚	楚	楚
⿱竹割	篕	⿱竹割				
 曾乙鐘架  曾乙鐘架 讀「姑」。	 曾乙鐘架  曾乙鐘架  曾乙鐘架 讀「姑」。	 曾乙石磬  曾乙石磬  曾乙鐘架 讀「姑」。  信陽 2·4 讀「蓋」。  包山 152  曾乙鐘架	 望山 2·12 讀「蓋」。  清華三琴舞 10 讀「歇」。	 荊曆鐘集成 38 讀「曆」。	 上博七武 4  上博七武 5 讀「運」。	 信陽 2·21

	2013	2014	2015	2016	2017	2018
	⿱竹原*	⿱竹雀*	⿱竹埶*	⿱竹臧*	⿱竹敝*	⿱竹無*
	楚	楚	楚	楚	楚	楚
⿱竹憲					笧	
 天印 11	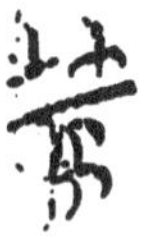 上博二 民 2 讀「原」。	 望山 1・22  上博四 曹 21  上博四 曹 37  清華一 耆夜 3  郭店 魯穆 7 讀「爵」。	 上博四 柬 15 讀「嬰」，或讀「篋」。	 新蔡甲三 350	 新蔡甲三 109  包山 204  包山 213 讀「遍」。	 信陽 2・3 或讀「⿱竹侖」。

2025	2024	2023	2022	2021	2020	2019
籔*	籑*	籚*	籖*	籙*	籦*	籗*
楚	楚	楚	楚	楚	楚	楚
 包山 255 讀「箨」。  包山 264	 清華五 封許 06 讀「鑣」。	 上博五 競 3 讀「錯」，或讀「勴」。	 郭店 六德 45 讀「衍」。	 上博四 柬 15 讀「操」，或讀「藻」。	 望山 2・13  上博五 鮑 3 讀「重」。	 清華三 芮良夫 15 讀「熾」。

2026 籋*	2027 ⿱竹安*		2028 笡*	2029 ⿱竹必*	2030 笺*	2031 ⿱竹郁*
楚	晋	燕	晋	晋	晋	晋
	郊					
 信陽 2・23 讀「蔑」。	 璽彙 1938  程訓義 1-149  璽彙 1937	 璽彙 0332  璽考 108  璽彙 3288  陶録 5・86・1  璽彙 1935	 璽彙 1081  集粹 137	 六年相邦司空馬鈹新收 1632	 璽彙 3111	 集粹 101

		2036 笡*	2035 簌*	2034 ⿱⺮𦁼*	2033 箅*	2032 筧*
		齊	晋	晋	晋	晋
⿰木⿰笡阝	⿱⺮⿰且攵	⿰笡阝				
 齊幣 347	 錢典 1194	 璽彙 3682	 璽彙 0542	 璽彙 3790	 璽彙 3110	 璽考 112
		 齊幣 300		 璽彙 1216	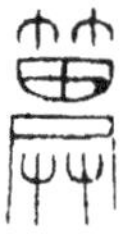 珍戰 43	
		 貨系 2496				
		讀「柤」。				

	2040 箕	2039 籐*	2038 篣*	2037 ⿱竹黹*		
	秦	齊	齊	齊		
其		⿱竹⿸厂滕			節	⿱竹⿸厂亘
 秦駰玉版	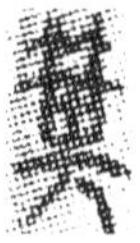 關沮 199	 滕子戈 集成 10898	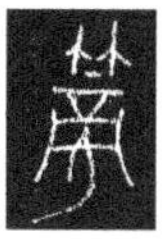 篣府戈 商周 16656	 璽彙 3106	 貨系 3795	 幣編 245
 里 J1⑨7 正	 里耶 8-2133	 璽彙 5682		 璽彙 3107		
 里耶 8-805		 璽彙 3112				
		讀「滕」。				
 北大・泰原						

	晉					楚
笄	其	𦍰		囟	其	笄
 𡍮鼎蓋 集成 1799  貨系 1604	 好蚉壺 集成 9734	 信陽 2・17  郭店 性自 25  郭店 性自 34  清華一 金縢 8  清華一 金縢 13 讀「斯」。	 清華五 厚父 05	 郭店 緇衣 39  上博六 慎 5	 鄂君啓舟節 集成 12113  西林鐘 集成 3710  酓章鎛 集成 85  書也缶 集成 10008  上博八 王 3	 信陽 2・21

丌

齊	晉	楚	秦		齊	
				笄	其	[illegible]
 子禾子釜 集成 10374	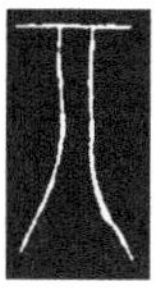 好盗壺 集成 9734	 郭店 老甲 4	 陶録 6·166·3	 璽彙 3108	 陳侯因資敦 集成 4649	 魚顛匕 集成 980
 子禾子釜 集成 10374	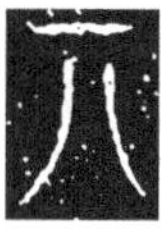 行氣玉銘	 上博一 性 8	 嶽麓一 占夢 3		 陶録 3·481·2	 温縣 T1K1：4585
 陶録 3·214·5	 璽彙 4005	 上博七 君甲 5	 北大·醫方			
 陶録 3·215·1	 璽彙 5203	 清華一 尹至 2				
 陶録 3·473·5	 貨系 1605	 包山 138				

2042 典

齊	楚	秦	燕
 陳侯因資敦 集成 4649	 望山 2・1	 秦駰玉版	 九年將軍戈 集成 11325B
	 包山 3	 傅 1537	 纕㝐君扁壺 集成 09606.1
	 包山 13	 璽彙 3232	 郭大夫釜甑 新收 1758
	 清華一 尹至 3	 雲夢 雜抄 33	 丙辰方壺 西清 19.3
	 清華五 厚父 06	 里耶 8-157 正	

2043 畀

齊	楚	秦
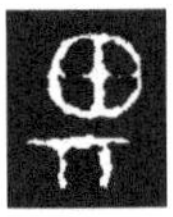 陶録 3・41・2	 清華二 繫年 115	 珍展 68
	 新蔡甲三 352	 雲夢 答問 195
	 清華一 祭公 5	 里耶 8-1008
	 清華三 說命上 3	
	 郭店 語一 51	

	2049 巽	2048 軆*	2047 鰟*	2046 鱕*	2045 𩨇*	2044 𩏁*
	楚	楚	楚	楚	楚	楚
	晉					
 中國古錢譜 114  中國古錢譜 114  中國古錢譜 114  銅貝 中國錢幣 1994.3	 曾侯乙鐘  上博三 中 23  上博六 慎 1  清華一 皇門 3 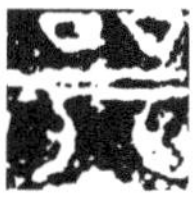 璽彙 0161	 包山 92	 包山 125  包山 130  包山 169  包山 201	 包山 163	 璽彙 2529	 包山 130

	2051			2050		
	奠			黝*		
	楚	秦	楚	晉		
墓					[illegible]	卯
 上博一 性 1	 璽彙 5568  包山 2  郭店 性自 1  上博六 平 4  清華二 繫年 130	 璽彙 3597  陶録 6・382・4	 郭店 成之 7 讀「袀」，雙聲符。	 璽彙 3023  陶彙 6・145  新鄭圖 403	 上博二 民 11	 上博一 孔 9  上博五 三 13

2054 左	2053 ⿱口丌*	2052 ⿱丷⿱口丌*				
秦	齊	晉	燕		齊	晉
			墓	墓		
 珍秦 4	 陶録 3·64·2	 錢典 299	 璽彙 3295	 璽彙 0314	 鄭約盒 新收 1076	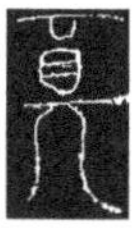 盛季壺 集成 9575
 秦風 34	 陶録 3·65·2		 璽彙 3326	 齊陶 0087	 璽彙 0291	 富奠劍 集成 11589
 雲夢 日乙 104				 齊陶 0094	 璽考 312	 三年□令戈
 里耶 8-63 正				 齊陶 0095	 後李 圖一 6	

		齊		晉		楚
右			右			
 邧左戹戈 集成 10969	 璽彙 0047	 左徒戈 集成 10971	 公朱左自鼎 集成 2701	 三苿壺 集成 9692	 曾乙 143	 璽彙 0268
 鄴右戈 集成 10997	 璽彙 0157	 陳喜壺 集成 9700. A	 璽彙 0349	 四年春平 侯鈹 集成 11707	 曾乙 154	 郭店 老丙 8
 陶録 2・17・1	 璽彙 0195	 左關之鉌 集成 10368		 集粹 11	 清華五 厚父 12	 上博二 容 20
 山璽 004	 璽彙 5540	 子禾子左戟 集成 11130		 陶録 5・31・2		 上博七 武 6
		 璽彙 0038				 清華二 繫年 057

2056 工

2055 差

秦	晉		楚	秦		燕
 四十八年上郡假守黿戈 商周 17299	 十年邙令戈 集成 11291	 酓悍鼎 集成 2794	 曾侯臏鐘 江漢考古 2014.4	 珍秦 45	 聚珍 159.5	 燕侯載矛 集成 11513
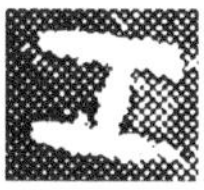 高陵君弩機 商周 18581	 忓距末 古研 24	 燕客銅量 集成 10373	 曾工差臣匿	 陝西 810	 璽彙 0050	 王后左相室鼎 集成 2360.1
 傅 1194		 郭店 窮達 4	 曾乙 120		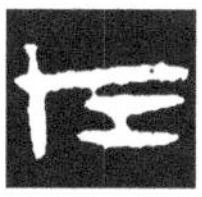 璽彙 0053	 璽彙 0126
 雲夢 日乙 238		 郭店 老甲 6	 新蔡甲三 211		 璽考 84	 貨系 3336
 北大・祓除		 上博一 孔 21	 清華三 良臣 4		 陶録 4・24・1	 聚珍 136.2

2058 巧		2057 式				
秦	楚	秦	燕	齊	晉	楚
 雲夢秦律 113	 上博一緇 8	 雲夢秦律 66	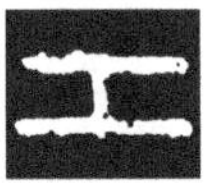 璽彙 0085	 後李圖八 5	 中山王鼎集成 2840	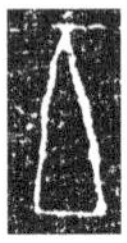 曾工差臣匿
 雲夢日乙 98	 清華一皇門 5	 里耶 8-477	 璽彙 5545	 陶録 3・619・4	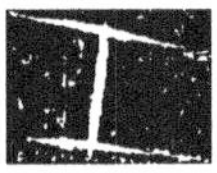 陶録 5・82・5	 清華二繫年 117
 里耶 8-1423			 陶録 4・52・3	 齊陶 1405	 貨系 249	 上博三彭 5
				 齊幣 62		 上博三周 16
						 清華五厚父 08

2059 巨

2060 [齊巨]*

齊	燕	齊	晉		楚	秦
 陶録 3·164·3	 燕王戎人矛 集成 11536	 璽考 70	 璽彙 3286	 上博五 弟 19	 巨荳鼎 集成 2301	 陶録 6·329·4
 陶録 3·165·2	 燕王戎人矛 集成 11537	 陶録 3·624·2			 璽彙 0316	 塔圖 137
	 陶録 4·24·3	 齊明刀背文 考古 1973.1			 曾乙 172	 塔圖 137
		 齊明刀背文 考古 1973.1			 上博六 天乙 6	 雲夢 語書 5
					 清華二 系年 11	 里耶 8-711 背

2062 ⿰巫余*　　　　2061 巫

	楚				楚	秦
⿰巫舍	⿰巫余				⿱巫口	
 清華一楚居 16	 包山 125	 清華一程寤 2	 包山 219	 清華一楚居 3	 清華二繫年 075	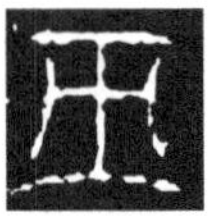 詛楚文巫咸
讀「謝」。	 新蔡甲三 343-2		 包山 244		 清華二繫年 108	 雲夢日乙 176
	讀「舍」，或讀「謝」。		 新蔡甲三 15		 清華三赤鵠 10	 里 J1⑯6 背
					 清華四筮法 50	 里耶 8-793
					 清華三赤鵠 10	 北大·祓除

甘

燕	齊	晉		楚	秦	
						⿰巫舍
 壐彙 5570	 壐彙 3235	 甘丹上庫戈 集成 11039	 郭店 老甲 19	 包山 242	 陝西 659	 清華二 繫年 128 讀「舒」。
 陶録 4・53・2	 壐彙 3590	 壐彙 5263		 上博一 孔 10	 里耶 8-1443 正	
	 齊陶 1362	 聚珍 185		 上博四 曹 53		
		 先秦編 593		 包山 90		
		 先秦編 593				

2064 猷

楚	
猷	猷
 上博一孔23	 郭店緇衣46
 上博二從甲12	
 上博一緇24	
 上博六孔20	
 上博八王5	

2065 甚

晉	齊	秦	楚	
 温縣WT4K6：212	 陶録3・405・1	 詛楚文亞駝	 包山158	 清華一祭公2
 温縣WT4K6：315	 陶録3・405・3	 雲夢爲吏2	 郭店老甲36	 新蔡乙四24
		 里耶8-508	 上博六用19	 清華一保訓2
			 郭店唐虞24	
			 清華二繫年027	

2068 曰				2067 曆*	2066 甘匕*	
		楚	秦	齊	晉	齊
 上博七 凡甲15	 清華二 繫年031	 包山246	 詛楚文 巫咸	 璽彙0615	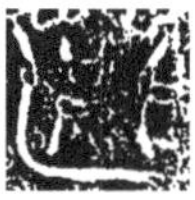 私官鼎 集成1508	 陶録 2・167・2
 上博二 民10	 上博八 命6	 郭店 老甲22	 秦駰玉版	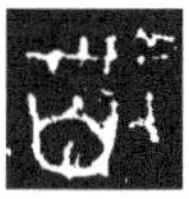 陶録 2・35・1	齊	
 上博五 弟8	 郭店 成之1	 上博二 民3	 陶録 6・279・5	 陶録 3・411・6	 陶録 2・85・1	
 上博九 史9	 清華五 三壽28	 上博二 從甲3	 雲夢 日乙146		 陶録 2・119・1	
 上博九 史12		 上博六 孔2	 北大・醫方		 陶録 2・140・1	

2072 曹	2071 沓	2070 暜	2069 曷			
秦	秦	楚	秦	燕	齊	晉
 秦駰玉版  陶録 6・449・1  雲夢 雜抄 17  里榻 1  里耶 8-241	 秦印 晉  璽彙 3111	 上博六 用 11  包山 177  清華五 啻門 08  上博二 容 38	 陶彙 3・916	 陶録 4・72・1  陶録 4・73・4	 陳侯因資敦 集成 4649  陳純釜 集成 10371  陶録 2・409・3  陶録 2・235・3  陶録 2・547・2	 温縣 WT1K14：572  哀成叔鼎 集成 2782 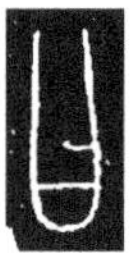 魚顛匕 集成 980

2073

乃

楚	秦	齊		晉		楚
		𤏲	鄭	𢉖	𢉖	𤏲
 郭店 緇衣 29	 陶録 6・361・1	 璽彙 3603	 璽彙 1613	 中山王方壺 集成 9735	 上博五 弟 17	 上博五 弟 4
 上博一 緇 15	 雲夢 雜抄 41	 陶録 2・737・1	 璽彙 1616	 璽彙 5415		 清華二 繫年 042
 上博五 姑 5	 里 J1⑨7 正	 陶録 2・737・5	 璽彙 1614	 程訓義 1-76		 清華三 琴舞 4
 清華一 耆夜 4	 北大・日乙	 陶録 2・738・4				
 清華四 筮法 43	 北大・日乙	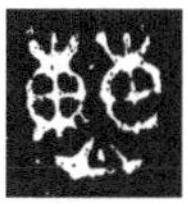 陶録 3・414・2				

2074 卤

秦
廼
 里 J1⑨981 正  里耶 8-140 正

2075 卣

	楚	楚
卣	亶	
 上博一緇 23 讀「攸」。 燕  燕載作戎戈集成 11383	 清華一保訓 10  郭店緇衣 45  上博三周 1  清華三琴舞 16  上博七武 10  清華五厚父 10	 上博二子 10  上博三周 47  清華一皇門 3  清華三説命上 3  清華五厚父 05

2076 丂

燕	齊	楚
 貨系 2706  聚珍 035.6	 陳逆簠新收 1781	 上博三亙 7  清華一金縢 4  清華五三壽 18  清華五三壽 22

2079 可		2078 寧		2077 甹		
楚	秦	晋	秦		晋	楚
				皐	[口甹]	[口甹]
 郭店 忠信 1  上博八 王 5  上博六 孔 2  郭店 老甲 21  清華一 程寤 8	 秦駰玉版  秦駰玉版  秦風 111  北大・從政	 好螸壺 集成 9734  貨系 513  中國錢幣 1996.2	 陶録 6・48・4  傅 1241  雲夢 日乙 192  雲夢 日乙 80	 三年馬師鈹 集成 11675  司馬成公權 集成 10385  璽彙 2949  璽彙 2962	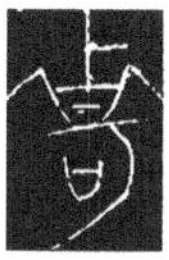 甹孝子壺 集成 9516  十年洱陽 令戈 文物 1990.7  璽彙 3472  集粹 102	 包山 197  上博八 命 4  清華一 皇門 1  清華一 楚居 2  清華二 繫年 088

2080

奇

晉		楚	秦	燕	齊	晉
	㚔					
 璽彙 1680	 上博五姑 10	 包山 75	 秦風 211	 貨系 3678	 節可忌豆新收 1074	 中山王鼎集成 2840
 璽彙 1682	 上博五姑 2	 上博八子 4	 珍秦 365		 齊幣 194	 璽彙 4862
 貨系 1723			 塔圖 138		 璽彙 0572	 珍戰 185
 璽彙 1685			 陶録 6・40・1		 陶録 2・136・4	 璽彙 4918
 璽彙 0716			 雲夢日乙 195		 陶録 3・149・5	

2085	2084	2083	2082	2081		
號	号	羲	兮	哥		
秦	楚	秦	楚	齊	秦	燕
 始皇詔版1	 清華三祝辭2 讀「皋」。	 秦駰玉版	 包山87	 陶録3·479·4	 雲夢日甲42	 璽彙2795
 陶録6·339·1		 秦駰玉版	 包山116			 璽彙3342
 雲夢答問98						 陶録4·139·6
 嶽麓叁47						 歷博燕107
 嶽麓叁47						

2086 于

秦	楚	晉	齊	燕
 詛楚文 湫淵	 上博三 周 2	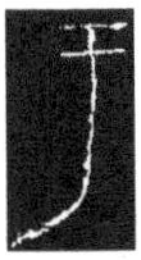 梁十九年 亡智鼎 集成 2746	 陳純釜 集成 10371	 聚珍 036.1
 秦駰玉版	 上博五 三 3	 陶録 5・100・5	 齊明刀 考古 1973.1	 聚珍 036.6
 秦都圖 121	 清華一 程寤 3	 貨系 1068	 璽彙 4033	
 陶録 6・12・3	 清華一 祭公 6	 貨系 1067	 淳于公戈 集成 11125	
 里耶 8-1709	 上博八 命 5			

2087 虧

秦
 珍秦 50

2088 平

秦
 四十八年上郡假守鼂戈 商周 17299
 平鼎 集成 1236
 璽彙 3636
 陶録 6・50・1
 嶽麓一 質三 13

楚	晉			齊		
坪						
 曾乙 67	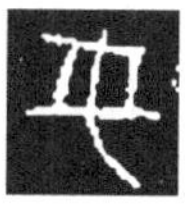 六年安平守鈹 集成 11671	 聚珍 218	 貨系 1109	 拍敦 集成 4644	 璽彙 0062	 陶録 2・280・4
楚文字「坪」用作「平」，詳卷十三「土」部。	 璽考 92	 聚珍 232	 貨系 1108	 平阿左戈 集成 11041	 陶録 2・5・2	 齊陶 0077
	 三年大將弩機 商周 18585	 三晉 82		 平陽高馬里戈 集成 11156	 陶録 2・14・3	 齊陶 0079
	 璽彙 3104	 先秦編 245		 平陸戈 集成 10926	 陶彙 3・703	 齊陶 0080
	 湏朕鼎器 新收 1488	 貨系 1113		 貨系 3797	 璽彙 0313	 齊陶 0276

2089

旨

楚	秦	燕
 越王者旨矛 通考 74  越王者旨 於睗鐘  上博三 彭 8  清華一 程寤 5  清華五 湯丘 15	 陜西 730  雲夢 日乙 243	 先秦編 290 燕文字「坪」用作「平」，詳卷十三「土」部。

2090

嘗

楚	秦	齊	晉
 郭店 魯穆 5  郭店 唐虞 14  清華三 赤鵠 4  上博九 舉 3	 秦風 237  秦風 237  里耶 8-1849  北大・從政  嶽麓叁 152	 陶録 2・168・1  桓臺 41  陶録 2・173・2	 璽彙 3418

2092 喜				2091 眷*		
齊	晉	楚	秦	楚	齊	
						崈
 陳喜壺 集成 9700. B	 十六年喜 令戈 集成 11351	 新蔡甲三 25	 故宫 406	 上博七 鄭甲 5	 十四年陳 侯午敦 集成 4646	 畬忓鼎 集成 2794
 陶録 2・156・4	 璽彙 0889	 新蔡甲三 32	 陶録 6・41・1	讀「寸」。	 陳侯因資敦 集成 4649	 左塚漆梮
 陶録 3・43・6	 璽彙 0890	 新蔡零 642	 雲夢 日乙 189			 清華一 祭公 21
 陶録 3・45・4	 貨系 352	 包山 54	 嶽麓叁 69			 上博五 三 5
 陶録 3・47・4			 北大・日丙			 郭店 老甲 34

2094 壴　　　　2093 憙

楚	秦	晉	楚	秦	燕	
 曾乙石磬	 秦風 162	 三十二年坪安君鼎集成 2764	 璽彙 3223	 秦風 61	 燕王喜戈集成 11004	 陶録 3・48・1
 曾乙石磬	 陶録 6・92・1	 十一年皋落戈考古 1991.5	 包山 198	 陶録 6・33・4	 燕王喜戈集成 11005	 齊陶 0027
 郭店老丙 12		 港續 78	 清華五三壽 18	 雲夢日乙 202	 燕王喜矛集成 11523	 齊陶 0033
 郭店性自 49			 上博一孔 18	 里耶 8-67 背	 璽彙 0395	 齊陶 0039
 清華四筮法 58			 上博六天乙 5		 陶録 4・139・2	 齊陶 0053

2096　　2095
彭　　尌

齊	晉	楚	秦	秦	燕	晉
 璽彙 3513	 十七年鄭令戈 集成 11371  陶録 7·3·2  陶録 5·6·3	 鄂君啓舟節 集成 12113  包山 2  新蔡甲一 25  清華三 祝辭 1  新蔡甲三 41	 秦風 162  傅 1457  里耶 8-105  嶽麓叁 154	 秦風 71  陶録 6·91·1  雲夢 日乙 128  嶽麓一 爲吏 18	 燕侯載器 集成 10583  璽彙 0368	 三年汪匋 令戈 集成 11354

2098 鼓　　　　2097 嘉

秦	晉				楚	秦
		⿰禾⿱加又	⿰禾⿱加力			
 雲夢爲吏 22	 哀成叔鼎集成 2782	 清華三芮良夫 20	 上博六用 11	 燕客銅量集成 10373	 新蔡甲三 112	 珍秦 80
 里耶 8-753 正	 中山王鼎集成 2840	 清華一保訓 7	 上博六用 13	 包山 159	 新蔡甲三 114	 珍秦 268
		 清華一耆夜 6		 清華一皇門 2		 秦都圖 292
		 清華五三壽 25		 上博四采 4		 秦都圖 292
				 包山 166		 里耶 8-439

2101 [illegible]*　　2100 鼙　　2099 鼛

楚	楚	秦	晉			楚
	鞞			䇷		
 上博九 陳 13	 信陽 2.3  包山 145  上博九 陳 13	 詛楚文 巫咸	 邵黛鐘 集成 226	 上博七 君甲 3  上博七 君乙 3	 上博四 柬 11  上博四 曹 52  上博七 凡乙 13  上博九 陳 13  上博二 容 22	 曾侯乙鐘  越王者旨 於賜鐘  自鐸 通考 360・2  包山 95  上博一 孔 14

2102 豈

2103 豆

秦	楚	秦	楚	齊		
	戠					
 雲夢 爲吏 10	 上博四 逸・交 1	 雲夢 答問 27	 望山 2・45	 陶録 2・3・2	 陶録 2・291・1	 後李 圖七 7
	 上博四 逸・交 2	 嶽麓一 占夢 33	 郭店 老甲 2	 陶録 2・11・4	 陶録 2・436・2	 陶録 2・497・4
			 上博八 李 1 背	 陶録 2・13・1	 陶録 2・482・1	 陶録 2・502・1
				 陶録 2・29・1	 陶録 2・497・1	 陶録 3・2・2
				 陶録 2・30・3	 陶録 2・495・3	

	2107 豊	2106 豎*	2105 豋		2104 梪	
	楚	楚	楚		楚	燕
				梠		
 清華一金縢 12	 郭店老丙 10	 新蔡甲三 379	 望山 2・46	 帛書乙 讀「柱」。	 包山 266	 陶録 4・199・1
 郭店老丙 9	 郭店尊德 11				 包山 250	
 上博七凡甲 27	 上博二民 4				 郭店性自 8	
 郭店語一 42	 新蔡甲二 28				 上博三彭 8	
 清華五命訓 14	 上博五三 5				 清華一程寤 1	

2110 虞		2109 虛	2108 豐			
秦	晉	楚	楚	秦	晉	
 珍展 32  秦風 169  雲夢 秦律 125	 二十一年 安邑戈 珍吴 96	 帛書乙 讀「義」。	 包山 145 反  上博三 周 51  上博二 容 45  清華三 琴舞 16  上博八 李 2	 西安圖 十六 19	 璽彙 1883  中山玉璜 中山 138 頁  豊□□小器 集成 10433  中山王方壺 集成 9735	 郭店 緇衣 24  上博一 緇 13  郭店 性自 15  郭店 性自 66

		2113		2112		2111
		虖		虘		虔
晋	楚	秦	齊	楚	楚	秦
 中山王鼎集成 2840  陶録 5・86・2	 郭店唐虞 17  郭店忠信 9  郭店語一 60  郭店語三 57  清華五厚父 09	 珍展 65	 璽彙 0260	 上博一緇 14  新蔡乙三 60	 清華二繫年 119  清華二繫年 124  清華五厚父 08  清華五封許 05	 珍秦 324

2115 虞				2114 虐		
	楚			楚	秦	齊
𡋯	虡	𧇡	禠	虖		
 上博六 競 9	 上博六 競 1	 清華三 芮良夫 10	 上博二 從甲 15	 上博一 緇 14	 詛楚文 湫淵	 虖台戈 山東 853
	 上博六 競 13	 清華三 芮良夫 17		 上博一 孔 13		
				 上博五 季 11		

2116

虎

		楚	秦		燕	晉
虎				[illegible]		
 上博四 曹 50	 上博九 靈 2	 上博五 三 18	 珍秦 103	 璽彙 0186	 雁節 集成 12104A	 郘黛鐘 集成 226
 清華一 祭公 4	 上博九 靈 2	 包山牘 1	 秦都圖 233	 璽彙 0188	 鷹節 集成 12105A	 少虡劍 集成 11696
 清華一 祭公 17	 上博九 靈 3	 包山 271	 雲夢 雜抄 26	 璽考 77		 十二茉銅盒 集成 10359
 清華二 繫年 105	 上博九 靈 5	 清華五 湯丘 18	 里耶 8-170 正	 璽考 81		 璽彙 5377
 上博二 民 2		 清華五 啻門 01				 璽彙 4224

2117

虢

	楚	燕		晉		
						虘
 新蔡甲一 25	 包山 19	 璽彙 3478	 虎丛丘君戈 集成 11265	 璽彙 3411	 上博一 緇 23	 曾姬無卹壺 集成 9710
 清華四 筮法 46	 包山 15		 貨系 991	 璽彙 3056	 上博六 孔 22	 郭店 老乙 7
 包山 180	 郭店 五行 25		 三晉 66	 璽彙 3433	膚	 郭店 成之 4
 上博一 緇 9	 郭店 五行 25		 中山玉琥 中山 138		 曾乙 60	 上博二 魯 5
 郭店 緇衣 16	 上博六 用 5				 曾乙 16	 清華三 良臣 6
下部訛作「貝」。						

2120 ⿸虍魚*　　2119 虒　　2118 虢

晋		楚	晋	秦		楚
		⿸虍余			⿰虢阝	虔
 中山王鼎 集成 2840 讀「吾」。  貨系 1978  三晋 116  貨系 1970  三晋 116	 書也缶 集成 10008  上博一 緇 4 讀「禦」。  新蔡甲三 342-2	 上博九 成甲 3 讀「於」。	 三十年鼎 集成 2527  三十五年鼎 集成 2611	 珍秦 256  雲夢 日甲 157  里耶 8-1350	 清華二 繫年 7  清華二 繫年 109	 清華三 良臣 8  清華三 良臣 3

2123 盂		2122 皿		2121 ⿸虍辰*		
楚		晉	楚	楚	齊	
	⿰金皿			⿸虍𦥑		
 上博二容 44	 二十七年⿰金皿集成 09997	 滎陽上官皿文物 2003.10  先秦編 89  先秦編 89	 仰天湖 29	 上博六用 6 讀「唇」。	 齊陶 0208  齊陶 0209  齊陶 0291	 貨系 1974  貨系 1973  三晉 116  三晉 116

2125 齍					2124 盛	
秦	晉				楚	秦
		⿱成食	⿰食成	墭		
 里耶 8-169  北大・祓除	 盛季壺 集成 9575  㚸蚉壺 集成 9734	 信陽 2・17	 包山 130	 新蔡乙一 13	 盛君⿷匚舌 集成 4494  璽彙 1318  璽彙 1319  包山 201  上博一 孔 2	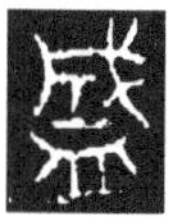 詛楚文 亞駝  二世詔版 3  關沮 341  里耶 8-247  里耶 8-478

2127 盬　　　　2126 盧

	楚	齊	晉	楚	秦	齊
	古					
 曾孫懷匿	 盛君匿 集成 4494	 璽考 31	 璽彙 3418	 王子嬰次爐 集成 10386	 集粹 564	 陶録 3・63・2
 曾大司馬白國匿	 酓□匿		 幣編 228		 傅 1421	 陶録 3・63・1
 蘧子孟青嫻簠 新收 522	 包山 265		 幣編 228		 嶽麓一 爲吏 82	 陶録 3・63・4
	 郭店 窮達 3		 先秦編 227		 放馬灘地圖	 陶録 3・63・3
	 新蔡甲三 90		 天幣 51			

2130 醘		2129 盎	2128 盄			
秦	楚	秦	晉	燕	齊	晉
				𠤳	𠤳	𠤳
 雲夢 日甲 26 反	 望山 2・51	 雲夢 日甲 58 反	 令狐君壺 集成 9719	 璽彙 1887  璽彙 2750	 陳曼𠤳 集成 4594	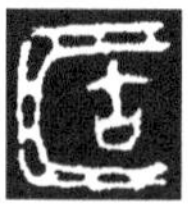 長子口臣簠 集成 4625  璽彙 0869  璽彙 2428  璽考 241

2132 益			2131 盉			
	楚	秦		晉		楚
溢			鍋	鉌	鉌	[illegible]
 清華三芮良夫9	 環權	 珍展133	 少府盉集成9452	 春成侯盉新收1484	 信陽2・25	 途爲盉集成9426
	 包山108	 秦風213				
	 包山118	 雲夢日乙15				
	 包山146	 里耶8-151				
		 嶽麓叁78				

2134 盡			2133 盈			
晋	秦		楚	秦	齊	晋
		沕	溋			
 中山王方壺 集成 9735	 陶録 6・350・1	 上博三 周 9	 上博六 用 17	 陝西 738	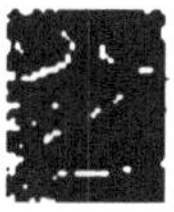 私之十耳杯 新收 1079	 信安君鼎 集成 2773
	 雲夢 日乙 199		 九 A47	 雲夢 效律 20	 少司馬耳杯 新收 1080	 滎陽上官皿 文物 2003.10
	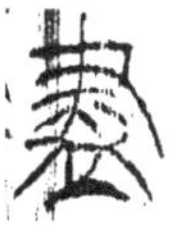 里耶 8-214		 上博五 三 8	 里耶 8-1565		 少府銀圜器 集成 10458
	 里耶 8-757		 清華三 芮良夫 4	 北大・算甲		 春成侯盉 新收 1484
						 五年春平相邦葛得鼎 商周 2387

2135 盁	2136 盥	2137 ⿱廷皿*	2138 ⿱酪皿*	2139 ⿱蜀皿*		2140 盧*
楚	楚	楚	楚	楚	晉	楚
 包山 260  上博六 平 7	 楚王酓忎盤 商周 14402	 清華一 金縢 4 讀「廷」。	 上博六 木 3  上博六 木 4 讀「酪」。	 上博五 鮑 3 讀「鐲」。  上博六 天甲 8  上博六 天乙 7 讀「濁」。	 集粹 114	 卲王之諻鼎 集成 3634

2141 ⿱豛皿*

楚

新蔡甲三 320

新蔡甲三 345-2

或釋「醯」。

2142 ⿱⿰金虍皿*

楚

郭店 五行 49

讀「狎」。

2143 ⿱沃皿*

晉

哀成叔鼎 集成 2782

2144 亯*

晉

陶 古研 24

2145 ⿱⿰舟关皿*

晉

哀成叔豆 集成 4663

讀「鐙」。

2146 去

秦

故宮 423

珍秦 34

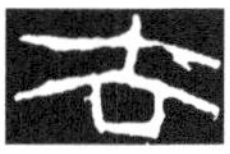

珍秦 130

陝西 845

里耶 8-455

迲

秦風 155

			晉			楚
迲	⿰彳去	⿱去止		迲	⿱去止	
 二十八年晉陽戟珍吳199  璽彙2153  璽彙0857  璽彙0551  盛世105	 璽彙0856	 好蚉壺集成9734  璽彙1161	 中山王鼎集成2840  哀成叔鼎集成2782 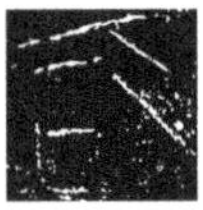 陶録5•76•3	 郭店老乙8  上博一孔20  上博二容41  上博四柬12  上博九卜1	 上博四曹43  上博八蘭1	 郭店老乙4  郭店語一101  郭店語三4  上博八子5  清華四筮法20

2149 卹		2148 衃	2147 血			
楚	秦	秦	齊	楚	秦	齊
		峼				迲
 曾姬無卹壺 集成 9710	 詛楚文 亞駝	 雲夢 封診 87	 陶録 3・181・2	 郭店 唐虞 11	 雲夢 日乙 62	 璽彙 1433
 上博三 周 38	 雲夢 爲吏 26		 陶録 3・181・4	 郭店 六德 15	 關沮 316	 璽彙 1481
 清華一 皇門 2			 陳逆簠 新收 1781	 郭店 語一 45	 里耶 8-1786	
 清華五 啻門 17				 清華四 筮法 54	 北大・醫方	
 包山 135						

2150 衋	2151 盇					2152 主
楚	秦	楚			晉	秦
畫	盍	盍			盍	
 上博一 緇 12	 雲夢 日乙 11	 禽悍鼎 集成 2794	 清華一 楚居 12	 仰天湖 30	 少府盉 集成 9452	 秦風 26
 上博一 緇 12	 嶽麓一 爲吏 72	 信陽 2・019	 上博六 競 2		 璽彙 2738	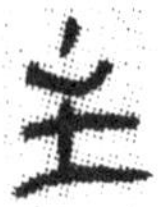 雲夢 效律 51
	 嶽麓一 爲吏 83	 包山 254	 上博七 武 2		 璽彙 2743	 里 J1⑨6 正
		 左塚漆梮	 上博六 木 4			 里耶 8—156
		 九 A24	 信陽 2・014			 嶽麓一 爲吏 40

2156 彤		2155 臒			2154 丹	2153 音
楚		楚	晉	楚	秦	秦
	臒					
 曾乙 127	 包山 62	 曾乙 15	 甘丹上庫戈 集成 11039	 包山 16	 秦風 97	 雲夢 封診 91
 望山 2·13	 上博三 周 48		 璽彙 0421	 包山 76	 陶録 6·2·2	
 包山 253	 上博六 競 7		 貨系 707	 上博七 武 13	 雲夢 秦律 102	
 新蔡甲三 72	 清華一 程寤 4		 先秦編 592	 上博二 容 38	 尤家莊秦陶	
 新蔡甲三 312	 清華二 繫年 026		 先秦編 593	 上博七 凡甲 4	 嶽麓叁 99	

2158 靜			2157 青			
秦	燕	齊	晉		楚	秦
 秦風 154	 八年五大夫弩機 集成 11931A	 桓臺	 璽彙 3157	 郭店 語三 44	 璽彙 5634	 雲夢 日乙 192
 里耶 8-1356	 璽彙 4646		 珍戰 10	 上博一 緇 19	 包山 31	 關沮 190
	 璽彙 2410		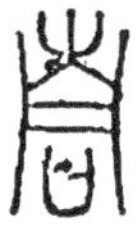 璽彙 4643	 上博六 天乙 4	 郭店 老乙 15	 職官 17
	 璽彙 1335		 璽彙 2583	 清華四 筮法 60	 上博二 容 20	 里耶 8-1070
	 陶録 4・17・1		 璽彙 2519		 包山 129	

2159

井

燕	齊	晉	楚	秦		楚
 陶録 4•116•3	 陶録 3•626•4	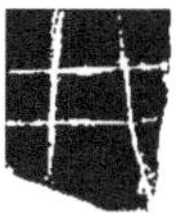 陶録 5•98•5	 九 A47	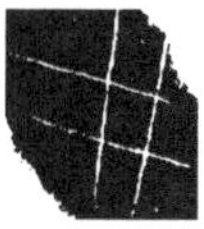 陶録 6•330•2	 上博四 内 10	 郭店 老甲 5
		 貨系 180	 上博六 用 4	 雲夢 日乙 16	 上博八 顏 7	 郭店 老甲 5
		 先秦編 64	 上博六 用 13	 關沮 229	 郭店 老甲 5	 郭店 語二 11
			 上博六 用 16	 關沮 340	 上博一 緇 6	 郭店 語二 12
						 上博一 緇 2

2161 荆　　2160 阱

晉		楚	秦		楚	秦
	型			丼	汬	穽
 四年武雝令矛 集成 11564	 上博四 柬 12	 曾乙 75	 秦駰玉版	 清華一 祭公 9	 上博三 周 44	 雲夢 秦律 5
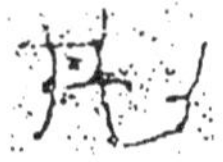 聳肩空首布 内蒙 2000.1	 上博四 柬 12	 清華五 厚父 06	 珍秦 229		 上博三 周 44	 龍崗 103
		 清華一 皇門 7	 雲夢 答問 136		 上博三 周 45	
		 清華五 啻門 07	 詛楚文 湫淵		《說文》古文。	
		 清華一 皇門 1	 雲夢 日甲 67			

2162

即

	晋	楚	秦	燕		齊
皀					⿱㔾廾	
 三晋 44	 中山王方壺 集成 9735	 郭店 老丙 1	 雲夢 答問 153	 璽彙 1279	 璽彙 0083	 司馬楙編鎛 山東 104
 三晋 44 省簡。	 貨系 949	 郭店 成之 17	 秦集二 二・32・1	 璽彙 1281		 子禾子釜 集成 10374
	 貨系 2476	 清華二 繫年 021	 里耶 8-1071	 集拓 2.3		 璽彙 3755
	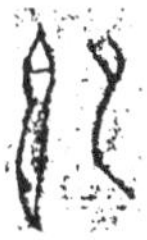 天幣 85	 郭店 語一 97	 嶽麓叁 70			
	 邢臺圖 209・5	 上博六 孔 2				

既

		楚		秦	燕	齊
			䁘			
 清華二繫年 070	 上博三周 53	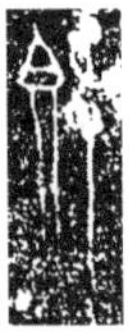 曾侯𦣻鐘江漢考古 2014.4	 陶録 6・146・1	 秦駰玉版	 璽彙 3453	 即墨華戈集成 11160
 包山 122	 清華二繫年 094	 曾侯𦣻鐘北漢考古 2014.4	 陶録 6・146・3	 秦駰玉版	 璽彙 5611	 齊陶 0787
 郭店老甲 20	 上博八成 1	 上博一緇 11	 北大・從政	 雲夢爲吏 40	 璽彙 5317	
 上博五鮑 8	 上博八王 3	 上博一緇 24			 璽彙 5318	
 包山 247	 上博九成甲 5	 上博六用 10				
		 郭店緇衣 19				

2165 爵　　2164 鬯

秦	楚	晉				
			⿰食旡	塈	⿱既口	
 雲夢 日乙 97	 清華五 封許 05	 哀成叔鼎 集成 2782	 清華三 祝辭 2	 上博二 民 7	 上博三 亙 5	 郭店 五行 10
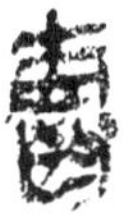 雲夢 雜抄 38	 上博五 鬼 6		 包山 206	 上博二 民 13		 清華一 尹誥 1
 里耶 8-2188 背				 上博八 命 2		 清華五 封許 07
 里耶 8-2551						 清華一 保訓 6
 嶽麓叁 115						 上博八 顔 5

2166 食

楚	秦	楚
𣁬		
 燕客銅量 集成 10373	 雲夢 日乙 253	 新蔡甲三 243
 上博一 緇 15	 關沮 373	 新蔡乙三 42
 新蔡零 352	 嶽麓一 占夢 42	 新蔡乙四 80
	 北大・從政	
	 北大・日乙	

2167 饙

晉	楚	晉	齊
		餴	
 郾孝子鼎 集成 2574	 西林鐘 集成 3710	 温縣 T1K1-3205	 齊陳曼簠 集成 4596
	 新蔡甲三 212、199-3	 程訓義 1-2	 禾簋 集成 3939
		《説文》或體。	

2168	2169		2170			2171
餾	養		飯			飤
晉	秦	楚	秦	楚	齊	秦
餾		敹				
 璽彙 1176	 雲夢 爲吏 27	 郭店 唐虞 22	 雲夢 爲吏 26	 上博二 魯 6	 公子土斧壺 集成 9709	 陶録 6・108・1
	 雲夢 答問 195	 郭店 忠信 4		 上博五 弟 8	 齊陶 1180	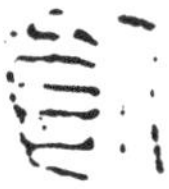 傳 58
	 里耶 8-756	 郭店 六德 33		 上博四 曹 2		 雲夢 效律 22
	 里耶 8-773 正	 上博一 性 38				 里耶 8-1042
	 風過 124	《說文》古文。				

鋪

秦	齊	晉				楚
			臥	餄		
 雲夢 日甲 135  關沮 367  里耶 8-728 背	 璽彙 0286	 中山王方壺 集成 9735  哀成叔鼎 集成 2782	 包山 247  郭店 成之 13  上博五 鮑 6  上博八 子 3  清華五 湯丘 01	 上博七 君乙 2	 上博四 曹 11  上博五 三 18  郭店 語三 56  包山 200  清華五 三壽 08	 曾孫懷匿  曾大司馬 白國匿  王命龍節 集成 12097  鄂君啟車節 集成 12112  上博二 容 28

2173 饋			2174 飽		2175 饒	2176 餘
楚		晋	秦	楚	秦	秦
	饋	糟		歠		
 太府盞 集成 4634  包山 202  包山 206  望山 1・112  清華三 赤鵠 5	 包山 243  包山 248	 璽彙 0537  璽彙 1039  璽彙 0840  璽彙 1038	 嶽麓一 占夢 1	 上博七 凡甲 7  上博七 凡乙 6 《説文》古文。	 里耶 8-739 背  里耶 8-1554 正	 陕西 763  雲夢 秦律 172  關沮 309  里耶 8-1579  嶽麓叁 67

2181	2180	2179		2178		2177
⿰飠尼	饑	餲		館		餞
秦	齊	晉	燕	晉		晉
			⿰飠亘	⿰飠𠂤	饑	
 雲夢秦律 60	 璽彙 0249	 璽彙 2352  珍戰 56	 璽彙 3335	 璽彙 2443  珍展 23	 璽考 336	 程訓義 1-8

2184 餽			2183 餓			2182 飢
秦	晉		楚	秦	楚	秦
	飠戈	飠戈			餡	
 雲夢 答問 129	 璽彙 2019	 上博八 成 4	 上博八 子 1	 雲夢 日甲 62 反	 上博二 從甲 19  清華五 湯丘 18  清華二 繫年 102	 雲夢 爲吏 31  嶽麓一 爲吏 21

2190 䬣*	2189 䬠*	2188 䬤*	2187 餌*	2186 餃*	2185 䬪*	
楚	楚	楚	秦	秦	秦	楚
		飳				飢
 清華五 湯丘 02	 清華五 湯丘 1	 包山 257	 里耶 8-2101	 嶽麓一 爲吏 58	 關沮 373	 清華四 筮法 53
讀「粹」。	讀「芳」。	 包山 257		讀「繳」。		讀「醪」。
		讀「酏」。				

2191	2192	2193	2194	2195	2196	2197
餂*	飫*	餙*	餓*	饇*	饍*	飳*
楚	楚	楚	楚	楚	楚	晉

郭店 緇衣 33	仰天湖 29	上博四 曹 63	信陽 2・14	新蔡零 416	清華五 湯丘 15	璽彙 2033
讀「稽」。	讀「厨」。		或讀「糜」。		或讀「饕」。疑从「慎」聲。	

2203	2202		2201	2200	2199	2198
⿰飠昏*	⿰飠昔*		⿰飠毛*	飲*	⿰飠予*	⿰飠攴*
晋	晋		晋	晋	晋	晋
 璽彙 0504  璽彙 0502  璽彙 0813  璽彙 1603	 □年芒碭守令 新收 1998	 右冢子鼎 文物 2004.9  璽彙 0812  璽彙 2444	 璽彙 4038	 璽彙 0808	 二十七年涑縣戈 古研 27	 璽彙 3812

2210	2209	2208	2207	2206	2205	2204
餕*	餠*	饏*	餺*	饈*	饋*	飫*
燕	燕	晋	晋	晋	晋	晋
 璽彙 5627	 璽彙 3094	 七年宅陽令矛 集成 11546  港續 74  程訓義 1-108	 璽彙 0809	 中山王鼎 集成 2840 讀「修」。	 璽彙 0304	 六年安陽令矛 集成 11562

2212 合　　2211 亼

齊		晉		楚	秦	燕
	畣			畣		
 陳侯因資敦 集成4649	 合陽鼎 集成2693	 合陽矛 中原文物 1988.3	 郭店 老甲19	 包山210	 雲夢 日乙59	 貨系2922
	 长合鼎 集成1800		 上博六 競3	 包山166	 龍崗5	
	 王二年戟 珍吴169		 清華三 琴舞9	 上博八 王1	 關沮198	
	 玉璜		 清華五 湯丘17	 上博二 魯3	 里耶 8-1534	
				 清華一 皇門9		

<table>
<tr><th colspan="5">2214
侖</th><th colspan="2">2213
僉</th></tr>
<tr><td>晉</td><td>楚</td><td></td><td></td><td></td><td>楚</td><td>秦</td></tr>
<tr><td></td><td>龠</td><td></td><td></td><td>習</td><td>會</td><td></td></tr>
<tr>
<td>
中山王鼎
集成 2840

七年侖氏戈
集成 11322

璽彙 0341</td>
<td>
郭店
成之 32

郭店
尊德 1

郭店
尊德 25

郭店
尊德 35</td>
<td>
包山 133

包山 135

上博六
用 17</td>
<td>
上博七
凡甲 24

上博七
凡甲 24

上博八
顏 7</td>
<td>
包山 121</td>
<td>
越王州句劍

上博四
曹 8

郭店
老甲 5

上博六
孔 5

上博八
蘭 4</td>
<td>
龍崗 226</td>
</tr>
</table>

2216 舍　　　　2215 今

楚	秦		晋		楚	秦
舍		含		含		
 鄂君啟車節 集成 12112	 秦風 207	 中山王鼎 集成 2840	 温縣 WT1K1：3417	 信陽 1・65	 上博四 曹 2	 詛楚文 湫淵
 郭店 老乙 16	 陶録 6・442・1	 温縣 WT1K1：3690		 上博六 莊 7	 上博六 競 9	 雲夢 答問 168
 上博二 從甲 14	 秦集一 五 26・1			 上博八 有 4	 清華一 尹至 3	 里 J1⑨7 正
 郭店 性自 19	 雲夢 答問 159			 上博四 昭 2	 清華二 繫年 103	 里耶 8-63
 郭店 老甲 10	 嶽麓叁 53			 上博五 季 8	 清華四 筮法 11	 北大・祓除

2217

會

晋	楚	秦	齊	晋		
				舍		
 郘羌鐘 集成 157	 郙陵君豆 集成 4695	 新郪虎符 集成 12108	 璽考 69	 中山王鼎 集成 2840	 清華三 琴舞 10	 上博七 吴 6
 陶録 5・62・3	 包山 259	 陝西 737		 璽彙 1989	 包山 129	 上博八 志 7
 靈壽圖 76・4	 郭店 語一 36	 雲夢 答問 153		 璽彙 2329		 上博一 孔 27
 鑒印 87	 清華二 繫年 054	 里耶 8-175 背				 包山 154
 璽彙 5409	 郭店 語四 27	 北大・道里				 清華一 祭公 20

會部

2219　　2218

倉　　飤*

晉		楚	秦	晉	燕	齊
 宜陽右倉簋 集成 3398	 清華五 封許 05	 璽彙 3907	 上博 31	 二年梁令 戟束 古研 27	 璽考 68	 璽彙 0253
 貨系 261	 清華五 三壽 20	 包山 181	 陶録 6・50・3			
 貨系 262	 帛書甲	 新蔡甲三 331	 傅 419			
 珍戰 222		 郭店 太一 4	 雲夢 效律 27			
 陶録 5・46・1		 清華一 尹至 2	 里耶 8-1628 正			

入

齊	晉	楚	秦	燕	齊	
						[illegible]
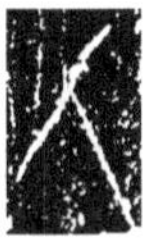 陶録 3・624・1	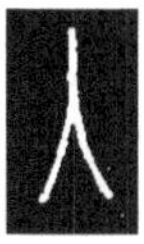 魚顛匕 集成 980  温縣 WT4K5：13	 曾乙 208	 雲夢 日乙 18  里 J1⑨7 正  里耶 8-2093  北大・泰原	 攈古齋二 之二 12	 璽彙 5561  璽彙 5555	 陶録 5・43・4  陶録 5・75・2

2222 全

2221 內

秦	燕	齊	晉		楚	秦
全						
 秦風 189	 右内鐓 集成 11908	 貨系 2646	 璽彙 5338	 上博六 用 9	 鄂君啟舟節 集成 12113	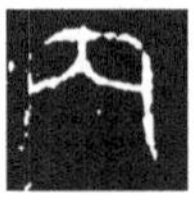 詛楚文 巫咸
 雲夢 答問 69	 璽彙 0697	 子禾子釜 集成 10374	 半齋鼎 集成 2308	 上博八 顔 10	 上博六 競 9	 璽彙 3358
	 璽彙 0699	 齊幣 150	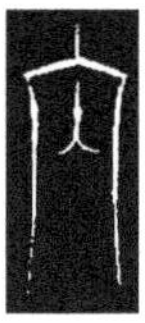 中山王方壺 集成 9735	 上博五 競 1 背	 郭店 語一 20	 珍秦 11
		 璽彙 0154		 上博一 緇 20	 上博四 昭 2	 里耶 8-312
		 陶録 2·5·1		 清華四 筮法 14	 清華一 程寤 7	 北大·醫方

2223

缶

		楚	秦	燕	晉	楚
⿰土缶	⿰金缶					
 包山 255	 書也缶 集成 10008	 信陽 2・14  包山 265  上博三 周 9  清華一 祭公 20	 陶録 6・325・2  陶彙 5・371	 十三年戈 集成 11339  燕王喜矛 集成 11529	 玉飾 中山 139 頁	 包山 210  包山 241  楚銅貝  包山 237  上博五 鮑 3

2224

匋

楚	秦		燕	齊	晉	
⿱宀缶						⿰石缶
 郭店 窮達 2	 吉大 145	 陶録 4・71・3	 聚珍 075.5	 陶録 2・289・1	 陶録 5・56・1	 包山 255
 郭店 忠信 1	 秦風 185	 陶録 4・90・1	 陶録 4・4・2	 陶録 3・548・1	 陶録 5・16・1	 包山 255
 郭店 忠信 3		 陶録 4・97・1	 陶録 4・7・1			
 上博二 容 13		 陶録 4・124・1	 陶録 4・38・1			
 新蔡甲三 244		 陶録 4・126・1	 陶録 4・47・3			
		讀「匋」。				

燕				齊		晉
						窑
 陶録 4·44·3	 陶録 2·314·3	 陶録 2·218·4	 璽考 66	 鵑公劍 集成 11651A	 先秦編 243	 四年春平侯鈹 集成 11707
 陶録 4·202·3	 陶録 2·429·2	 陶録 2·257·2	 璽考 66	 璽彙 0272	 陶 古研 24	 三年汪匋令戈 集成 11354
	 陶録 2·435·3	 陶録 2·133·1	 陶録 2·62·2	 齊陶 1212	 陶 古研 24	 貨系 360
	 齊陶 0850	 陶録 2·237·2	 陶録 2·248·3		 珍戰 8	 貨系 361
		 陶録 2·311·1	 陶録 3·29·2		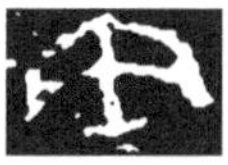 陶録 5·31·6	 貨系 1133

2227 缶	2226 罋		2225 鉼			
秦	楚	秦	晉			楚
	罋	甕	垪	垪	鉼	
 雲夢日甲 137 反	 新蔡甲三 182-2	 從瓦從𤼷 關沮 341	 璽彙 0720	 信陽 2・14	 包山 252	 包山 265
	 清華二繫年 115		 璽彙 2567	 信陽 2・21	 曹家崗 5・4	 上博三周 44

2234	2233	2232	2231	2230	2229	2228
矢	罃*	鐪*	錆*	鈧*	鉐	缺
秦	燕	楚	楚	楚	秦	秦
 雲夢 日甲 27 反  關沮 313  里耶 8-519	 璽彙 3823	 包山 89	 上博一 孔 9 讀「菁」。	 包山 85  郭店 語四 26	 雲夢 秦律 97  里耶 8-2488  嶽麓一 爲吏 59	 里耶 8-157 正

2235

䠶

楚	秦	燕	晉		楚	
𢏚	射	𡰪		鉃		𡰪
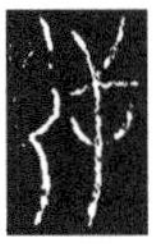 鄂君啟舟節 集成 12113	 珍秦 263	 鷹節 集成 12105	 □公鏃 集成 11997	 包山 277	 仰天湖 27	 雲夢 日乙 101
 包山 60	 秦風 113	 馬節 集成 12091			 包山 260	
 包山 138	 雲夢 雜抄 26				 上博一 孔 22	
 郭店 窮達 8					 上博二 容 18	
 上博三 周 44					 清華三 說命上 2	

2237 矰　　2236 矯

楚	秦	秦	燕	晉		
矰					⿰弓夬	⿰弓矦
 包山 165	 秦風 92	 雲夢語書 2	 璽彙 3349	 璽考 112	 清華二繫年 064	 清華三祝辭 3
 上博五三 20	 尊古 316					 清華三祝辭 4
 包山 188	 雲夢日甲 139 反					 清華三祝辭 5
	 嶽麓一爲吏 69					 清華三祝辭 5
						 清華三赤鵠 1

2238

侯

齊		晉		楚	秦	晉
 十四年陳侯午敦 集成 4647	 春成侯鍾 集成 9616	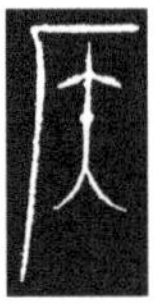 中山王方壺 集成 9735	 璽考 151	 曾侯乙鼎	 珍秦 44	 璽彙 0845
 陳侯因資敦 集成 4649	 錢典 769	 十七年春平侯鈹 集成 11690	 郭店窮達 6	 曾侯乙匕	 秦風 192	 璽彙 3526
 陳侯因資戈 集成 11081	 集粹 81	 璽彙 1082	 上博六天乙 6	 曾侯乙尊	 陶録 6・366・1	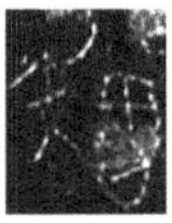 十八年冢子韓矰戈
	 先秦編 139	 十七年春平侯鈹 集成 11713	 上博二容 50	 曾侯乙戟 集成 11173	 里耶 8-652 正	 新鄭圖 348
	 璽考 342	 春成侯盉 新收 1484	 清華二繫年 025	 曾侯乙戈		

	2242	2241	2240	2239
	矣	知	短	鍚

	楚	秦	秦	秦	齊	燕
 上博二 民 5  上博九 舉 16	 郭店 老乙 10  郭店 魯穆 4  上博一 孔 2  清華五 湯丘 15  上博五 季 13	 雲夢 答問 161  雲夢 日乙 258  里耶 8-594  嶽麓叁 114	 雲夢 日乙 46	 雲夢 秦律 98  雲夢 爲吏 15	 璽彙 3921	 燕侯載器 集成 10583  燕侯載戈 集成 11218  燕侯載矛 集成 11513

	2243 ⿰矢彡*	2244 ⿰矢介*	2245 ⿰矢可*	2246 ⿰矢皇*	2247 矩*	2248 ⿰矢戠*
晉	秦	楚	楚	楚	晉	齊
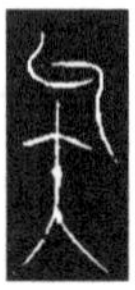 中山王鼎 集成 2840	 陶録 6·39·1  陶録 6·39·3	 上博三 周 14 讀「介」。	 包山 36  包山 60	 清華五 三壽 10 讀「惶」。	 璽彙 3881	 陶録 3·410·2  陶録 3·410·4

2250 𦒱*

2249 高

楚	燕		齊	晉	楚	秦
 清華三 良臣6 讀「高」。	 楚高缶 集成 09989.3	 陶録 2·432·1	 高密戈 集成 11023	 㠯令司馬伐戈 集成 11343	 鄂君啟車節 集成 12112	 高陵君弩機 商周 18581
	 璽彙 3683	 陶録 2·433·1	 璽彙 1128	 貨系 396	 璽彙 0311	 塔圖 138
		 陶録 2·433·3	 璽彙 1145	 三晉 99	 郭店 老甲 16	 秦都圖 117
			 璽彙 1149	 陶彙 9·106	 上博二 容 49	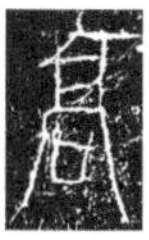 陶録 6·136·2
			 璽彙 1148	 璽彙 0070	 清華五 三壽 05	 傅 957

2251			2252		2253	
亭			冂		市	
秦		晉	楚	晉	秦	楚
			冋	冋		坿
 秦印	 雲夢 效律 52	 三晉 129	 清華二 繫年 067	 □年邦府戟 集成 11390	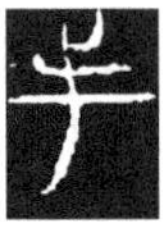 詛楚文 巫咸	 鄂君啟車節 集成 12112
 喬村圖 340・1	 里耶 8-38	 陶彙 4・159	 清華二 繫年 070	 貨系 406	讀「泆」。	 璽彙 5602
 任家咀圖 183	 里耶 8-665	 新鄭圖 432	 清華二 繫年 072		 璽彙 5708	 包山 191
 陶録 6・403・3	 嶽麓叁 66		 清華二 繫年 099		 陶録 6・403・2	 上博二 容 18
 秦風 35	 北大・道里				 里耶 8-454	 上博五 競 10
					 嶽麓叁 109	

齊				晉		
	⿰貝市		⿰土市		⿰貝生	
 陶録 2·30·2  陶録 2·33·4  璽彙 0156	 璽彙 3154  璽彙 3321  陶録 7·1·1  集粹 34	 貨系 49  貨系 45  貨系 54  珍戰 132  步黟堂 311	 五年春平相 邦葛得鼎 商周 2387  璽考 239  璽考 137  集粹 46  古研 24 陶	 宜陽戈 文物 2000.10  先秦編 101  錢典 796	 上博六 競 8	 清華二 繫年 047  上博八 成 9  新封 45

2254

央

秦		燕				
			陞	䞈		坲
 秦風 160.4	 璽彙 4119	 璽彙 0292	 陶録 2・34・2	 璽彙 0235	 陶録 2・27・1	 璽彙 0152
 珍秦 52	 璽彙 5570	 璽彙 0354	 陶録 2・34・2	 璽彙 3992	 陶録 2・35・1	 璽彙 0355
 陝西 873	 璽考 91	 璽彙 0361	類化。	 陶録 3・300・2	 陶録 2・35・3	 璽彙 1142
 雲夢日乙 134	 陶録 4・21・3	 璽彙 0870		 陶録 3・306・5		 陶録 2・27・2
 里耶 8-780		 璽彙 1599		 陶録 3・306・1		 陶録 2・26・6

2255

𦎫

	齊	楚		秦	晉	楚
 陶録 2·333·1	 拍敦 集成 4644	 曾侯乙鐘	 傅 1473	 珍展 47	 陶録 5·71·3	 包山 201
 齊陶 0027	 陶録 2·666·2	 曾侯乙鐘		 陝西 761		 上博五 三 4
 齊陶 0031	 陶録 2·363·1	 上博二 從甲 5		 雲夢 日甲 33 反		 上博二 子 11
 齊陶 0039	 陶録 2·382·3	 清華二 繫年 070		 尤家莊秦陶		 上博六 用 2
 齊陶 0046	 陶録 2·392·4			 珍秦 117		 清華五 啻門 10
				 珍秦 115		

2258 京				2257 ⿰𩫏立*	2256 ⿰𩫏夬	
晉		楚	秦	燕	楚	燕
 厵羌鐘 集成 158	 璽考 197	 清華二 繫年 010	 秦風 168	 陶録 4•24•1	 上博三 周 52	 璽彙 5672
 貨系 389	 清華一 楚居 2	 上博九 靈 4	 吉大 151		 清華五 三壽 28	 郭大夫釜甑 新收 1758
 九年京令戈	 清華一 楚居 4	 上博五 三 7	 陶録 6•99•2		讀「缺」。	 郭大夫釜甑 新收 1758
 鐵雲 177	 郭店 語一 33	 上博五 三 7	 里耶 8-2195			 璽考 325
 陶彙 6•48	 清華二 繫年 009	 上博五 三 7	 嶽麓叁 38			

就

		楚	秦		齊	
⿰礻𩫏	⿺辶𩫏	𩫏				
 新蔡乙四 97	 望山 1・30	 郭店五行 21	 陶録 6・11・3	 陶録 2・10・1	 京戈集成 10808	 陶録 5・34・2
	 上博二容 7	 新蔡甲三 56	 雲夢效律 49	 齊陶 0089	 璽考 33	 陶録 5・34・3
	 郭店六德 48	 新蔡乙四 96	 里耶 8-2256	 齊陶 0019	 璽彙 0225	 銳角布舟山錢幣 1995.1
	 上博四曹 44	 郭店五行 33		 齊陶 0022	 陶録 2・2・2	
	 上博九陳 9	 郭店五行 33		 齊陶 0336 或釋「亭」。	 陶録 2・3・2	

2260

亯

齊	晉		楚			
				敦	[illegible]	臺
 陳逆簠 新收 1781  十年陳侯 午敦 集成 4648	 郘𪇚鐘 集成 226	 清華二 繫年 121  清華四 筮法 1  清華五 三壽 14	 競孫旟也鬲 商周 3036  酓章鎛 集成 85  信陽 1・42  包山 103  上博三 周 17	 新蔡乙四 109	 上博三 周 47  新蔡甲三 214  新蔡零 231	 新蔡乙三 017  新蔡乙三 031  清華五 三壽 21  上博八 王 6  清華一 金縢 6

2262 管　　　　2261 臺

	楚	燕	齊	晉	楚	燕
 上博七 凡甲 11	 鑒印 1	 陶録 5・25・3	 淳于戈 新收 1110	 新鄭圖 535・2	 上博三 周 19	 燕侯載豆 西清 29・42
 上博七 吴 8	 郭店 性自 55	 陶録 4・129・2	 臺于公戈 集成 11124		 上博三 周 49	
 上博七 凡乙 9	 郭店 成之 24	 陶録 4・129・3	 淳于左造戈 集録 1130		 清華二 繫年 071	
 清華一 金縢 9	 郭店 窮達 4	 陶録 4・129・4				
	 上博二 子 13					

厚

					楚	秦
[illegible]	㫗					
 郭店 老甲 36	 上博五 姑 8	 清華五 厚父 13 背	 上博三 彭 7	 上博六 用 10	 郭店 成之 5	 青川木牘
 清華一 祭公 13	 上博一 緇 2	 清華五 封許 08	 上博四 曹 54	 郭店 語一 14	 郭店 語一 7	
 清華一 祭公 18		 上博九 陳 14	 上博五 姑 3	 上博一 孔 15	 郭店 老甲 33	
		 上博九 擧 23	 清華五 厚父 01	 清華二 繫年 091	 郭店 緇衣 2	
			 清華五 厚父 04	 上博五 鮑 6	 郭店 語三 22	

2264 畐　　2265 良

2264 畐 秦	晋		2265 良 秦	楚		
畐		畾				
 雲夢日乙 195	 璽彙 4559	 八茉鳥柱盆集成 10328	 十九年大良造鞅殳鐓新收 737	 上博三周 22	 清華一耆夜 13	 信陽 2・4
 嶽麓一爲吏 62	 璽彙 4560	「北」「畐」雙聲。	 陶彙 5・384	 上博四采 3	 上博八王 5	 信陽 2・4
	 璽彙 3291 倒置		 雲夢日乙 72	 上博七鄭乙 5	 包山 227	 清華一皇门 8
			 里耶 8-1547	 清華一皇門 8	 清華三琴舞 14	 清華五厚父 11
			 北大・從政	 上博六用 3	 璽彙 0206	 清華五啻門 02

2266

亩

晋	秦	燕		齊		晋
	廩					
 土匀錍 集成 9977  璽彙 0324  璽彙 3327  陶録 5・51・3	 廩丘戈 新收 1388 《説文》或體。	 璽彙 3926  璽彙 2712  璽彙 2713  璽考 88  陶録 4・141・5	 陶録 3・526・5  陶録 3・526・3  陶録 3・526・1  陶録 3・526・2 《説文》古文。	 陶録 2・490・1  陶録 2・490・2  齊陶 1159	 中山王方壺 集成 9735  先秦編 171	 二十三年 郚令戈 集成 11299  璽彙 2052  璽彙 1377  璽考 340  珍秦 84

稟

		齊	楚	秦	燕	
	禀		[illegible]			[illegible]
 璽考 46	 璽彙 0327	 璽彙 0319	 清華二 繫年 123	 二年寺工壺 集成 9673	 璽考 88	 盛季壺 集成 9575
 陶録 2·653·2	 陶録 3·593·3	 陶録 3·6·3		 雲夢 雜抄 14	 右廩鐵斧範 集成 11784	
 璽彙 0290	 齊陶 0276	 陶録 3·7·5		 里耶 8-448	 陶録 4·211·1	
 璽彙 0313	 璽彙 0227	 陶録 3·2·5		 里耶 8-1580		
 山璽 004	 璽考 42	 陶録 3·1·3				

2271		2270	2269	2268		
嗇		啚	亶	⿱䀠啚*		
楚	秦	楚	秦	楚		齊
畓						歖
 郭店 老乙 1	 雲夢 效律 14	 清華四 別卦 1	 珍秦 204	 清華一 皇門 3	 陶録 2・17・1	 陳純釜 集成 10371
 郭店 老乙 1	 里 J1 ⑯6 正		 集粹 749	 清華一 皇門 13	 陶録 2・23・1	 璽彙 0300
 上博二 子 2	 里耶 8-141 正		 嶽麓一 爲吏 14	 清華一 皇門 13		 璽彙 1597
 清華一 皇門 6	 嶽麓一 爲吏 9			讀「懍」。或釋「⿱䀠㒸」,讀「遂」。		 璽彙 3573
 上博六 用 12						 璽彙 5526

	2274 來	2273 ⿰爿邑*		2272 牆		
	秦	楚	楚	秦		晋
			⿰爿章			
 嶽麓一 質二 42	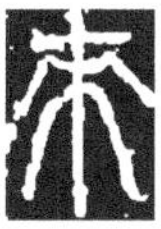 商鞅方升 集成 10372 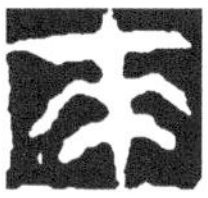 珍秦 119  雲夢 日乙 160  里耶 8-1886  嶽麓一 占夢 22	 郭店 尊德 15 讀「嗇」。	 郭店 語四 2  上博一 孔 28  包山 170  上博五 三 19	 雲夢 秦律 195	 璽彙 0112 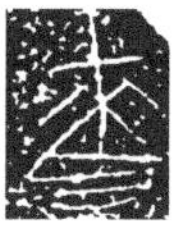 陶録 5・70・2  嗇夫戈範 古研 21	 安邑下官鍾 集成 9707  十一年庫 嗇夫鼎 集成 2608  右使車嗇 夫鼎 集成 2707  璽彙 0109  二十五年戈 集成 11324

齊		晋				楚
	⿱來止		逨		⿱來止	
 陶録 3·614·3	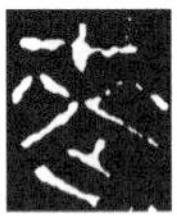 陶録 5·38·3  陶録 5·38·4	 公朱右自鼎 集成 2396	 上博七 吴 4  上博三 周 9  上博二 容 47  上博二 容 47  九 A44	 上博三 周 44  上博七 吴 1  上博八 成 1  清華四 筮法 38  璽彙 0264	 郭店 老乙 13  郭店 語一 99  郭店 語四 2  上博五 弟 5  上博五 三 16	 上博九 史 10

2279	2278	2277	2276	2275		
麱	麥	⿱來日*	⿱來巾*	⿱來力*		
秦	秦	楚	楚	楚	燕	
					逨	逨
 雲夢 秦律 43	 雲夢 日乙 46  里耶 8-258	 清華三 說命下 10 讀「勑」。	 帛書乙	 上博一 緇 1 讀「服」。	 燕侯載作 戎戈 集成 11383.2	 陶録 2·2·1

2283	2282			2281		2280
致	夌			复		夋
秦	秦	燕		楚	晉	楚
 陶録 6・45・1  秦都圖 110  雲夢 雜抄 35  里耶 8-884  嶽麓叁 3	 里耶 5-5 背	 璽考 311  郭大夫釜甑 考文 1994.4	 清華三 説命中 4	 鳥虫書箴 言帶鈎  郭店 老甲 1  上博三 周 22	 中山王方壺 集成 9735	 郭店 緇衣 5  郭店 緇衣 36

		2286 竷		2285 愛		2284 憂
		楚	楚	秦		秦
⿰章坐	⿰章各	⿰章欠				
 九 A16	 璽彙 0008	 曾乙 133	 上博一 孔 11	 雲夢 日乙 82	 關沮 191	 秦駰玉版
 九 A21	 清華五 命訓 11	 曾乙 139	 上博一 孔 15	 雲夢 日乙 100		 秦駰玉版
 九 A23		 上博五 季 19	 上博一 孔 15	 里耶 8-567		 關沮 233
 九 A13		 上博六 用 20	詳卷十「㤅」字條。	 嶽麓一 爲吏 9		 雲夢 爲吏 40
 九 A19				 北大・從軍		 北大・日丙

2287

夏

					楚	秦
頣	顕	頣	顕		頣	
 清華四 筮法 18	 包山 115	 新蔡乙一 18	 新蔡零 360	 鄂君啟舟節 集成 12113	 璽彙 3643	 秦風 192
 清華四 筮法 30	 清華五 湯丘 12	 新蔡甲三 243	 新蔡零 200	 上博二 容 22	 郭店 緇衣 7	 雲夢 日乙 110
 清華四 筮法 31	 清華五 湯丘 12	 新蔡乙一 19			 清華一 尹至 4	 北大・道里
 清華五 厚父 02					 上博一 緇 4	
 清華五 厚父 03					 清華二 繫年 017	

齊		晉				
	⿰⿱日乂頁	⿰⿱日𤴓頁	鄍	⿰目頁	⿱日虫	⿱日已
 陶録 2·653·4  璽彙 0266  璽考 301  齊陶 0299	 璽彙 3990  璽彙 2723  私庫嗇夫鑲金銀泡飾 集成 11864  璽彙 3989	 □夏官鼎 集成 1802  璽彙 3988	 清華五 湯丘 03 夏朝之「夏」專字。	 包山 224  包山 225  郭店 成之 38 讀「夏」。  新蔡甲三 209	 郭店 緇衣 35  郭店 唐虞 13  上博一 緇 18  清華五 湯丘 13  清華五 湯丘 14	 上博二 民 9  上博二 民 5

舛部

2289 舝　　2288 舞

楚				秦	楚	燕
离	⿱一⿱自⿱冖夊	⿱亠韋	离		⿱無止	
 新蔡甲三 294  郭店 尊德 26  清華一 保訓 8	 雲夢 日乙 50  雲夢 日乙 49	 關沮 333	 雲夢 日甲 28	 里耶 8-1556 背	 清華三 琴舞 1	 陶録 4・207・4  璽彙 0015  璽彙 2724  璽彙 3988

2290

舜

	楚	秦	燕	晉		
	⿱夋土				⿱宀禹	⿱壴土
 上博七 武 1	 郭店 窮達 2	 尊古 320	 璽彙 0082	 璽彙 0904	 上博五 競 1	 郭店 五行 35
 上博九 舉 10	 上博二 子 6					
 郭店 唐虞 23	 上博二 容 30					
 郭店 唐虞 1	 清華一 保訓 6					
 郭店 唐虞 23	 上博五 鬼 1					

2293 韔	2292 韜			2291 韋		
楚	燕			楚	秦	
⿴囗長	⿰弓舀					
 望山 2·9	 二十年距末 集成 11916C	 曾侯乙鐘	 上博六 天甲 13	 郭店 老甲 30	 五年相邦呂不韋戈 集成 11396	 清華三 良臣 1
 曾乙 5	 上距末 集成 11917	 曾侯乙鐘	 清華三 芮良夫 23	 包山 259	 陝西 694	
 曾乙 62		 曾乙石磬		 上博五 君 1	 雲夢 秦律 89	
				 上博八 命 3	 里耶 8-522 背	
				 清華五 命訓 08		

2299 ⿰歹韋*	2298 ⿰韋干*	2297 韂*	2296 ⿰韋番*	2295 ⿰韋隹*	2294 韓	
楚	楚	秦	秦	秦	秦	
					韓	⿸厂亘
 包山 277	 包山牘 1	 方氏	 雲夢日甲 81 反	 里耶 8-487	 珍展 119	 天策
 仰天湖 16	或讀「鞍」。			 里耶 8-487	 上博 35	 天策
讀「韋」。					 雲夢編年 24	 天策
					 里耶 8-894	

2300	2301	2302	2303	2304	2305	2306
敍*	敀*	敂*	敆*	敇*	效*	敉*
楚	楚	楚	楚	楚	楚	楚
 新蔡甲三 237-1 讀「紛」。	 包山 193  新蔡甲三 294、零 334	 包山牘一	 曾乙 183  曾乙 184	 包山 276 或讀「綼」。	 包山 259 讀「帽」。	 曾乙 84  曾乙 78

	2307 ⿰韋巨*	2308 ⿰韋會*	2309 ⿰韋爰*	2310 ⿰韋堇*	2311 ⿰韋系*	2312 ⿰韋隹*
	楚	楚	楚	楚	楚	楚
⿰革盾						
 曾乙 113	 曾乙 106  曾乙 85 讀「複」。	 天策	 曾乙 11	 包山 271 讀「鞎」。	 曾乙 91	 新蔡乙二 10 讀「雀」。

2318	2317		2316	2315	2314	2313
韌	韀*		韄*	韢*	韐*	韡*
楚	楚		楚	楚	楚	楚
		韄				
 曾乙 67  曾乙 23	 包山牘 1	 曾乙 84	 曾乙 86	 包山 259 讀「裝」。	 璽彙 3376	 信陽 2・02 讀「韡」。

2321 久	2320 夆	2319 弟				
秦	齊	晉			楚	秦
	𡕛		俤			
 陶録 6・425・3	 璽彙 3499	 璽彙 1988	 包山 227	 上博四 逸・多 1	 信陽 1・11	 秦風 109
 陶録 6・435・4	 璽彙 3746	 璽彙 2489	 上博二 民 1	 上博三 周 8	 包山 95	 雲夢 雜抄 6
 雲夢 日乙 228			 清華一 耆夜 3	 清華二 繫年 033	 郭店 唐虞 5	 珍秦 363
 北大・算甲			 清華一 金縢 7	 郭店 語一 56	 郭店 六德 13	 珍秦 364
 北大・算甲					 郭店 語三 6	 關沮 193

2323 磔						2322 桀
秦	燕	晉			楚	秦
		傑	𢓚			
 嶽麓叁 166	 燕王喜戈 新收 1985	 璽彙 1387	 璽彙 3501	 璽彙 2256	 上博五 鬼 2	 雲夢 日甲 93
 雲夢 答問 67	 陶録 4・103・4	 璽彙 1388	 郭店 尊德 5	 包山 191	 上博五 鬼 2 背	
			 郭店 尊德 22	 包山 143	 上博二 容 40	
			 上博二 容 35			

2324

乘

	晋				楚	秦
	椉		䡴		椉	
 公乘方壺 集成 9496	 温縣 WT1K14：867	 上博八 成 2	 曾乙 4	 新蔡甲三 79	 自鐸 通考 360	 珍展 122
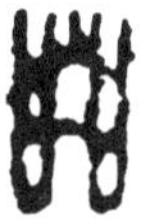 璽彙 1107	 聳肩空首布 内蒙 2000.1	 清華二 繫年 121	 包山 267	 清華一 耆夜 5	 郭店 語二 26	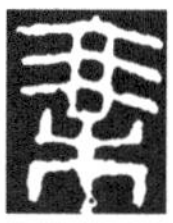 珍秦 253
		 清華二 繫年 137	 郭店 語二 26	 清華三 説命中 3	 上博四 柬 2	 秦風 82
		 清華二 繫年 060	 上博二 容 51	 清華五 命訓 13	 上博七 君乙 2	 雲夢 日乙 95
			 上博三 周 37		 上博七 君乙 2	 北大・算丙

			燕			齊
⿱大廾	⿱大龍			⿱大死	⿱大車	
 璽彙 0022	 璽彙 3945  璽彙 0742	 十三年戈 集成 11339  廿年距末 集成 11916  丙辰方壺 西清 19.3  璽彙 0251  璽彙 5672	 燕公匜 集成 10229	 璽彙 0636	 璽彙 3554  璽考 301	 乘虎符 集成 12087  陳發戈 新收 1032  陶録 2・404・4  陶録 2・534・4  齊陶 0846